MAJA PRUSIŃSKA

150 GATUNKÓW

ATLAS RYB AKWARIOWYCH

WADEMEKUM

Spis treści

Wprowadzenie

Ryby są najliczniejszą na Ziemi grupą kręgowców, liczącą łącznie około 40 tysięcy gatunków żyjących i kopalnych. Występują zarówno w wodach okołobiegunowych, jak również w gorących źródłach, których temperatura oscyluje wokół 50°C, w jaskiniach oraz głębinach oceanu. Tak szerokie rozsiedlenie na kuli ziemskiej jest możliwe dzięki wykształceniu wielu cech umożliwiających tym organizmom życie w wodzie.

Tajemniczy i ciekawy świat podwodny, tak odmienny od naszego środowiska lądowego, fascynował ludzi od wieków. Pierwsze wzmianki o hodowli ryb ozdobnych pochodzą z Dalekiego Wschodu, gdzie wśród arystokracji chińskiej i japońskiej istniał zwyczaj trzymania w oczkach wodnych lub ceramicznych naczyniach złotych rybek. Z czasem hobby to stało się dostępne także dla mniej zamożnych warstw społecznych i popularne w innych krajach. Obecnie akwarystyką zajmują się miliony osób na całym świecie, a nieustannie doskonalone możliwości techniczne pozwalają trzymać w akwariach nawet bardzo rzadkie i wymagające ryby lub bezkręgowce, tworzyć przepiękne podwodne ogrody lub też odwzorowywać elementy środowiska rafy koralowej. Obecnie odchodzi się od sztucznych ozdób i farbowanego żwirku na rzecz zbiorników bardziej naturalnych, niekiedy nawet tzw. biotopowych, w których umieszcza się rośliny i zwierzęta pochodzące z tego samego środowiska, np. konkretnej rzeki w Ameryce Południowej, strumienia w Azji, jeziora australijskiego, bądź okresowego stawu z Afryki.

Trzymając w domowym akwarium egzotyczne ryby i rośliny, będące skrawkiem odległego zakątka naszej planety, możemy codziennie cieszyć oczy pięknymi kolorami, niezwykłymi kształtami i ciekawymi zachowaniami hodowanych organizmów. Dla wielu osób to pierwsze, zwykle małe akwarium, staje się przyczynkiem do rozwoju fascynującego hobby na całe życie. Nie bez znaczenia jest także fakt, że ładnie wykonany i estetyczny zbiornik jest piękną i niekonwencjonalną ozdobą mieszkania lub miejsca pracy. Dorosłym pozwala ukoić nerwy i oderwać się od codzienności, a dzieciom rozwijać wyobraźnię, opiekuńczość i empatię. Aby założyć własne akwarium, warto najpierw zdobyć niezbędną wiedzę i zaplanować wszystko jeszcze przed zakupem. Pozwoli to ustrzec się większości błędów popełnianych zwykle już na etapie projektowania tego małego wodnego świata. Podczas zakupów akwarystycznych nigdy nie należy się kierować emocjami ani ulegać kaprysowi chwili. Zawsze trzeba mieć świadomość, że zakładając akwarium, stajemy się odpowiedzialni za życie ryb i roślin, które od tego momentu będą całkowicie zależne od naszych wiedzy, chęci i umiejętności.

AKWARIUM

Decydując się na założenie akwarium, należy bardzo dokładnie przemyśleć jego lokalizację w mieszkaniu, gdyż nie każde miejsce jest równie dobre. Trzeba pamiętać, że akwarium wraz z zawartością nie jest lekkie, dlatego wymaga miejsca stabilnego, nienarażonego na wstrząsy czy drgania. Jeśli planujemy bardzo duży zbiornik, warto wcześniej sprawdzić normy wytrzymałości stropu, a dla pewności bezpieczniej ustawić go przy ścianie nośnej. Istotną sprawą jest odległość i ustawienie akwarium względem okien. Niewskazane jest bezpośrednie i silne operowanie promieni słonecznych, które może spowodować bujny rozrost glonów. Najładniej wyglądają akwaria, na które od przodu pada rozproszone światło słoneczne – wówczas zarówno ryby, jak i rośliny są dobrze wyeksponowane. Nie sprawdza się natomiast oświetlanie akwarium światłem przechodzącym, np. gdy akwarium postawimy jako ścianę dzielącą pomieszczenie lub na parapecie. Ryby „tracą" wówczas swoje kolory i nie błyszczą. Głównym źródłem światła zawsze pozostaje oświetlenie sztuczne, odpowiednio dobrane do planowanej obsady akwarium (inne dla ryb nocnych, inne dla akwarium morskiego, inne dla roślinnego itd.).

Podczas wybierania miejsca na akwarium należy pamiętać również o samych jego mieszkańcach. Niektóre ryby bardzo gwałtownie reagują na każdy ruch poza akwarium, więc jeśli planujemy hodowlę ryb płochliwych, wybierzmy raczej stanowisko w spokojniejszym punkcie mieszkania. Jeśli akwarium ma pełnić funkcję typowo dekoracyjną – postawmy je w miejscu dobrze wyeksponowanym. Do prawidłowego funkcjonowania każdego akwarium konieczne jest działanie wielu urządzeń technicznych (filtry, oświetlenie, grzałki itd.), które są zasilane prądem, dlatego niezbędny jest dostęp do gniazdka elektrycznego. Dobrze jest tak-

Rodzaje akwariów

Nazwa	Charakterystyka, stopień trudności	Wymagana wielkość zbiornika
Biotopowe	zbiornik z rybami i roślinami z jednego obszaru, np. jeziora Tanganika, Malawi lub Amazonki. Akwarium jest często droższe w utrzymaniu od dekoracyjnego, ale ryby dobrze się w nim czują, są zdrowsze i na ogół dłużej żyją.	rozmiary od zupełnie małych (20 l) do ogromnych (powyżej 500 l)
Towarzyskie	zbiornik z rybami pochodzącymi z różnych regionów świata. Należy pamiętać, by nie hodować gatunków potrzebujących zupełnie odmiennych parametrów wody. Warto także zadbać o zbliżoną wielkość hodowanych okazów, ponieważ duże ryby zjadają mniejsze. Nie należy trzymać zatem w jednym zbiorniku palet i gupików lub skalarów i molinezji. Akwarium jest względnie tanie w utrzymaniu, chociaż zły dobór gatunków może powodować ich szybsze wymieranie lub choroby.	od 50 l
Hodowlane	zbiornik służący do rozrodu ryb lub bezkręgowców. Niekiedy niezbędne są szczególne parametry wody i ogromna precyzja, ale wielu zaawansowanych pasjonatów uważa to za wspaniałą przygodę. Trzeba liczyć się z tym, że taki zbiornik prawdopodobnie nie będzie dekorował mieszkania, chociażby dlatego, że dla wielu ryb trzeba go zaciemniać lub stosować specjalne wyposażenie.	rozmiary zróżnicowane w zależności od potrzeb danego gatunku (objętość od 15 l wzwyż)
Botaniczne (holenderskie)	zbiornik z samymi roślinami, w którym ryby stanowią jedynie dekorację. Wbrew pozorom takie akwarium trudniej utrzymać niż tradycyjne zbiorniki z rybami.	zwykle większy, powyżej 100 l
Morskie	zbiornik przeznaczony do chowu i hodowli ryb oraz bezkręgowców słonowodnych. Założenie, a przede wszystkim utrzymanie akwarium morskiego w dobrym stanie jest trudne, w związku z czym przeznaczone dla zaawansowanych akwarystów. Dobrze zaplanowane i utrzymane może być niezwykle dekoracyjne.	zwykle większy, powyżej 100 l

że już na etapie budowy zbiornika zaplanować sposób na konieczną, cotygodniową podmianę części wody w akwarium. W przypadku niewielkich zbiorników można oczywiście tę czynność wykonywać ręcznie, w przypadku wielkich litraży dobrze jest zaplanować automatyczny system podmiany.

Szafka pod akwarium

Przygotowania należy rozpocząć od ustawienia szafki, na której stanie akwarium. Powinna się znaleźć w miejscu oddalonym od drzwi i telewizora, z dala od bezpośrednich promieni słonecznych. Szafka musi być wytrzymała i właściwie wypoziomowana. Aby wygładzić ewentualne nierówności i zapewnić równomierne przenoszenie naprężeń dna akwarium, na blat można położyć styropian, karimatę oraz grubą wykładzinę podłogową lub specjalną matę.

Warto starannie wybrać miejsce pod akwarium, bo późniejsze próby przenoszenia są pracochłonne, a poza tym powodują zaburzenie ustalonej równowagi biologicznej akwarium, w efekcie szkodząc rybom i roślinom.

Wielkość akwarium

Kształt i wielkość zbiornika odgrywają zasadniczą rolę w możliwości hodowli poszczególnych gatunków ryb. Do najważniejszych parametrów należy zawartość tlenu, na którą wbrew pozorom największy wpływ ma powierzchnia lustra wody, a nie głębokość.

Poszczególne gatunki ryb preferują różne strefy wody w zbiorniku. Strefę powierzchniową najbardziej lubią te żerujące i pływające przy powierzchni, np. motylowiec czy pstrążenica. Strefę środkową wybierają ryby ławicowe, takie jak neon Innesa, brzanka sumatrzańska i zwinnik ogonopręgi. W strefie przydennej bytują m.in. zbrojniki i kiryski.

Wielkość akwarium ma decydujące znaczenie podczas hodowli gatunków terytorialnych. Zbyt mały zbiornik może powodować ciągłe walki pomiędzy osobnikami o własne terytorium. Ponadto, zbyt duża liczba ryb w niewielkim akwarium to najczęstszy błąd początkujących akwarystów.

Woda

Woda w hodowli akwariowej ma podstawowe znaczenie. Nie wszyscy wiedzą, że woda kranowa może różnić się dość istotnie w zależności od miejsca poboru. Wiedza o jej parametrach i jakości pomoże określić, które gatunki ryb akwariowych będą się w niej dobrze czuły, a dla których wodę należy przystosować (np. uzupełnić o brakujące sole lub pozbyć się ich nadmiaru). Najbezpieczniej jest dobrać gatunki hodowanych przez siebie ryb do wody, jaką sie dysponuje. Wówczas hodowla nie będzie wiązała się z koniecznością stałego monitorowania oraz zmian parametrów wody. Niekiedy jednak wymarzone przez nas gatunki wymagają wody o szczególnych parametrach i wówczas zachodzi konieczność takiego jej dostosowania, żeby spełniała wymagania ryb. Na ocenę przydatności wody do stworzenia odpowiednich warunków życiowych rybom i roślinom wpływają następujące parametry:

Twardość [Tw] Parametr ten zależy od ilości rozpuszczonych w wodzie określonych soli. W zależności od rodzaju związków zawartych w wodzie rozróżnia się:

- twardość węglanową (Tww). Uwzględniana jest tu głównie zawartość węglanów i wodorowęglanów.

- twardość niewęglanowa (Twn). Oprócz węglanów w wodzie znajdują się inne związki, takie jak siarczan wapnia czy siarczan magnezu. Ich obecność jest określana mianem twardości niewęglanowej lub stałej. W przeciwieństwie do twardości węglanowej w akwarystyce odgrywa ona podrzędną rolę.
- twardość ogólna (Two). Stanowi ona sumę twardości węglanowej i twardości niewęglanowej.

Do pomiaru twardości wody służą płynne odczynniki, za pomocą których można określić najczęściej twardość węglanową i twardość ogólną. Po dokonaniu pomiaru i porównaniu otrzymanych wielkości z wymaganiami ryb i roślin, twardość wody należy odpowiednio skorygować, obniżając lub podwyższając. Obniżenie twardości węglanowej uzyskuje się przez filtrowanie przez filtr odwróconej osmozy (tzw. RO), stosując wymieniacz kationów (w tym także torf, który jest naturalnym wymiennikiem jonowym) lub dolewając w odpowiednich proporcjach wodę destylowaną. Aby podwyższyć twardość węglanową, wodę filtruje się przez warstwę tufu koralowego lub pokruszonych muszli.

Do oznaczenia twardości wody służą różne skale, a najpopularniejszą z nich jest pomiar za pomocą stopni niemieckich (°n, w literaturze niemieckojęzycznej także °dH, w literaturze anglojęzycznej dGH). 1°n = 10,00 mg CaO w 1 litrze wody oraz 1°n = 17,86 mg $CaCO_3$ w 1 litrze wody.

Kwasowość i zasadowość (pH) Wartość pH jest miarą określającą koncentrację kwasów lub zasad w wodzie. Zależy głównie od obecności dwutlenku węgla występującego w wodzie w postaci kwasu węglowego i wodorowęglanów. Mają na nią również wpływ inne naturalne kwasy, np. humusowe, a także związki zasadowe. Skala pH jest logarytmicznym wykresem odwrotności

koncentracji jonów wodorowych w wodzie. Zatem wraz ze wzrostem zawartości jonów wodorowych zwiększa się kwasowość wody i jednocześnie maleje wskaźnik pH. W punkcie pH = 7 woda ma odczyn obojętny, tzn. zawartość jonów kwasowych i zasadowych jest równa. Z kolei gdy zawartość jonów wodorowych maleje, wskaźnik pH (i zasadowość) rośnie.

silnie kwaśna	powyżej pH 6
lekko kwaśna	pH 6–6,9
obojętna	pH 7
lekko zasadowa	pH 7,1–8
silnie zasadowa	pH 8,1–9

Do pomiaru wartości pH służą odczynniki w postaci papierków, pałeczek lub płynnych wskaźników, które przez zmianę barwy informują o stopniu zakwaszenia wody. Dostępne są również droższe mierniki, umieszczane na stałe w akwarium.

W świeżo założonym zbiorniku wartość pH może podlegać dużym wahaniom, ale zwykle po dojrzeniu wody, czyli po upływie około 2–3 tygodni, stabilizuje się. W silnie zarośniętych akwariach pH może podlegać wahaniom dobowym, związanym z procesem fotosyntezy roślin, które w okresie fazy świetlnej pobierają z wody dwutlenek węgla. Jedną z metod obniżenia pH jest dodanie związków humusowych w wyniku filtrowania przez torf. Do zakwaszania wody stosuje się także kwas siarkowy, tak zwany „czysty do analiz", ograniczający rozwój glonów. Przed użyciem kwas należy „gasić", to znaczy rozcieńczyć z wodą i odczekać aż ostygnie; zawsze kwas należy wlewać do wody, nigdy odwrotnie! Aby podwyższyć wartość pH, dodaje się wodorowęglan sodu (kwaśny węglan sodu), który można kupić w aptece. Nigdy nie można podnosić pH bez częściowej podmiany wody. Powodem jest przekształcenie się w takiej sytuacji jonów amonowych w toksyczny amoniak (NH_3), który jest gazem rozpuszczalnym w wodzie. Bakterie, które wykorzystują amoniak, potrzebują nieorganicznego węgla do rozwoju. Jeśli pH w akwarium spada, oznacza to,

Oznaczanie zawartości dwutlenku węgla w wodzie

Tww\pH	6,0	6,4	6,8	7,2	7,6	8,0
1	30	11	4,5	2	1	0,5
2	59	24	9,5	3,5	1,5	0,5
3	87	35	14	5,5	2	1
4	118	47	18,5	7,5	3	1
5	147	59	23	9,5	3,5	1,5
6	177	71	28	11	4,5	2
8	240	94	37	15	6	2,5
10	300	118	47	18,5	7,5	3
15	440	176	70	28	11	4,5
20	590	240	94	37	14,5	6

źródło: http://akwadar.w.interia.pl/param_wody.html

że w wodzie brak jest wystarczających ilości węgla, niezbędnego do prawidłowego procesu nitryfikacji, co spowoduje wzrost ilości jonów amonu. Gwałtowne podniesienie pH w takim zbiorniku może okazać się katastrofą, ponieważ natychmiast powstanie w nim mnóstwo trującego amoniaku. Dlatego właśnie w żadnym wypadku nie powinno się zmieniać odczynu bez uprzedniej podmiany. Wszystkie zmiany odczynu czy twardości należy prowadzić cały czas, kontrolując parametry wody i raczej powinno się odradzić zadanie to akwarystom początkującym.

Tlen Tlen to składnik niezbędny do oddychania zarówno dla ryb, jak i dla roślin. Im wyższa temperatura wody, tym mniej tlenu może się w niej rozpuścić. Pomiaru ilości tlenu można dokonać za pomocą zakupionych testów lub miernika, lecz w zupełności wystarczy dokładna obserwacja mieszkańców akwarium. Niedobór tlenu można rozpoznać po zachowaniu ryb, które wówczas podpływają pod powierzchnię i wykorzystują do oddychania najlepiej natlenioną, górną warstwę wody, mającą kontakt z powietrzem atmosferycznym. Zjawisko takie nazywa się przyduchą i jest niekorzystne dla zdrowia ryb. Przedłużająca się przyducha może doprowadzić do śmierci ryb przez uduszenie. Do zwiększenia ilości tlenu stosuje się natlenianie przez zewnętrzną pompkę z kamieniem, zastosowanie deszczownicy lub zwiększenie ruchu powierzchni wody.

Dwutlenek węgla Gaz ten, częściowo występujący w postaci kwasu węglowego, jest ważnym składnikiem odżywczym, niezbędnym do rozwoju roślin i procesu fotosyntezy. Stężenie CO_2 ma ponadto wpływ na wartość pH i twardość węglanową. Rośliny pobierają do fotosyntezy dwutlenek węgla z wody początkowo w formie gazu CO_2, potem z kolei z dwuwęglanu wapnia, co w konsekwencji podnosi wartość pH. Oznacza to, że im większa twardość węglanowa, tym mniej znajduje się w wodzie dostępnego CO_2. O niedoborze dwutlenku węgla świadczy osadzanie się wapnia na liściach roślin. Optymalna zawartość CO_2 w wodzie wynosi 5–15 mg/l – nie należy przekraczać górnej wartości ze względu na ryzyko uduszenia ryb. Do pomiaru ilości CO_2 służą testery dostępne w sklepach zoologicznych. Można także skorzystać z powyższej tabeli (tylko jeżeli woda nie jest filtrowana przez torf), określając wcześniej wartość pH i twardość węglanową. Porównując wyniki z tabelą, otrzymamy zawartość CO_2 w mg/l. Wartości w kolorze czerwonym są niebezpieczne dla ryb. W celu zapewnienia roślinom węgla, koniecznego do procesu fotosyntezy, stosuje się dozowniki dwutlenku węgla do wody, albo dolewa się aldehyd glutarowy.

Podłoże i dekoracja

Po wypoziomowaniu zbiornika i ustawieniu go w odpowiednim miejscu można przystąpić do umieszczenia w nim dekoracji i podłoża. Na początku jednak należy przygotować sprzęt (filtrację oraz ogrzewanie). Pod akwarium ułożyć podkładkę ze styropianu lub PCV. Następnie odpowiednio ułożyć kamienie, korzenie, ozdoby – wcześniej umyte, a te używane w innym akwarium najlepiej odkazić (podobnie jak sam zbiornik). Jeżeli tworzymy konstrukcję z kamieni, układając jedne na drugich, należy sprawdzić, czy są dostatecznie stabilne. Warto wcześniej przemyśleć układ dekoracji w akwarium, tworząc kompozycję na stole lub dywanie, koniecznie pamiętając o filtrach, grzałkach, które najlepiej odpowiednio maskować dekoracjami.

Właściwie urządzone akwarium imituje naturalne środowisko ryb, co ma szczególne znaczenie w przypadku zbiorników biotopowych. Jest to oczywiście znacznie trudniejsze, ale jednocześnie wygląda wyjątkowo efektownie. Większość zbiorników ma przykrycie, aby zapobiec wyskakiwaniu ryb oraz osiadaniu kurzu na powierzchni wody. Niekiedy akwarium pozostawia się odkryte, co powoduje zwiększone parowanie wody, ale też ułatwia utrzymanie temperatury na wymaganym poziomie w czasie okresowych upałów, oraz pozwala wyeksponować w pełni rośliny wyrastające z wody i kwitnące nad jej powierzchnią.

Na podłoże najlepiej nadaje się czysty, przemyty piasek złożony z ziarenek o średnicy 2–5 mm (drobniejsze odsiewa się za pomocą odpowiedniego sita). Zanieczyszczenia gromadzą się na powierzchni piasku, skąd są łatwiejsze do usunięcia niż spomiędzy grubszych ziaren żwiru. Ponadto zdecydowana większość ryb akwariowych lepiej czuje się w akwariach z dnem piaszczystym (kiryski, mułojady, zbrojniki, ziemiojady, większość pielęgnic i wiele innych), zaś piasek wygląda naturalnie i ładniej niż żwir. Należy wystrzegać się wszelkiego rodzaju farbowanych żwirków, które mogą do wody uwalniać toksyczne substancje. Niewskazane są też żwirki z ostrymi krawędziami, które mogą ranić ryby. Niektóre gatunki żerujące w dnie (np złota rybka) mogą połykać grube ziarna żwiru lub kamyki, co jest szkodliwe dla ich zdrowia.

Niezależnie od rodzaju podłoże trzeba dokładnie przed umieszczeniem w akwarium wypłukać, tak aby woda po jego wzruszeniu nie stawała się mętna.

Kamienie powinny być gładkie. W akwariach towarzyskich, w których woda jest miękka lub średnio twarda i lekko kwaśna lub obojętna, najczęściej wybiera się granity, sjenity, bazalty i piaskowce. Najlepiej wcześniej zrobić test wpływu kamieni na wodę (np. w misce), sprawdzając, czy nie podnoszą pH. W biotopach Tanganiki i Malawi sprawdzą się również wapienie, które znacznie podnoszą pH, a w połączeniu z piaskowcami wpływają stabilizująco na parametry wody. Konstrukcje kamienne nie tylko podnoszą walory dekoracyjne akwarium, ale także pełnią rolę kryjówek.

Korzenie są bardzo dekoracyjnymi elementami wyposażenia akwarium, można je pozyskać z natury i samodzielnie przygotować, albo kupić w sklepie, już gotowe do użycia. Muszą być martwe i całkowicie okorowane. Najlepiej wybierać korzenie wierzby lub olchy, ewentualnie dębu, pochodzące z płynącej, czystej wody. Przed umieszczeniem w akwarium trzeba je wygotować w emaliowanym garnku w nasyconym roztworze soli kuchennej przez kilkadziesiąt minut (muszą być całe zanurzone). Następnie korzeń przez tydzień moczy się w zimnej, często wymienianej wodzie. Dopiero wtedy można włożyć go do akwarium. Należy jednak uważnie go obserwować i usunąć, gdy tylko zauważymy oznaki gnicia lub zachowanie ryb wzbudzi niepokój. Korzenie mogą obniżać pH, dlatego nie są zalecane do biotopów o wodzie z odczynem zasado-

wym. Wydzielają garbniki, bardzo pożądane w siedliskach Ameryki Południowej lub Azji.

Bardzo dobrą kryjówką, łatwiejszą do przygotowania niż kamienna jaskinia, jest łupina orzecha kokosowego. Jej dodatkowa zaleta to łatwość przygotowania – wystarczy ją wyczyścić i umyć w ciepłej wodzie przed umieszczeniem w zbiorniku.

Po ułożeniu podłoża i dekoracji można zamontować osprzęt, zwracając uwagę na wygodę późniejszej obsługi. Kolejną czynnością jest nalanie wody do jednej trzeciej wysokości akwarium. Odstaną (przez mniej więcej dobę) wodę, najlepiej wymieszaną z wodą pochodzącą z innego czystego zbiornika hodowlanego, nalewamy ostrożnie, by nie wzburzyć urządzonego podłoża, najlepiej na talerz lub miseczkę położoną na dnie. Na tym etapie warto posadzić rośliny, dostosowując długość ich korzeni do grubości podłoża. Następnie nalewamy wodę do planowanego poziomu. Przed wpuszczeniem ryb trzeba odczekać 10–15 dni, kontrolując parametry wody, by akwarium mogło dojrzeć. W tym czasie powinny działać wszystkie urządzenia, takie jak oświetlenie czy filtr. Proces dojrzewania można przyspieszyć zaszczepiając bakterie z filtra innego, zdrowego i dojrzałego akwarium. Można również użyć gotowych preparatów zawierających interesujące nas bakterie wraz z pożywką dla nich.

Wybór roślin

Rośliny to nieodzowny element każdego akwarium. Początkujący powinni wybierać gatunki łatwe w uprawie i szybko rosnące, by wyciągały one z wody jak najwięcej składników odżywczych i tym samym zapobiegały rozwojowi glonów.

Rośliny akwariowe pobierają składniki pokarmowe nie tylko korzeniami, ale całą powierzchnią, zwłaszcza liści, pokrytych skórką o bardzo cienkich ścianach zewnętrznych. Niektóre albo w ogóle nie wytwarzają korzeni (*Ceratophyllum*, *Utricularia*), albo mają korzenie bardzo krótkie (*Elodea*, *Najas*).

Jeżeli przy opisywaniu poszczególnych roślin mówi się o podłożu ubogim lub średnio zasobnym w składniki pokarmowe, chodzi o podłoże bez dodatku tego typu składników. Jako ubogie określa się podłoże akwarium świeżo urządzonego lub z nielicznymi rybami. Podłoże średnio zasobne i zasobne znajduje się w akwariach urządzonych przed 6–8 miesiącami, z umiarkowaną lub dużą liczbą ryb.

Sadzenie roślin Nowe rośliny należy delikatnie rozpakować i umieścić w misce z wodą o temperaturze panującej w zbiorniku. Następnie trzeba je dokładnie obejrzeć, szukając glonów, ślimaków i ich jaj. Jaja ślimaków są przezroczyste i galaretowate – czasami łatwiej wyczuć je palcami niż zobaczyć. Jeśli znajdują się na roślinach, należy je usunąć pod bieżącą wodą. Pozbywamy się również uszkodzonych liści, używając do tego celu ostrych nożyczek. Gdy na roślinach znajdują się glony, musimy zdecydować, czy warto ryzykować ich sadzenie, ponieważ istnieje ryzyko inwazji glonów na inne rośliny. Czasami jednak zdarza się, że otrzymamy bardzo rzadkie sadzonki roślin, na których nam bardzo zależy, wówczas należy poddać je dezynfekcji. W tym celu przez 15 minut namacza się objęte glonami rośliny w roztworze nadmanganianu potasu (10 mg $KMnO_4$ na 1 litr wody), a przed sadzeniem przepłukuje pod bieżącą wodą.

Rośliny wodne, które jako początkujący akwaryści możemy zasadzić w naszych akwariach i mieć niemal pewność, że osiągniemy spodziewany efekt, dobieramy według kryteriów estetycznych i stopnia trudności ich zasadzenia oraz utrzymania. Na początek akwarystycznej przygody warto wybrać gatunki najłatwiejsze w pielęgnacji, jak te opisane dalej.

Rośliny dla początkujących

Rośliny rozetowe, np. *Echinodorus* i *Cryptocoryne*

Charakterystyka: Mają liście ułożone w kształcie rozety. Kolor i wielkość liści tych roślin w znacznym stopniu zależą od warunków środowiskowych panujących w akwarium. Wielkość roślin z tych gatunków może wahać się od 10 cm do ponad 30 cm. Mogą przybierać kolory od jasnooliwkowego, przez różowy, do czerwieni. Liście mogą mieć kształt od prostych do zakrzywionych, a kolor od matowego do lśniącego. Rośliny żyjące w silnym świetle są zazwyczaj krótsze.

Sposób sadzenia: Rośliny należy chwycić w okolicy korzeni i wsadzić w dołek zrobiony palcem wskazującym. Stale trzymając roślinę palcami, umieścić ją w podłożu, tak aby schować całe korzenie. Następnie delikatnie pociągnąć ją do góry, aż cała szyjka korzeniowa znajdzie się ponad żwirem.

Rośliny długołodygowe np. *Hygrophila*, *Rotala* i *Cabomba*

Charakterystyka: Mają liście ułożone w kształcie rozety, które wyrastają z centralnej łodygi, często rozgałęzionej. Niektóre z nich tworzą formy pływające, ale większość zakorzenia się w podłożu. W dobrych warunkach szybko rosną.

Sposób sadzenia: Przed posadzeniem nie należy usuwać dolnych liści bo ułatwia to sadzenie roślin i sprzyja wypuszczaniu nowych łodyg. Natomiast obcięcie spodów łodyg przed zasadzeniem znacznie przyspieszy proces ukorzeniania. W jednej grupie sadzi się najwyżej trzy roślinki, pozostawiając pomiędzy grupami przestrzeń co najmniej 2–3 cm. Rośliny długołodygowe posadzone w formie kępki wyglądają znacznie lepiej niż pojedyncze egzemplarze. Czasami trudno utrzymać rośliny w podłożu przed wypuszczeniem korzeni. Najczęściej dzieje się tak w akwariach ze żwirowym dnem, gdzie ziarna żwiru mają zbyt dużą średnicę lub w zbiornikach z dużymi rybami dennymi. Wówczas można przycisnąć roślinki kilkoma kamykami umieszczonymi dookoła sadzonki, a po ukorzenieniu się kępki kamienie usunąć.

Rośliny bulwiaste, np. *Aponogeton*, *Nymphaea* i *Crinum*

Charakterystyka: Bulwy tych roślin rozwijają się lepiej, jeżeli zostawi się je częściowo odsłonięte.

Sposób sadzenia: Bulwy roślin z rodziny lilii mogą mieć tylko korzenie umieszczone w podłożu, w przeciwnym razie bulwa zaczyna gnić. Z kolei sadząc rośliny z rodzaju *Aponogeton*, trzeba wcześniej wiedzieć, gdzie jest ich część szczytowa. By to stwierdzić, warto pozostawić je na powierzchni podłoża aż zaczną kiełkować. Wtedy sadzi się je nie głębiej niż na $^2/_3$ jej długości w podłożu. Niektóre rośliny z rodzaju *Aponogeton* są trudne w hodowli, polecane raczej doświadczonym akwarystom. W zależności od miejsca pochodzenia wymagają specyficznych warunków środowiskowych. Nie tolerują też garbników w wodzie. Bulwy roślin z rodzaju *Crinum* mają tendencję do gnicia, jeśli zakopie się je głębiej niż wynosi połowa ich długości.

Rośliny z kłączami, np. *Anubias* i *Nuphar*

Charakterystyka: Rośliny mają kłącze rosnące poziomo ponad podłożem. Z kłącza odchodzą w dół korzenie i rosnące do góry liście.

Sposób sadzenia: Konieczne jest umieszczenie rośliny w taki sposób, aby mogła wypuścić korzenie w dół, w innym przypadku zakopane kłącze zacznie gnić. Rośliny tych gatunków mogą wypuszczać bardzo długie korzenie, dochodzące nawet do kilkunastu centymetrów długości. Dodatkowo bardzo słabo transportują tlen przez korzenie i dlatego źle rosną w beztlenowym podłożu.

Epifity, np. *Microsorum pteropus* i *Bolbitis*

Charakterystyka: Rośliny wijące się podobnie jak bluszcz, najlepiej rosną przytwierdzone do stałych powierzchni, takich jak np. korzenie, kamienie lub skamieniałe drewno. Nie należy sadzić ich w podłożu.

Sposób mocowania: Do zamocowania tych roślin potrzebne jest podłoże o szorstkiej powierzchni, do której mogą mocno przylgnąć. Najprostszym sposobem mocowania epifitów jest przywiązanie ich za pomocą żyłki wędkarskiej do wybranej powierzchni. Żyłka nie jest widoczna w wodzie i mocno trzyma roślinki.

Mech

Charakterystyka: Roślina mało wymagająca, która szybko się rozrasta. Równie szybko rośnie jako wolno pływająca roślina, jak też i po przytwierdzeniu.

Sposób mocowania: Najprostszą metodą mocowania mchu jest użycie żyłki wędkarskiej lub siateczki. Po kilkunastu dniach elementy mocowania zostaną zarośnięte mchem i przestaną być widoczne.

Gatunki z rodzaju *Glossostigma* i *Lillaeopsis*

Charakterystyka: Drobne roślinki zarastające dno akwarium.

Sposób sadzenia: Sadzenie tych roślin jest czasochłonne i wymaga cierpliwości z uwagi na ich dość małe rozmiary. Można kupić rośliny w doniczkach, usunąć doniczkę i część wełny, a pozostałą część wełny użyć jako kotwicę. Innym sposobem jest wciskanie pojedynczych roślin w żwir za pomocą pęsety.

Oświetlenie

Światło pełni niezwykle istotną funkcję w wytwarzaniu przez rośliny tlenu niezbędnego dla prawidłowego funkcjonowania ryb i innych wodnych zwierząt. U ryb reguluje ono podstawowe procesy życiowe, takie jak aktywność pokarmową lub przystępowanie do tarła. Dodatkową funkcją oświetlenia jest wizualna prezentacja akwarium i jego mieszkańców. W warunkach naturalnych ilość światła, która dociera do wnętrza zbiornika, zależy od kilku czynników, takich jak kąt padania promieni, charakter akwarium, przejrzystość wody oraz napotkane przeszkody. Głównymi źródłami światła w akwarium są:

Świetlówki Najpopularniejszy rodzaj oświetlenia akwarium. Są bardzo ekonomiczne w eksploatacji (charakteryzują się długą żywotnością) i dobrze oświetlają cały zbiornik.

Lampy rtęciowe (wysokociśnieniowe – HQL) Są bardzo wydajne i niedrogie w eksploatacji, a w przeciwieństwie do świetlówek ich światło znacznie wolniej traci intensywność. Nadają się do akwariów o głębokości powyżej 60 cm. Nie należy ich mocować bezpośrednio nad lustrem wody, ponieważ silnie się nagrzewają i mogą podnosić temperaturę w akwariu. Przy stosowaniu tego rodzaju silnych źródeł światła należy wzbogacać wodę w dwutlenek węgla.

Lampy metalohalogenowe (HQI) Lepiej sprawdzają się niż lampy rtęciowe ze względu na bardziej odpowiednią dla ryb barwę światła. Są jednym z najbardziej efektownych źródeł światła stosowanych w akwariach, tworząc na dnie cienie podobne jak te, które powstają w naturalnym świetle słonecznym. Zaleca się je do dużych zbiorników, ale wymagają dodatkowego doświetlenia punktowego. Szybko się zużywają i nagrzewają.

Oświetlenie diodowe Diody są najbardziej ekonomiczne pod względem kosztów eksploatacji. Oświetlenie diodowe umożliwia większą elastyczność jeśli chodzi o dopasowanie barwy i mocy światła do konkretnych potrzeb akwarysty. Oświetlenie składa się z wielu małych diod, których parametry można dowolnie dobierać.

Żarówki Mocno się nagrzewają i są mało wydajne, dlatego obecnie odchodzi się od ich stosowania.

Akwarium oświetlone świetlówkami

Słońce Światło słoneczne pełni funkcję uzupełniającą wobec oświetlenia sztucznego, jednak nie może być jedynym źródłem światła w akwarium, ponieważ ze względu na zmienną długość dnia w klimacie umiarkowanym w niektórych miesiącach ryby i rośliny byłyby niedoświetlone.

Aby światło w akwarium było jak najbardziej zbliżone do naturalnego, zaleca się stosowanie oświetlenia mieszanego (np. świetlówki czerwone i niebieskie, świetlówki o ciepłym i chłodnym świetle). Ważne jest, aby zbiornik w ciągu doby był oświetlany przez 12–14 godzin. Źródła światła mocuje się w obudowie (kupionej w sklepie zoologicznym lub wykonanej własnoręcznie), izolując jej wnętrze folią aluminiową, malując białą farbą lub montując wewnątrz lustra (co zmniejsza straty światła). Długość świetlówek powinna być krótsza od akwarium tylko o elementy mocujące je do pokrywy. Oświetlenie silniejsze (o większej mocy) powinno znajdować się z przodu zbiornika (wówczas rośliny będą się wyginały w kierunku szyby akwarium). Co jakiś czas świetlówki należy wymieniać, ponieważ wraz z ich postępującym zużyciem zmienia się także jakość emitowanego przez nie światła.

Filtrowanie

W niewielkich akwariach najczęściej montuje się filtry wewnętrzne, które umieszcza się w środku zbiornika, mocując do szyby przyssawkami lub zaczepami. Taki filtr zasysa wodę do pojemnika z wkładami filtracyjnymi (najczęściej gąbką) i wypuszcza ją przez dyszę, której wylot można skierować w dowolny sposób. Strumień wylotowy skierowany na powierzchnię wody powoduje jej poruszanie, co pozytywnie wpływa na wymianę gazową. Filtr wewnętrzny sprawdza się w każdym rodzaju akwarium. Może pełnić zarówno funkcję filtra mechanicznego, jak i biologicznego. Do jego zalet należy niska cena, mały pobór mocy oraz skuteczność mechaniczna (zbiera większe nieczystości).

Różne typy filtrów

Filtr gąbkowy typu Delfin	Jest napędzany brzęczykiem. Charakteryzuje go wolny przepływ wody i niewielka wydajność. Może być dobrym filtrem biologicznym, o ile jest dobrze dobrany do akwarium. Poleca się go do zbiorników z małym narybkiem. Nie powoduje silnego ruchu wody, co jest ważne w przypadku akwariów hodowlanych, w których przeprowadza się tarło.
Wewnętrzny filtr turbinowy	Jest wyposażony w głowicę, która zawiera turbinę o dużej wydajności. Ma zróżnicowaną wydajność, od 100 l/h do prawie 1000 l/h. Najprostsze modele mają koszyk wypełniony gąbką lub watą perlonową i mogą być dobrymi filtrami mechanicznymi.
Filtr przelewowy	Jest wygodny i łatwy w obsłudze, a jednocześnie bardzo wydajny. Można go wypełnić każdym rodzajem wkładów filtrujących. Pracuje cicho. Wadą jest niewielka pojemność komory filtra.
Filtr kanistrowy	Bardzo skuteczny i uniwersalny filtr. Komora filtrująca ma dużą pojemność, co pozwala na łączenie ze sobą różnych materiałów filtrujących. Dzięki temu możliwa jest efektywna filtracja mechaniczna i biologiczna.
Filtr chemiczny	Służy do znaczących zmian parametrów wody. Wkłady dobiera się odpowiednio do zamierzonego efektu. Aby podnieść zawartość wapnia w wodzie, akwaryści stosują żwirek koralowy lub tłuczeń wapienny. W celu podniesienia ilości garbników i obniżenia pH często w filtrze umieszcza się odpowiednio spreparowane złoża z torfu. Oprócz filtracji mechanicznej, odpowiednio dobrane wkłady mogą również spełniać funkcję filtrów biologicznych.

Filtry mechaniczne nie są jednak wolne od wad, do których należy mała powierzchnia wkładów filtracyjnych, niewielka wydajność jako filtr biologiczny oraz duże rozmiary, przez co zajmują sporo miejsca w akwarium i zmniejszają estetykę zbiornika.

Filtr należy dobrać do wielkości zbiornika oraz do obsady znajdujących się w nim ryb. Zbyt słaby nie będzie wystarczająco oczyszczał, a za duży spowoduje zbyt dużą cyrkulację i niepożądany ruch wody. Należy pamiętać o tym, że filtr powinien być zawsze włączony. Wkłady trzeba czyścić w wodzie pozbawionej chloru i niezbyt ciepłej (najlepiej w wodzie z akwarium).

Filtrowanie wody W naturze procesy oczyszczania się wody następują samoczynnie i nie wymagają ingerencji człowieka. Akwaria są dużo mniejsze od zbiorników naturalnych, dlatego utrzymanie w nich klarownej wody często wydaje się początkującym akwarystom trudne. W handlu dostępne są obecnie różne preparaty ułatwiające utrzymanie czystości w akwarium, jednak nic nie zastąpi dobrej i regularnej podmiany wody. Stosowanie preparatów o nie zawsze znanym składzie w celu zaoszczędzenia sobie pracy oraz inne tego typu zabiegi w efekcie często prowadzą do zaburzenia równowagi biologicznej, zmętnienia wody oraz drastycznego pogorszenia się warunków bytowych w akwarium.

Łatwiej jest stale utrzymywać wodę w dobrym stanie. W tym celu filtr w akwarium musi pracować bez przerwy. W przypadku zatrzymania jego pracy na czas dłuższy niż dwie godziny może dojść do zabicia bakterii tlenowych

Najczęściej używane wkłady filtrujące

Piasek, żwir	Stosowane w filtrach dennych i fluidyzacyjnych (przepływowych).
Wata perlonowa	Nadaje się do filtrów mechanicznych i jako prefiltr wyłapujący zanieczyszczenia mechaniczne w filtrach biologicznych.
Gąbka	Dobrze sprawdza się jako filtr mechaniczny, zwykle przepuszcza tylko najdrobniejsze zanieczyszczenia, a odpowiednio dobrana i używana może służyć jako dobry filtr biologiczny lub mechaniczny.
Węgiel aktywny	Skuteczny przy usuwaniu leków z wody, nie wychwytuje jednak wszystkich rodzajów szkodliwych związków rozpuszczalnych w wodzie. Nie może być zbyt długo stosowany, łatwo się zapycha i po jakimś czasie może uwalniać pochłonięte związki do wody.
Torf	Służy obniżeniu pH wody, uwalnia związki humusowe i ma dużą powierzchnię filtracyjną. Zmienia barwę wody dzięki wprowadzanym garbnikom.
Grys koralowy	Służy podniesieniu pH wody. Sprawdza się w akwariach morskich i zbiornikach, w których potrzebna jest twarda i zasadowa woda. Może być również stosowany jako medium fitracyjne w filtrach biologicznych.
Różnego rodzaju wymieniacze jonowe, zeolity	Zmieniają skład chemiczny wody, wymagają regeneracji lub wymiany po zużyciu. Usuwają z wody niepożądane substancje i wzbogacają wodę o wartości pozytywnie wpływające na rozwój ryb.

odpowiedzialnych za rozkład składników organicznych, i po jego ponownym uruchomieniu woda, która wypłynie z filtra po długim postoju będzie niebezpieczna dla zdrowia i życia zwierząt zamieszkujących zbiornik. Filtr, który dłużej nie pracował, wymaga wypłukania przed ponownym uruchomieniem.

Wkłady filtrujące nie mogą wprowadzać do wody substancji szkodliwych ani tym bardziej ulegać rozkładowi.

Glony

Glony wcześniej czy później rozwijają się w każdym akwarium. Mogą zarastać mało widoczne miejsca zbiornika lub zasłaniać grubą warstwą przednią szybę, przez co pogarszają wrażenia estetyczne. Domowe zbiorniki nie mogą być jednak zupełnie pozbawione glonów, ponieważ niewielka ich liczba świadczy o odpowiedniej zawartości substancji odżywczych i prawidłowym oświetleniu. Nadmiar glonów wskazuje, że równowaga jest zachwiana i w zbiorniku pojawia się zbyt dużo substancji biogennych (zwłaszcza fosforu i azotu) niż potrzeba roślinom. Sytuację tę wykorzystują glony, które dzięki łatwemu dostępowi do substancji odżywczych zaczynają się szybko rozrastać. Natomiast przy zachowanej równowadze glony jako organizmy mniej doskonałe nie są w stanie wygrać konkurencji z roślinami wyższymi.

Profilaktyka i usuwanie glonów Przeciwdziałanie rozrostowi glonów polega przede wszystkim na utrzymaniu równowagi biologicznej w akwarium oraz dobrej jakości wody. Należy uważać na nadmiar związków fosforu sprzyjających rozwojowi glonów. Ponadto, kupując nowe roślinki do akwarium, należy przed posadzeniem oczyścić je z glonów, żeby nie wprowadzić do zbiornika niechcianych intruzów.

W celu usunięcia glonów można zastosować w akwarium lampy UV, których światło działa zabójczo na wszelkie formy pływające glonów oraz pasożytów i bakterii. Woda wpływająca do filtra zawierającego lampę UV jest poddawana działaniu promieniowania, które niszczy DNA komórek

Najczęstsze glony akwariowe

Sinice	Ich pojawienie się świadczy o złej jakości wody w akwarium. Występują w zbiornikach z nadmierną ilością fosforanów, natomiast są niewrażliwe na poziom azotanów, gdyż są zdolne czerpać azot z powietrza rozpuszczonego w wodzie akwariowej. Bardzo szybko się rozprzestrzeniają i pokrywają wszystkie powierzchnie w akwarium zielonkawoniebieskim, czarnym lub szarym nalotem, który tworzy kożuchy. Wytwarzają toksyny, które są niebezpieczne dla ryb i dla ludzi.
Okrzemki	Świadczą o niedoborze oświetlenia oraz nadmiarze związków fosforanowych i azotanowych. Mają brązową barwę i rozwijają się na szybach, roślinach (blokując im dostęp światła) oraz elementach dekoracyjnych. Przy ich usuwaniu nie należy stosować środków chemicznych, ponieważ pod ich wpływem wytwarzają przetrwalniki (formy spoczynkowe) i atakują akwarium ze zdwojoną siłą. Można się ich pozbyć, wzmacniając oświetlenie w akwarium, albo po prostu przeczekać, bowiem naloty okrzemkowe charakterystyczne są dla nowo założonych akwariów.
Krasnorosty	Mają czerwonawe, czarne lub niebieskawe ubarwienie. Atakują liście i mogą doprowadzić do ich obumierania. Bardzo trudno się ich pozbyć. Preferują raczej wody o dużej twardości, najchętniej rosną w miejscach gdzie jest silniejszy ruch wody. Skuteczne w walce z tymi glonami mogą być kosiarki i molinezje oraz niektóre krewetki słodkowodne (*Caridina multidentata* – krewetka Amano).
Zielenice	Zielone glony, które wywołują tzw. zakwit wody („zielona woda") powstający przy stosowaniu oświetlenia słonecznego lub zbyt silnego oświetlenia sztucznego. Mogą mechanicznie zatykać rybom skrzela i zmniejszać zawartość tlenu w wodzie. Usuwa się je poprzez filtrowanie wody filtrami drobnooczkowymi lub przez zastosowanie filtra zewnętrznego z lampą UV, która zabije luźno pływające glony.

glonów (ale również część mikroelementów). Sposób ten sprawdza się przy zakwicie wody, jednak nie pomoże przy glonach porastających rośliny w akwarium, ponieważ ta forma sterylizacji obejmuje jedynie formy pływające i zawieszone w wodzie.

Nadmiar glonów można również kontrolować poprzez wprowadzenie do akwarium ryb chętnie żywiących się glonami. Do najpopularniejszych gatunków należą m.in.:

- molinezja ostrousta,
- otosek przyujściowy,
- otosek zebra,
- zbrojnik niebieski,
- grubowarg syjamski, zwany popularnie kosiarką.

WYBÓR RYB

Wybór ryb to chyba najważniejsza decyzja, jaką musi podjąć akwarysta. Trzeba pamiętać, że świat ryb jest bardzo zróżnicowany – w akwariach hoduje się kilkaset gatunków zarówno słodkowodnych, jak i morskich, bardzo różniących się rozmiarami, wyglądem, zachowaniem i, co najważniejsze dla hodowcy – wymaganiami. Częstym błędem początkujących jest kupowanie atrakcyjnych ryb bez znajomości ich wymagań, zwłaszcza że sprzedawca rzadko uprzedza klienta o ich specyficznych upodobaniach. Dlatego przed wybraniem się do sklepu zoologicznego warto poznać cechy charakterystyczne poszczególnych gatunków, aby dokonać świadomego wyboru.

Najlepiej wybierać młode osobniki, które łatwiej przyzwyczajają się do nowego otoczenia i innych współmieszkańców. Ryby powinny być przede wszystkim zdrowe. Przed podjęciem decyzji należy chwilę je obserwować, zwracając uwagę, czy oddychają spokojnie, mają czyste i pozbawione nalotu płetwy, kompletne łuski, czystą skórę oraz gładki lub lekko wypukły (a nie wklęsły) brzuch. Zdrowe ryby pływają prosto (choć istnieją wyjątki, takie jak ukośnik ozdobny, który – jak sama nazwa wskazuje – pływa ukośnie), nie drgają, nie leżą na dnie (chyba że chodzi o gatunki denne) ani nie ocierają się o przedmioty w zbiorniku. Zwróćmy także uwagę na – powinno być charakterystyczne dla gatunku. Dobrą wskazówką jest też apetyt – jeśli to możliwe poobserwujmy ryby w czasie karmienia.

Ryby i inne zwierzęta najlepiej wpuszczać do zbiornika partiami. Duża ilość nowych mieszkańców może spowodować zachwianie równowagi w akwarium, zwłaszcza takiego o niewielkich rozmiarach. Przed przełożeniem ryb należy wyrównać parametry wody w pojemniku transportowym z panującymi w akwarium. W tym celu wielokrotnie dolewa się małe ilości wody z głównego zbiornika do naczynia, w którym transportowano ryby. Należy na to przeznaczyć co najmniej pół godziny. W przypadku transportowania ryb w worku foliowym, można na początek włożyć zawiązaną torebkę do akwarium by wyrównać temperaturę w obu pojemnikach. Pozwala to uniknąć szoku termicznego, co ma szczególne znaczenie w przypadku wrażliwych gatunków.

W świeżo zakładanym akwarium warto na początek umieścić mniej więcej jedną czwartą docelowej obsady. Przez następny tydzień należy obserwować ryby oraz to, co dzieje się w akwarium, i jeśli wszystko jest w porządku, można pomyśleć o dodaniu kolejnych osobników. Najlepiej przed zakupem reszty ryb sprawdzić za pomocą dostępnych na rynku wskaźników poziom amoniaku (NH_3) i azotynów (NO_2). Jeśli wystąpią choćby śladowe ich ilości, znaczy to, że akwarium jeszcze nie dojrzało i należy poczekać z wpuszczaniem kolejnych mieszkańców.

Przez kilka pierwszych godzin ryby mogą zachowywać się nerwowo i kryć się po kątach, ale nie należy się tym martwić. Szcze-

gólny spokój należy zapewnić gatunkom płochliwym. Pokarm najlepiej podać dopiero następnego dnia. Przez kolejne dni warto też bliżej przyglądać się rybom, żeby stwierdzić, czy nie zdradzają objawów chorób. Stres związany ze zmianą akwarium często upośledza pracę układu odpornościowego ryb, co skutkuje zachorowaniami nawet osobników wcześniej wyglądających na zdrowe.

Choroby ryb akwariowych

W przypadku ryb w akwarium najlepszym sposobem unikania chorób jest zapobieganie im poprzez zapewnienie rybom optymalnych warunków rozwoju. Jeśli jednak, mimo prewencji, ryby zachorują, warto właściwie rozpoznać schorzenie, by skutecznie się go pozbyć.

Wskazówki dotyczące zapobiegania chorobom:

- Nie należy przerybiać zbiornika ponieważ powoduje to stres, a także zwiększa ponad miarę koncentrację związków azotowych w akwarium i w efekcie działa niekorzystnie na układ odpornościowy ryb.
- Należy odpowiednio dobierać ryby pod względem zachowania oraz preferowanych warunków.
- Ryby i rośliny należy pozyskiwać tylko z pewnych źródeł, większość chorób jest przenoszona przez nowo nabyte osobniki i rośliny, a nawet pożywienie (skażone rureczniki, larwy ochotki itp.).
- Nowo zakupione ryby i rośliny należy poddawać kwarantannie w osobnym akwarium, dzięki czemu nie naraża się fauny i flory w akwarium ogólnym, a ewentualne przeprowadzenie leczenie jest znacznie prostsze niż w funkcjonującym zbiorniku ogólnym.
- Należy karmić ryby urozmaiconym pożywieniem, nie ograniczać się jedynie do suchego pokarmu i od czasu do czasu zastosować żywy lub roślinny.
- Należy obserwować podopiecznych i w razie potrzeby przenosić chore osobniki do oddzielnego zbiornika.
- Należy utrzymywać stabilne warunki w wodzie, ponieważ gwałtowne wahania jej parametrów niekorzystnie wpływają na większość gatunków.

- Należy dbać o dobrą jakość wody, systematycznie kontrolując jej skład chemiczny poprzez zastosowanie odpowiednich zestawów testowych wskazujących zawartość amoniaku, azotynów i azotanów, pH i twardość. Trzeba również zachowywać czystość wody poprzez systematyczną podmianę jej części, czyszczenie podłoża z zalegającego detrytusu, usuwanie uszkodzonych części roślin oraz martwych zwierząt.
- Należy chronić mieszkańców akwarium przed truciznami mogącymi dostać się do wody z zewnątrz. Należy unikać stosowania w pomieszczeniu z akwarium środków owadobójczych, stosowania jakichkolwiek aerozoli i palenia papierosów. Do wody nie powinno się wkładać metalowych przedmiotów, a podwodnych grot nie wolno spajać cementem.

Pomimo zachowania wszelkich środków ostrożności może się zdarzyć, że ryby zaczną chorować. Wówczas ważne jest właściwe zdiagnozowanie dolegliwości oraz ustalenie jej przyczyn. Następnym krokiem powinna być eliminacja problemu i przystąpienie do leczenia odpowiednimi preparatami.

Specyfika ryb

Ryby należą do podtypu kręgowców (*Vertebrata*), który obejmuje także płazy, gady, ptaki oraz ssaki. Powstanie i rozwój ryb rozpoczęły się około 500–430 milionów lat temu (przełom kambru i ordowiku). Pierwsze ryby należały do klasy bezszczękowców (*Agnatha*), ich najbliższymi obecnie żyjącymi krewnymi są śluzice i minogi. W zasadzie żaden z tych gatunków nie znajduje zastosowania w akwarystyce. Większość minogów i śluzic zamieszkuje głębiny oceanów, gdzie żywi

się padłymi rybami lub wieloszczetami, inne z kolei pasożytują na rybach. Istoty te przypominają węgorze, największe z nich dorastają do 3 m długości. W słodkich wodach Polski żyje kilka gatunków minogów, jednak każdy z nich jest pod bezwarunkową i ścisłą ochroną, gdyż są to gatunki ginące. Z tego powodu nie wolno trzymać ich w akwariach.

Z pierwotnych bezszczękowców wkrótce wyewoluowały ryby chrzęstnoszkieletowe (*Chondrichthyes*), które do dziś żyją w oceanach, znacznie rzadziej, w zbiornikach słodkowodnych. Do tej gromady należą rekiny, płaszczki oraz chimery. O ile nie istnieją rekiny ani chimery słodkowodne, o tyle kilka gatunków słodkowodnych płaszczek bywa hodowanych w akwariach. Są to ryby z rodzaju *Potamotrygon*, niezwykle dekoracyjne i przyciągające uwagę istoty, które dodatkowo w odpowiednio obszernych zbiornikach mogą się nawet rozmnażać. Ostatnią i najdoskonalszą grupę ryb stanowią gatunki kostnoszkieletowe (*Osteichthyes*), które są głównymi obiektami zainteresowania w akwarystyce słodkowodnej. Bezżuchwowce, jako organizmy żyjące w dnach wód, nie miały możliwości większego rozwoju. W przeciwieństwie do nich, ryby zyskały przewagę nad panującymi wówczas w wodach zwierzętami (w tym przede wszystkim dinozaurami) dzięki powstaniu aparatu szczękowego, wyposażonego w zęby, możliwości sprawnego poruszania się w wodzie i zwiększeniu aktywności życiowej. To wszystko pozwoliło im na intensywne rozmnażanie, opanowanie rozległych obszarów i duże zróżnicowanie. Do najstarszych ryb należały ryby zwane pancernymi, pochodzące z okresu sylurskiego, których wygląd zewnętrzny przypominał prehistoryczne bezszczękowce. Od nich pochodzą ryby chrzęstnoszkieletowe oraz pozostałe szczepy ryb kostnoszkieletowych.

Ryby kostnoszkieletowe w procesie ewolucji wytworzyły wiele cech różniących je od ryb chrzęstnoszkieletowych, a są to przede wszystkim:

- szkielet zbudowany z tkanki kostnej;
- obecność zębów powstałych niezależnie od zębów skórnych, charakterystycznych dla rekinów;
- obecność wieczka skrzelowego, które w zależności od potrzeb zamyka i otwiera dostęp do skrzeli;
- obecność pęcherza pławnego;
- udoskonalone funkcjonowanie mechanizmów regulacji osmotycznej, co pozwoliło rybom kostnoszkieletowym na zasiedlenie wód słodkich.

Płetwy Ryby do poruszania się i sterowania wykorzystują płetwy, które dzielą się na nieparzyste oraz parzyste. Do parzystych zalicza się parę płetw piersiowych oraz parę płetw brzusznych. Płetwy nieparzyste to: płetwa ogonowa, płetwa grzbietowa, płetwa odbytowa oraz występująca u niektórych gatunków płetwa tłuszczowa. Podobnie jak kształt ciała, tak i płetwy ryb uległy różnorodnym modyfikacjom w zależności od trybu życia i potrzeb właścicieli. U najszybszych na świecie ryb pływaków – tuńczyków (*Thunnini*) – druga, dodatkowa, wysoka i zaostrzona płetwa grzbietowa pozwala osiągać jeszcze większe prędkości. Z kolei płetwa grzbietowa drapieżnych graników (tzw. *groupers*, łac. *Epinephelus*) przypomina kształtem płetwę rodzimego okonia (*Perca fluviatilis*) oraz wielu ryb pielęgnicowatych. Taka budowa płetwy grzbietowej pozwala osiągać duże prędkości na niewielkich dystansach, co umożliwia rybom drapieżnym skuteczne polowanie z zaskoczenia, a w przypadku ofiar daje możliwość efektywnej ucieczki. Inną budowę płetw mają ryby prowadzące denny tryb życia. Ich płetwy brzuszne są albo silnie przesunięte na boki ciała (żabnica *Lophius piscatorius*), albo całkowicie zredukowane (ryby flądrokształtne *Pleuronectiformes* oraz murenowate *Muraenidae*).

Zwykle główną siłą napędową ryby jest płetwa ogonowa, która powoduje ruch w przód, podczas gdy pozostałe płetwy umożliwiają nawigację oraz stabilizują pozycję ciała ryby w wodzie. Tymczasem istnieje jednak wiele gatunków, których płetwy ogonowe nie spełniają już tej funkcji. Ryby te są z reguły powolne, za to bardzo zwrotne, co pozwala im skutecznie ukrywać się wśród

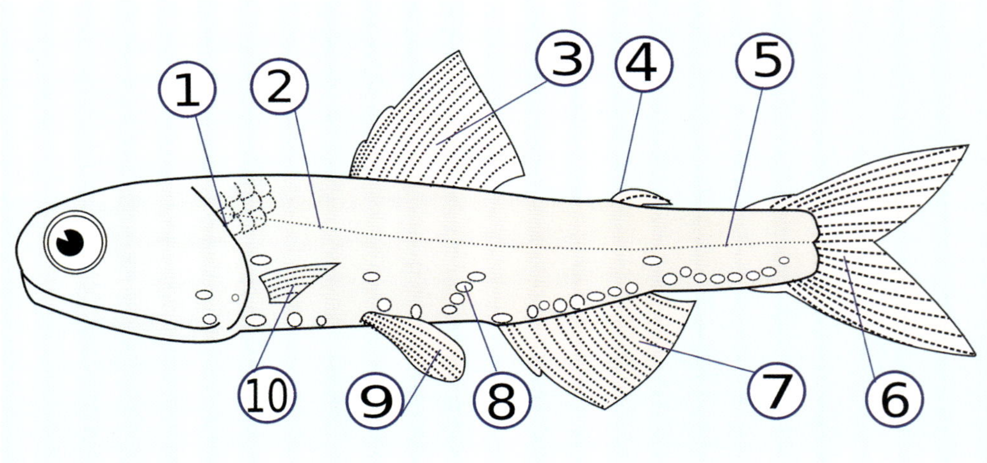

Płetwy: (3) – grzbietowa, (4) – tłuszczowa, (6) – ogonowa, (7) – odbytowa, (9) – brzuszna, (10) – piersiowa, (1) – pokrywa skrzelowa, (2) – linia boczna, (5) – trzon ogona, od płetwy odbytowej do ogonowej, (8) – fotofory (na przykładzie świetlika Hektora *Lampanyctodes hectoris*)

podwodnych skał czy plątaniny gałęzi i korzeni. Przykładem takiego typu ryby są rogatnicowate (*Balistidae*), które w zależności od potrzeb potrafią pływać do tyłu albo w bok. Innym przykładem są spokrewnione z nimi tzw. ryby pudełka – kosterowate (*Ostraciidae*). Szczególnym przykładem są koniki morskie, które poruszają się bardzo powoli, a wszystkie ich płetwy służą delikatnej nawigacji wśród koralowców lub gęstwiny morskich wodorostów. Koniki morskie są w ogóle pozbawione płetwy ogonowej, a zamiast niej występuje chwytny ogon. Rybom z rodziny guramiowatych (*Osphronemidae*) przekształcone w długie wąsy płetwy brzuszne pozwalają na lepszą orientację w zamieszkiwanych przez nie mętnych wodach. Wąsy te są wrażliwie na bodźce dotykowe i chemiczne, ułatwiają odnalezienie partnera oraz pożywienia, co jest trudne w warunkach zerowej lub bardzo niewielkiej widoczności. W akwariach hoduje się wiele ryb z tej rodziny, między innymi prętniki czy gurami.

Inne płetwy ryb również mogą ulegać modyfikacjom. Ciekawy przykład stanowią morskie ryby, które podczepiają się do rekinów, płaszczek czy żółwi i odżywiają się resztkami ich pożywienia, czyli podnawki, inaczej remory (*Echeneis* sp.). Ich przekształcona w przyssawkę płetwa grzbietowa pozwala podróżować tym rybom wraz z żywicielem, dzięki czemu oszczędzają energię konieczną do poruszania się. Istnieje również grupa ryb, których kostne promienie w płetwach zostały przekształcone w organy do wstrzykiwania porcji jadu napastnikom. Jedną z takich ryb jest popularna w akwariach morskich skrzydlica (*Pterois volitans*). Ta szczególna cecha skrzydlicy pozwala jej skutecznie bronić się przed połknięciem przez ryby drapieżne, co skutkuje wzmożoną ekspansywnością tego gatunku we wszystkich tropikalnych wodach słonych, gdzie staje się coraz bardziej szkodliwa dla pierwotnie występujących tam gatunków ryb.

Ryby latające (ptaszorowate, *Exocoetidae*) mają znacznie powiększone i wydłużone płetwy piersiowe, które działają jak skrzydła i pozwalają wydłużyć skok ponad wodę o następujący po nim lot ślizgowy w powietrzu. Także wśród ryb akwariowych można znaleźć ryby o podobnym przystosowaniu, a mianowicie pstrążenicowate (*Gasteropelecidae*), których skoki nie są jednak tak imponujące. Istnieje także wiele gatunków ryb, które mają płetwy przystosowane do kroczenia po dnie. Zdolność tę ma większość ryb skorpenokształtnych, a wśród nich najciekawszym gatunkiem jest nietoperz morski *Ogcocephalus darwini*. Płetwy mogą też służyć zwabianiu ofiary – przykładem może być wysoce przekształcony pierwszy promień płetwy grzbietowej u ryb z rodziny antenariusowatych (żabnicokształtne, łac. *Antennariidae*). Wygląda on jak miniaturowa wędka, na której końcu tkwi mięsisty wyrostek do złudzenia przypominający robaka. Ryba potrafi poruszać swoją „wędką", a zawieszony na jej końcu „robak" stanowi pokusę dla niewielkich ryb morskich, które skuszone perspektywą posiłku kończą życie w przepastnej paszczy antenariusa. Warta wspomnienia jest jeszcze niewielka rybka akwariowa zwana cudaczkiem (przylga chińska, *Beaufortia kweichowensis*), której płetwy piersiowe oraz brzuszne są przekształcone w przyssawkę, umożliwiającą tej rybie utrzymanie się na kamieniach w bardzo wartkich, górskich strumieniach, które zamieszkuje.

U wielu gatunków ryb pielęgnicowatych z afrykańskich jezior Malawi, Tanganika i Wiktoria na płetwach znajdują się owalne, kontrastowo ubarwione plamy. Nazywa się je atrapami jajowymi i najczęściej rzeczywiście przypominają wielkością, kolorem i kształtem ikrę tych ryb. W większości wypadków mają je samce, zwykle na płetwach odbytowych (np. pyszczak złocisty, *Melanochromis auratus*), ale zdarzają się także na wyjątkowo wydłużonych płetwach brzusznych (jak u gatunków *Cyathopharynx furcifer*, *Ophthalmotilapia ventralis*). Celem atrap jajowych jest przyciągnięcie uwagi samicy w czasie tarła, kiedy to zbiera ona do jamy gębowej złożoną ikrę. Instynktownie próbuje także zebrać atrapy jajowe na płetwach samca, dzięki czemu przez chwilę jej pysk znajduje się w pobliżu jego otworu odbytowego. Samiec wykorzystuje tę chwilę, aby uwolnić do wody nasienie, dzięki czemu ikra znajdująca się w jamie gębowej samicy ma większe szanse zapłodnienia.

Pęcherz pławny W drodze ewolucji ryby wytworzyły także mechanizmy pozwalające im na pozostawanie na określonej głębokości w toni wodnej. W tym celu większość gatunków posiada specjalny narząd – pęcherz pławny. Jest to struktura zbudowana z tkanki łącznej (silnej, elastycznej błony) wypełnionej gazem. Zajmuje od 5 do 15% objętości ciała ryby, a skład gazu znajdującego się w nim zależy od gatunku ryby i budowy samego pęcherza. Ryby potrafią regulować ciśnienie gazów znajdujących się w pęcherzu w zależności od głębokości, na której się znajdują. Poza pęcherzem pławnym istnieją także inne sposoby na utrzymanie pływalności, a między innymi jest to odpowiedni skład tkanek. Im wyższa zawartość tłuszczu w ciele, tym mniejszy jest ciężar właściwy ryby. Ten sposób wykorzystują głównie ryby przebywające stale na jednej głębokości, a więc szybko pływające, pelagiczne tuńczyki i makrele.

Pęcherz pławny leszcza (Abramis brama)

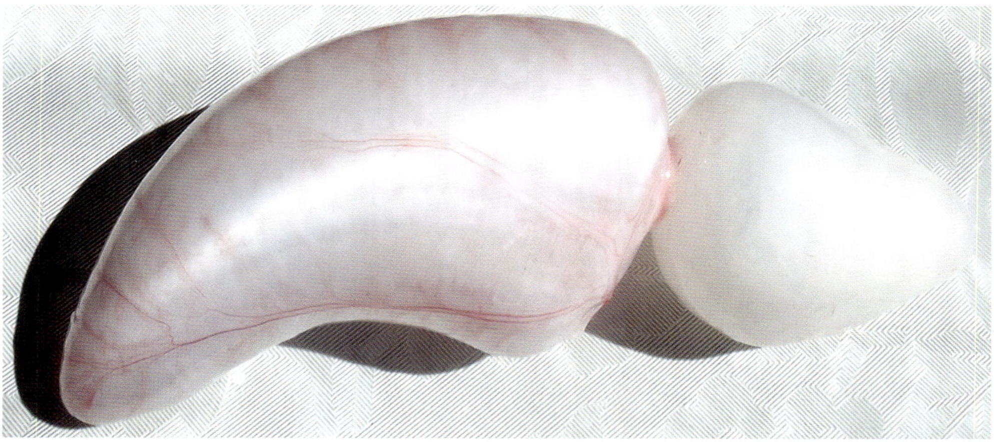

Innym mechanizmem umożliwiającym rybom utrzymanie odpowiedniej głębokości jest specjalna, asymetryczna budowa płetwy ogonowej (tzw. płetwa heterocerkiczna), w której górna jej część jest bardziej rozbudowana niż dolna. Dzięki temu płetwa wytwarza oprócz napędu w przód także siłę dociskającą rybę do dna, podczas gdy szeroko rozłożone płetwy piersiowe działają jak skrzydła samolotu, unosząc przód ciała do góry. Sposób ten wykorzystują rekiny oraz jesiotry, wiąże się z nim jednak ciągła konieczność ruchu w przód, dlatego ryby te nigdy nie odpoczywają.

Najważniejszym zadaniem pęcherza pławnego jest odbieranie sygnałów o zmianach ciśnienia i umożliwienie rybom przystosowania się do tych zmian. Ryby otwartopęcherzowe (głównie z rodziny karpiowatych, kąsaczowatych i sumowatych) mają możliwość regulacji zawartości gazowej pęcherza pławnego w szybki sposób. Kiedy potrzebują podwyższyć ciśnienie w pęcherzu, za pomocą otworu gębowego chwytają powietrze z powierzchni wody, natomiast gdy konieczne jest zmniejszenie ciśnienia, wypuszczają nadmiar gazów przez otwór gębowy lub odbyt. Jest to możliwe dzięki stałemu połączeniu pęcherza z przełykiem. Inaczej ten mechanizm działa u ryb, u których połączenie to zanika w wieku dorosłym. U ryb o pęcherzu zamkniętym (okoniokształtne) zawartość gazów w zamkniętym pęcherzu pławnym jest regulowana przez specjalny gruczoł gazowy, który wydziela gazy do pęcherza oraz owal, który gazy pochłania. Z tego powodu ryby otwartopęcherzowe są w stanie znacznie szybciej dostosowywać się do zmian ciśnienia, niż ryby zamkniętopęcherzowe.

Pęcherz pławny może mieć różną budowę. U ryb łososiowatych narząd ten ma postać długiego worka, połączonego krótkim przewodem powietrznym. U karpiowatych jest bardziej zróżnicowany – dwukomorowy. Przednia komora, na obu końcach zaokrąglona, przebiega pod kręgosłupem i sięga niemal czaszki. Tylna, jajowatowydłużona, sięga głęboko w jamę ciała w kierunku nasady ogona. Zadania obu części pęcherza są odmienne. Przednia bierze udział w wydawaniu dźwięków i słuchaniu, łącząc się z aparatem Webera (narząd wzmacniający zdolność odbierania dźwięków przez ryby) i błędnikiem, tylna pełni funkcje hydrostatyczne. U ryb śledziowatych pęcherz pławny wydłuża się ku przodowi w rurę, która pod pierwszym kręgiem dzieli się na dwie wypustki sięgające do błędnika. Poza tym ma połączenie z jelitem i osobne ujście na powierzchnię ciała poza odbytem.

Skrzela Ryby potrzebują do życia tlenu. Zmuszone są także usuwać z organizmu produkty przemiany materii, w tym dwutlenek węgla. W tym celu wykorzystują specjalny organ – skrzela. Główną częścią skrzel jest bogato unaczyniona tkanka, uformowana w postaci listków skrzelowych, które są oparte na kostnych łukach. Przepływ wody przez skrzela pozwala na wymianę gazową między nią a krwią ryby: przyjmowany jest tlen, natomiast oddawany do wody dwutlenek węgla. Większość ryb żyje w wodach bogatych w tlen, w których stężenie tego gazu jest wyższe niż to, które obserwuje się we krwi ryb. Podobnie stężenie dwutlenku węgla we krwi ryb jest wyższe niż to, jakie znajduje się w wodzie. Wymiana gazowa jest więc stosunkowo prosta, a dodatkowo wspomagana przez odwrotny przepływ krwi w skrzelach w stosunku do kierunku przepływu wody (tzw. przeciwprąd). W znacznie trudniejszej sytuacji znajdują się ryby, które zamieszkują wody o niewielkiej lub zerowej zawartości tlenu, albo wysokiej zawartości rozpuszczonego dwutlenku węgla. W takich środowiskach działanie skrzeli jest na tyle utrudnione, że w zasadzie ryba nie mogłaby funkcjonować. Aby umożliwić przetrwanie w takich wodach, ryby wytworzyły różnorodne przystosowania, pozwalające na wymianę gazową bez użycia skrzeli. Najczęściej do tego celu służy organ zwany labiryntem, który występuje u ryb z rodziny błędnikowców (*Anabantoidei*). Jest to bogato unaczyniony, kalafiorowaty narząd znajdujący się w jamie skrzelowej. Ryba oddychająca labi-

ryntem pobiera co jakiś czas porcję powietrza znad powierzchni wody i wtłacza ją do jamy skrzelowej, gdzie następuje wymiana gazowa między labiryntem a powietrzem. Powietrze „zużyte" wypuszcza przez jamę gębową, a następnie znad powierzchni pobiera jego nową porcję. W związku z tym ryby z tej rodziny mogą się „utopić", jeśli zostaną pozbawione możliwości dostępu do powietrza. Najpopularniejsze gatunki, które posługują się tą metodą oddychania, to gurami, prętnik, bojownik, skrzeczyk i wielkopłetw. Labirynt wykształca się kilkanaście dni po wykluciu, a do tego czasu młode ryby oddychają skrzelami. Analogiczną do labiryntu funkcję spełnia narząd nadskrzelowy u ryb sumokształtnych z rodzin *Heteropneustidae* oraz *Clariidae*, jednak jego umiejscowienie i budowa jest inna niż labiryntu. Narząd nadskrzelowy powstaje z uwypuklenia gardzieli, tworzącego tzw. jamę nadskrzelową, wypełnioną bogato unaczyniowymi wyrostkami drugiego i czwartego łuku skrzelowego. U *Heteropneustidae* dodatkowo wykształciły się długie worki powietrzne, które znajdują się po bokach ciała i ciągną się od głowy, aż do trzonu ogonowego. Najlepiej znanymi przedstawicielami ryb, akwariowych z tych rodzin są *Clarias batrachus* oraz *Heteropneustes fossilis*.

Różnorodność obserwowana u ryb jest oszałamiająca. Istnieją ryby jadowite, śpiewające, latające, dziwaczne ryby głębinowe, a także ryby świecące, poruszające się po lądzie, kopiące tunele czy ryby żywiące się wyłącznie łuskami lub płetwami innych ryb. Istnieje nawet gatunek ryby pasożytniczej (wandelia, *Vandellia cirrhosa*), która w warunkach naturalnych przyczepia się do skrzeli innych ryb i żywi się ich krwią oraz tkankami. Odnotowano jednak przypadki pasożytowania tej ryby także na ludziach, kiedy to wnikała do otworu moczowego. Nie mniej interesujące są sposoby rozrodu i opieki nad potomstwem, występujące u ryb: przykładem mogą być gębacze, które noszą narybek w jamie gębowej albo smukleń, który opiekuje się ikrą znajdującą się na liściu nad powierzchnią wody. Jednym z dziwniejszych przystosowań rozrodczych jest całkowite i nieodwracalne przyrośnięcie samca do samicy, wskutek czego staje się on w końcu jedynie pasożytniczym wyrostkiem na jej ciele (czarny diabeł morski z rodziny *Melanocetidae*).

Słowniczek

Akwarium towarzyskie – wielogatunkowy zbiornik o charakterze dekoracyjnym, w którym żyją ryby i rośliny pochodzące z różnych części świata.

Andropodium – narząd kopulacyjny występujący u samców ryb z rodziny żyworódkowatych (*Goodeidae*) oraz półdziobcowatych (*Hemiramphidae*), powstały z przekształcenia przedniej części płetwy odbytowej.

Białe wody – rodzaj wód występujących w Ameryce Południowej, o barwie jasnej (od szarożółtej do szarobrązowej), która wynika z dużej ilości zawiesiny pochodzenia mineralnego (osadów). Wody te charakteryzują się bardzo niską przejrzystością, odczynem bliskim neutralnego (pH około 7) oraz niewielką twardością.

Czarne wody – rzeki, strumienie i jeziora, w których woda ma kolor bursztynowy do ciemnobrązowego wskutek rozpuszczonych w niej związków pochodzących z rozkładu roślin. Zwykle charakteryzuje je także niskie pH, bardzo niska twardość oraz brak roślinności podwodnej. Czarne wody są kojarzone z Ameryką Południową (hiszpańska nazwa rzeki Río Negro oznacza dosłownie 'czarna rzeka') oraz z Azją, ale występują także w Europie (np. jeziora dystroficzne, których ciemne wody są bogate w garbniki pochodzące z torfu).

Detrytus – drobne szczątki powstałe w efekcie rozkładu martwych roślin i zwierząt oraz ich odchodów, zalegające w postaci osadu pod wodą i gromadzące się na dnie.

Dojrzałe/niedojrzałe akwarium – Akwarium można uznać za dojrzałe, kiedy nastąpił pełen przebieg cyklu azotowego. Dokładniej: najbardziej toksyczny amoniak (NH_3), powstały z rozkładu resztek pokarmowych i odchodów ryb, jest przekształcany przy udziale bakterii nitryfikacyjnych w nieco tylko mniej toksyczne azotyny (NO_2) , które z kolei w drugim etapie nitryfikacji są przekształcane w stosunkowo najbezpieczniejsze dla ryb azotany (NO_3). W dojrzałym akwarium zarówno amoniak, jak i azotyny powinny pozostawać niewykrywalne przy pomocy testów akwarystycznych. Przed pełnym zasiedleniem zbiornika rybami należy się upewnić, że akwarium jest dojrzałe, a po zasiedleniu monitorować ilość poszczególnych związków azotowych w wodzie. Obecnie istnieje na rynku akwarystycznym wiele preparatów zawierających bakterie nitryfikacyjne, których zastosowanie pozwala znacznie skrócić proces dojrzewania zbiornika.

Dorzecze – inaczej zlewnia rzeki, czyli cały obszar, z którego spływają wody do rzeki głównej i do wszystkich jej dopływów.

Dymorfizm płciowy – zespół widocznych różnic między samcem i samicą tego samego gatunku, inaczej dwupostaciowość.

Epifit – roślina rosnąca na innej roślinie, ale zwykle nie prowadząca pasożytniczego trybu życia. Gospodarz służy jej przede wszystkim jako podpora. W przypadku roślin akwariowych tym terminem oznacza się rośliny, które nie wymagają ukorzenienia w dnie zbiornika, a mogą rosnąć, oplatając podwodne korzenie lub kamienie.

Filtracja biologiczna – zespół filtrów zawierających podłoże oraz warunki konieczne do prawidłowego funkcjonowania flory bakteryjnej, odpowiedzialnej za przekształcanie toksycznych związków azotowych (amoniaku i azotynów) w najmniej niebezpieczne dla ryb azotany. Oddzielną formą filtracji biologicznej są tzw. denitryfikatory, w których azotany są przekształcane przez bakterie denitryfikacyjne w wolny azot, co pozwala ograniczyć częstotliwość podmian wody.

Filtracja mechaniczna – zespół filtrów pozwalających na wychwytywanie z wody zawieszonych w niej stałych cząstek detrytusu, odchodów ryb oraz resztek pokarmu zanim zaczną się rozkładać. Jako medium filtracyjne stosuje się zwykle gąbki o różnej gęstości i watę perlonową.

Garb tłuszczowy – występujące u niektórych gatunków ryb (głównie u samców) nagromadzenie tkanki tłuszczowej w okolicy kości czołowej, tworzące efektowne zgrubienie. Jeśli występuje u obojga płci, to zwykle u samicy jest mniejszy niż u samca.

Gatunek endemiczny – gatunek rośliny lub zwierzęcia występujący na niewielkim obszarze i nigdzie poza nim. W przypadku ryb oznacza zwykle zamieszkiwanie w jednym zbiorniku wodnym na świecie.

Gatunek polimorficzny – występowanie w obrębie jednego gatunku ryby kilku różnych form, które mogą różnić się ubarwieniem, jednak zachodzi pomiędzy nimi swobodny przepływ genów.

Gatunek sezonowy/okresowy – gatunek ryby zamieszkujący zbiorniki czasowo wysychające w porze suchej. W porze mokrej, kiedy zbiorniki są wypełnione wodą, ryby te intensywnie się rozmnażają, a następnie, w miarę wysychania zbiornika, giną, pozostawiając po sobie zapłodnioną ikrę zagrzebaną w mule zalegającym dno. Wraz z nadejściem kolejnej pory deszczowej z ikry wykluwa się następne pokolenie ryb.

Gonopodium – skomplikowany narząd kopulacyjny samców ryb z rzędu karpieńcokształtnych (*Cyprinodontiformes*), powstały z przekształcenia płetwy odbytowej.

Harem – obsada ryb akwariowych jednego gatunku dobrana tak, aby na jednego samca przypadało kilka do kilkunastu samic.

Hodowla karmowa – hodowla wybranego gatunku zwierzęcia lub rośliny z przeznaczeniem na pokarm dla ryb. Obejmuje wszelkie hodowle żywego pokarmu, tj. pierwotniaków, glonów, drobnych bezkręgowców wodnych (planktonu) czy lądowych (doniczkowce, grindale), owadów (muszka owocowa) czy nawet mniejszych ryb.

Ikra – jaja ryb.

Jajorodność – najbardziej rozpowszechniona wśród ryb forma rozrodu płciowego, polegająca na wydaleniu z organizmu samicy niezapłodnionych jaj, które następnie zapładnia samiec (tzw. zapłodnienie zewnętrzne – poza organizmem samicy). Taka formę rozrodu reprezentują np. skalary, gurami czy kiryski.

Jajożyworodność – inaczej żyworodność lecytotroficzna. Do jej wystąpienia konieczne jest zapłodnienie wewnętrzne, kiedy to samiec umieszcza w otworze płciowym samicy nasienie. Następnie zapłodnione jaja rozwijają się we wnętrzu samicy, korzystając wyłącznie z zasobów pokarmowych zgromadzonych w żółtkach. Wyklucie się następuje na krótko przed opuszczeniem ciała samicy („porodem") lub w jego trakcie. Taką formą rozrodu odznaczają się m.in. gupiki, mieczyki czy molinezje.

Ketapang – migdałecznik właściwy (*Terminalia catappa*) – gatunek krzewu rozpowszechniony w klimacie tropikalnym obszaru indopacyficznego. Jego liście oraz kora znajdują zastosowanie w akwarystyce, ponieważ wydzielają do wody substancje ograniczające pleśnienie ikry i wspomagające leczenie zakażeń i uszkodzeń ryb. Dzięki uwalnianiu garbników (tanin) obniżają nieco pH wody oraz nadają jej bursztynowe zabarwienie, co szczególnie doceniają miłośnicy tzw. czarnych wód.

Kontrolowane przerybienie – wpuszczenie do akwarium większej niż normalnie liczby osobników, co ma na celu zdezorientowanie ryb na tyle, żeby samce dominujące nie mogły obrać swoich terytoriów. Dzięki takiemu zabiegowi zapobiega się agresji w akwariach, głównie w przypadku gębaczy z Wielkich Jezior Afrykańskich. Ważne jest równoczesne zapewnienie zwiększonej filtracji, dostosowanej nie tyle do litrażu zbiornika, co do liczby znajdujących się w nim ryb.

Larwa – młodociana postać rozwoju większości ryb, często różniąca się kształtem i ubarwieniem od formy dorosłej tego samego gatunku.

Mop akwarystyczny – wykonany z wełny akrylowej lub żyłki, przypominający kształtem mop używany do sprzątania, czemu zawdzięcza nazwę. W akwarystyce służy jako podłoże do składania jaj (substrat) dla ryb trących się w warunkach naturalnych wśród roślinności wodnej.

Narybek – młode ryby, które zużyły zapasy woreczka żółtkowego i rozpoczęły samodzielne odżywianie się.

Organizm transgeniczny (GMO) – szczególny rodzaj organizmów zmodyfikowanych genetycznie (ang. *genetically modified organisms*), do których w procesie inżynierii genetycznej wprowadzono geny pochodzące z innych gatunków. Dzięki temu uzyskuje się u organizmów transgenicznych powstanie zupełnie nowej cechy (np. fluorescensyjnej barwy będącej wynikiem wszczepienia genów koralowców). Obecnie w ten sposób modyfikuje się wiele gatunków ryb akwariowych (danio, pielęgnice, wiele kąsaczowatych).

Paludarium – rodzaj terrarium lub akwaterrarium o wysokiej wilgotności powietrza, przeznaczonego do hodowli roślin i zwierząt bagiennych lub pochodzących z tropikalnych lasów deszczowych.

Peryfiton – zbiorowisko drobnych organizmów występujące na powierzchni większych roślin i zwierząt oraz innych przedmiotów wznoszących się ponad dnem. W skład peryfitonu wchodzą bardzo różnorodne organizmy, zarówno osiadłe (glony, wirczyki, omułki, pąkle), jak i pływające (pierwotniaki, skorupiaki, owady).

Plama ciążowa – ciemna plama pojawiająca się u samic ryb piękniczkowatych po zapłodnieniu i zwykle wskazująca na zbliżający się „poród". Plama ciążowa jest umiejscowiona w okolicy płetwy odbytowej.

Płetwa tłuszczowa – niewielka płetwa nieparzysta, znajdująca się między płetwą grzbietową a ogonową u ryb z rodziny kąsaczowatych, sumokształtnych, łososiowatych i innych. Zwykle nie posiada promieni kostnych ani chrzęstnych.

Pokładełko – brodawka płciowa lub moczowo-płciowa służąca rybom do składania jaj lub zapładniania ich.

Promienie płetw – elementy szkieletu płetwy, dzielą się na promienie miękkie (rozwidlone na końcach, chrzęstne) oraz twarde (ostro zakończone, kostne).

Ruszt ikrowy – znajdująca się na dnie zbiornika konstrukcja zabezpieczająca ikrę przed zjedzeniem przez osobniki dorosłe. Zwykle składa się ze sztywnej ramki dopasowanej wymiarami do dna akwarium i rozpiętej na niej siatce. Oczka siatki dobiera się tak, aby były na tyle duże, żeby mogła przelecieć przez nie ikra i na tyle małe, żeby nie mogły wpłynąć pod ruszt dorosłe ryby.

Ryba terytorialna – ryba, która zasiedla wybrany przez siebie obszar (terytorium) i pilnuje go przed intruzami. Terytorializm u niektórych gatunków pojawia się tylko w okresie rozrodczym, u innych z kolei jest cechą stałą i niezależną od rozmnażania. Ryby terytorialne mogą tak zaciekle bronić swojego terenu, że mogą bardzo poważnie uszkodzić, a nawet zabić współmieszkańców akwarium, którzy w warunkach naturalnych mieliby możliwość oddalenia się, a w zbiorniku takiej możliwości nie mają.

Solowiec – słonaczek, artemia (*Artemia* sp.) – niewielki skorupiak zasiedlający wyłącznie wody słone i bardzo słone. W niesprzyjających warunkach składa jaja przetrwalnikowe, które są bardzo odporne na przesuszenie i mogą być bez szkody przechowywane latami. Po umieszczeniu w solance z jaj tych wykluwają się larwy solowca (naupliusy), będące wartościowym pokarmem dla larw wielu gatunków ryb akwariowych. Naupliusy można dodatkowo wzbogacać w procesie bioenkapsulacji, dzięki czemu można za ich pośrednictwem podawać rybom witaminy, tłuszcze, leki, hormony i inne potrzebne w danej sytuacji substancje. Jest to pokarm wolny od patogenów i pasożytów, łatwo strawialny i łatwy do zlokalizowania przez larwy ryb.

Taniny – garbniki roślinne, garbniki naturalne – grupa organicznych związków chemicznych wytwarzanych i gromadzonych w roślinach. Taniny nadają roślinom cierpki i kwaśny smak, stanowią ochronę przed zwierzętami roślinożernymi, a także są środkiem antyseptycznym chroniącym rośliny przed bakteriami i grzybami. Ich bakteriobójcza zdolność, polegająca na wiązaniu się z białkami i wytwarzaniu cząstek nierozpuszczalnych, jest wykorzystywana w akwarystyce. Zastosowanie tanin w wodzie akwariowej pozwala na znaczne ograniczenie rozwoju grzybów i bakterii odpowiedzialnych za pleśnienie ikry. Dodatek tanin do wody ułatwia także gojenie się ran na rybach i zmniejsza ich podatność na zakażenie drobnoustrojami. Taniny nadają wodzie bursztynową barwę.

Tarlak – określenie ryb dojrzałych płciowo i biorących udział w rozrodzie (tarle). Zależnie od ich zróżnicowania płciowego wyróżnia się ikrzyce (ikrzaki) – samice, oraz mleczaki – samce.

Tarło – akt płciowy ryb doprowadzający do połączenia plemnika z jajem (zapłodnienia). Nazwa pochodzi od pocierania się ryb o siebie lub o dno. Często poprzedza je zespół zachowań określanych jako godowe (tańce, obieranie terytorium, zmiana ubarwienia).

Toń wody – strefa wody znajdująca się między strefą denną a przypowierzchniową w zbiorniku.

Trofotenia – wyrostki odchodzące od otworu odbytowego embrionów ryb z rodziny żyworódkowatych (*Goodeidae*), służące do dokarmiania embrionów przez noszącą je w sobie samicę. Drugim końcem trofotenia przylegają do ścian jajnika i czerpią z nich substancje odżywcze.

Twardość wody – cecha wody zależna od ilości znajdujących się w niej jonów wapnia (Ca^{2+}) i magnezu (Mg^{2+}) oraz opcjonalnie żelaza (Fe^{2+}) i manganu (Mn^{2+}). Suma stężeń tych jonów stanowi twardość ogólną lub całkowitą. Składają się na nią: twardość węglanowa (generowana przez wodorowęglany; przemijająca) oraz niewęglanowa (generowana przez sole innych kwasów, głównie chlorki, siarczany i azotany; trwała). Twardość wody wyraża się zwykle w stopniach niemieckich (°n).

Woreczek żółtkowy – narząd występujący u embrionów i larw ryb, którego główną funkcją jest dostarczanie substancji odżywczych i budulcowych w okresie, kiedy rozwijający się organizm ryby nie pobiera jeszcze pożywienia w sposób aktywny. Z czasem ulega wyczerpaniu (zanikowi). Odgrywa również rolę narządu oddechowego do czasu wykształcenia się skrzeli.

Zaplemnienie – wniknięcie plemników do komórki jajowej bez połączenia się materiału genetycznego.

Zlewnia – obszar, z którego wody spływają do jednego, wspólnego odbiornika (rzeki, jeziora, bagna).

Żyworodność – forma rozrodu płciowego polegająca na tym, że po zapłodnieniu wewnętrznym zarodki rozwijają się we wnętrzu ciała samicy, gdzie powstają specjalne struktury służące ich karmieniu (odpowiednik łożyska u ssaków). U żyworodnych ryb chrzęstnoszkieletowych rozwój ten ma miejsce w jajowodzie, natomiast u ryb kostnoszkieletowych – w jajniku. Przykładami gatunków o takim rodzaju rozrodu są ksenotoka i ameka wspaniała.

PRZEGLĄD GATUNKÓW

Gupik pawie oczko

Poecilia reticulata
Stanowisko systematyczne: piękniczkowate (*Poeciliidae*)

ZASIĘG WYSTĘPOWANIA Wenezuela, Barbados, Trynidad, północna część Brazylii i Gujany (Ameryka Południowa). Ponadto jego obecność notuje się w wielu miejscach poza pierwotnym zasięgiem występowania, np. w Afryce i w Ameryce Północnej, gdzie został sprowadzony w charakterze niszczyciela larw moskitów, albo w Australii, gdzie prawdopodobnie został wypuszczony do środowiska naturalnego przez nieodpowiedzialnych akwarystów.

ZAJMOWANE SIEDLISKO gupiki zamieszkują bardzo różnorodne siedliska, począwszy od strumieni o szybszym nurcie, poprzez wolniej płynące rzeki i zarośnięte kanały, aż do wód stojących, takich jak sadzawki i niewielkie jeziora. Gatunek toleruje również wody słonawe.

POKARM zooplankton, drobne bezkręgowce oraz detrytus.

AKWARIUM

- **temperatura: 20–28°C** • **pH: 6–8**
- **twardość wody: 5–20°n**

Gupiki należy trzymać w grupach, gdyż są to ryby towarzyskie (minimum 6–8 osobników, akwarium o długości co najmniej 60 cm). Warto zwrócić uwagę na czystość wody, dobrą filtrację biologiczną i mechaniczną, gdyż wbrew obiegowej opinii są to ryby delikatne. W niesprzyjających warunkach ich odporność obniża się, w następstwie czego zaczynają zapadać na różne choroby. Są nieagresywne, bardzo towarzyskie, najlepiej trzymać je w grupach z przewagą samic. Gupik występuje w wielu ciekawych odmianach hodowlanych, m.in. dwumiecz, lira, płomyk, paletka. Dodatkowo wśród poszczególnych odmian wyróżnia się wiele form barwnych. Ryba akceptuje każdy rodzaj pokarmu, musi być jedynie dopasowany wielkością do otworu gębowego.

ROZMNAŻANIE

Samice (dolne zdjęcie) są większe (4–7 cm) i grubsze od samców (które osiągają zwykle 2–3 cm długości; na górze), a także mniej kolorowe. Samce łatwo odróżnić od samicy po tym, że mają zaostrzone gonopodium, czyli specjalnie przekształconą część płetwy odbytowej, która służy rybom do zapłodnienia. Płetwa odbytowa samicy jest owalna, czasami w okolicy odbytu widoczna jest ciemna plama, tzw. plamka ciążowa. Po okresie ciąży trwającym 4–6 tygodni dochodzi do porodu 20–40 młodych. Po jednorazowym zaplemnieniu samica może przechowywać nasienie, a zatem kolejne mioty mogą się pojawić nawet w sytuacji braku samca.

Gupik Endlera

Poecilia wingei
Stanowisko systematyczne: piękniczkowate (*Poeciliidae*)

ZASIĘG WYSTĘPOWANIA Laguna de Los Patos w Wenezueli (Ameryka Południowa).
ZAJMOWANE SIEDLISKO zarośnięte strefy przybrzeżne, mętna i ciepła woda stojąca.
POKARM zooplankton i detrytus.

AKWARIUM

- **temperatura: 24–26°C** • **pH: 6–8**
- **twardość wody: 9–20°n**

Ze względu na niewielkie rozmiary gupiki Endlera nadają się nawet do małych akwariów. Są to ryby towarzyskie, nieagresywne, jednak nie należy łączyć ich z innymi gupikami, ponieważ łatwo się krzyżują. Najlepiej trzymać je w akwarium jednogatunkowym, w niewielkiej grupie z przewagą samic. W akwarium należy zapewnić rybom kryjówki (roślinność). Woda może mieć dowolną twardość, poza bardzo miękką. Gupiki Endlera akceptują każdy rodzaj pokarmu, który musi być jedynie dostosowany wielkością do ich niewielkich otworów gębowych. Występują w formie dzikiej (podstawowej) oraz wielu formach hodowlanych, niektóre z tych form to mieszańce z różnymi postaciami gupika pawie oczko.

ROZMNAŻANIE

Samce są mniejsze (1,5 cm, na górze) i bardzo atrakcyjnie ubarwione, a samice większe (2–3 cm, na dole), grubsze i szarawe. Płetwa odbytowa samców przekształcona w gonopodium, płetwa odbytowa samicy owalna. Po okresie ciąży (4–6 tygodni) rodzą się młode ryby w liczbie od kilku do kilkunastu osobników. Nowo narodzone potomstwo ukrywa się wśród roślinności, w pierwszej dobie życia wykazuje zainteresowanie światłem, podobnie jak w przypadku innych gatunków gupików. Po jednorazowym zaplemnieniu samica może przechowywać nasienie, a zatem kolejne mioty mogą się pojawić nawet w przypadku braku samca.

Mieczyk Hellera

Xiphophorus hellerii
Stanowisko systematyczne: piękniczkowate (*Poeciliidae*)

ZASIĘG WYSTĘPOWANIA w Ameryce Północnej i Centralnej od Río Nautla w stanie Veracruz w Meksyku do północno-zachodniego Hondurasu. Nowe populacje powstały także w Afryce (Namibia).

ZAJMOWANE SIEDLISKO zamieszkuje wody słodkie i słonawe. Najczęściej zasiedla obszary w pobliżu zarośniętych brzegów wód płynących (strumieni i rzek) oraz wody stojące (jeziora, ciepłe źródła, a nawet kanały nawadniające oraz stawy i sadzawki).

POKARM drobne bezkręgowce, roślinność.

AKWARIUM

- **temperatura: 22–28°C** • **pH: 7–8**
- **twardość wody: 10–20°n**

Mieczyk Hellera dobrze znosi lekkie zasolenie wody. Wymaga czystej, dobrze natlenionej i filtrowanej wody, a także sporo miejsca do pływania. Nie nadaje się do akwariów krótszych niż 80 cm. Forma dzika ma zielonkawe ubarwienie, natomiast w warunkach akwariowych uzyskano wiele form hodowlanych (mieczyk czerwony, berliński, czarny, ananasowy, kohaku i in.), które wyprowadzono z formy dzikiej lub uzyskano w wyniku krzyżowania z innymi gatunkami ryb piękniczkowatych. W zależności od formy hodowlanej ich wielkość waha się od 3 do nawet 18 cm.

ROZMNAŻANIE

Samce (na zdjęciu) są mniejsze i szczuplejsze od samic, a ich płetwa odbytowa jest przekształcona w gonopodium, podczas gdy płetwa samicy jest owalna. Ponadto samce mają wydłużone niektóre elementy płetwy ogonowej, co tworzy tzw. miecz. Mimo wyraźnego dymorfizmu stuprocentowo pewne określenie płci tych ryb nie jest takie łatwe, gdyż wśród mieczyków zdarzają się tzw. późne samce, które bardzo długo wyglądają jak samice. Ciąża trwa 4–6 tygodni i kończy się narodzinami 50–250 niesamodzielnych młodych. Wśród mieczyków występuje kanibalizm, dlatego na czas porodu warto przenieść samicę do oddzielnego akwarium, a młodym zapewnić możliwość ukrycia się.

Molinezja ostrousta

Poecilia sphenops
Stanowisko systematyczne: piękniczkowate (*Poeciliidae*)

ZASIĘG WYSTĘPOWANIA obszar od Meksyku po Kolumbię (Ameryka Północna, Środkowa i Południowa); oddzielne populacje na Karaibach.
ZAJMOWANE SIEDLISKO słodkie i słonawe wody stojące, także zanieczyszczone.
POKARM gatunek wszystkożerny.

AKWARIUM

- **temperatura: 20–28°C**
- **pH: 7,5–8,2**
- **twardość wody: 11–30°n**

Z podstawowej, dziko ubarwionej molinezji wyhodowano wiele form barwnych, z których największą popularność zdobyła molinezja czarna. Możliwe, że jest to krzyżówka kilku gatunków ryb piękniczkowatych. Molinezje wymagają akwarium o długości przynajmniej 60 cm, gęsto zarośniętego, ale z miejscem umożliwiającym swobodne pływanie. Ryby te nie są agresywne, za to bardzo skutecznie czyszczą zbiornik z glonów. Najlepiej funkcjonują w akwarium towarzyskim, zwłaszcza w grupie z przewagą samic. Zaleca się dodać do wody odrobinę soli. Molinezje akceptują każdy rodzaj pokarmu o odpowiedniej dla nich wielkości, przy czym wskazany jest dodatek pokarmów pochodzenia roślinnego (spirulina, szpinak itp.)

ROZMNAŻANIE

Dymorfizm płciowy jest wyraźnie zaznaczony poprzez występujące u samców gonopodium. Samice są większe (12 cm) i grubsze niż samce, które osiągają do 7 cm długości. Po zapłodnieniu samica może przechowywać nasienie i wykorzystać je do zapłodnienia przy tworzeniu kolejnych miotów. Ciąża trwa około 30–40 dni i kończy się narodzinami 30–150 młodych. Wśród ryb obserwuje się kanibalizm, dlatego pod koniec ciąży warto przenieść samicę do oddzielnego zbiornika lub zapewnić młodym kryjówki (np. wśród roślinności).

Molinezja żaglopłetwa

Poecilia velifera
Stanowisko systematyczne: piękniczkowate (*Poeciliidae*)

ZASIĘG WYSTĘPOWANIA obszar USA i Meksyku na terenie Ameryki Północnej. Zawleczona do Nowej Zelandii i Afryki (Kenia), gdzie utworzyła nowe populacje.

ZAJMOWANE SIEDLISKO słodkie i słonawe wody stojące oraz leniwie płynące. Drobne cieki wodne, niewielkie sadzawki i jeziora, a także wody przybrzeżne i kanały przyujściowe. Ryby żyją w dużych grupach, utrzymujących się raczej blisko powierzchni wody.

POKARM głównie glony, w mniejszym stopniu drobne organizmy planktonowe i owady wodne oraz inny pokarm zbierany z powierzchni wody.

AKWARIUM

- **temperatura: 23–28°C** • **pH: 7,5–8,5**
- **twardość wody: 11–30°n**

Gatunek wymaga dużego akwarium (przynajmniej 80 cm długości), z czystą i dobrze przefiltrowaną wodą. Wskazany jest niewielki dodatek soli. Molinezje żaglopłetwe akceptują każdy rodzaj pokarmu, ale należy je karmić przede wszystkim pokarmem roślinnym. Oczyszczają akwarium z glonów. Występują w wielu formach barwnych (czarne, złote, białe i nakrapiane), niektóre z nich są krzyżówkami z bardzo podobnym gatunkiem molinezji szerokopłetwej (*Poecilia latipinna*) lub innymi gatunkami ryb piękniczkowatych. Są to ryby towarzyskie, nieagresywne, należy je trzymać w grupie z przewagą samic.

ROZMNAŻANIE

U samców jest widoczna bardzo okazała, wysoka płetwa grzbietowa oraz przekształcona płetwa odbytowa (gonopodium). Samce są mniejsze (do 15 cm), samice z kolei osiągają do 18 cm długości i są grubsze. Ciąża trwa 40–60 dni, po tym czasie rodzi się 30–250 młodych. Na czas porodu warto przenieść samicę do oddzielnego akwarium, żeby ochronić młode przed zjedzeniem ich przez osobniki dorosłe.

Zmienniak plamisty, platka

Xiphophorus maculatus
Stanowisko systematyczne: piękniczkowate (*Poeciliidae*)

ZASIĘG WYSTĘPOWANIA Ameryka Północna i Środkowa (Meksyk oraz Gwatemala), jednak w wielu innych miejscach występują populacje sztucznie stworzone wskutek zawleczenia.
ZAJMOWANE SIEDLISKO wolno płynące, zarośnięte cieki wodne, kanały, strefy przybrzeżne jezior i zastoisk, sadzawki.
POKARM drobne bezkręgowce wodne, zooplankton, glony.

AKWARIUM

- **temperatura: 20–25°C**
- **pH: 7–8**
- **twardość wody: 9–19°n**

Zmienniak jest bardzo ruchliwy i towarzyski. Zaleca się dla niego akwarium o długości przynajmniej 60 cm, lekko zarośnięte, ale z miejscem do pływania. Samce bywają agresywne wobec siebie, dlatego też najlepiej trzymać je w grupie z przewagą samic. Niekiedy mogą niszczyć delikatniejsze rośliny. Akceptują każdy rodzaj pokarmu, który tylko są w stanie połknąć i strawić, należy jednak pamiętać, by dodawać pokarm roślinny do pożywienia. Zmienniaki plamiste występują w kilku odmianach hodowlanych, łatwo krzyżują się z innymi gatunkami ryb piękniczkowatych, dlatego też często można kupić mieszańce. Zmienniaka plamistego najłatwiej pomylić ze zmienniakiem wielobarwnym (*Xiphophorus variatus*), od którego różni się mocniejszą budową ciała.

ROZMNAŻANIE

Samce są nieco mniejsze od samic (8 cm) i osiągają zwykle 5 cm długości, różnią się również występowaniem gonopodium. Ciąża trwa około 30–40 dni i w jej wyniku rodzi się 20–80 młodych ryb. By z powodzeniem hodować kolejne pokolenia zmienniaków, koniecznie należy w ostatniej fazie ciąży odizolować samicę, aby młode mogły urodzić się w oddzielnym akwarium. Wśród zmienniaków może występować kanibalizm, dlatego drobny narybek w akwarium głównym prawdopodobnie zostanie zjedzony przez osobniki dorosłe.

Zmienniak wielobarwny

Xiphophorus variatus
Stanowisko systematyczne: piękniczkowate (*Poeciliidae*)

ZASIĘG WYSTĘPOWANIA Meksyk w Ameryce Północnej.
ZAJMOWANE SIEDLISKO wolno płynące, zarośnięte cieki wodne, kanały, strefy przybrzeżne jezior i zastoisk, sadzawki.
POKARM drobne bezkręgowce wodne, zooplankton, glony.

AKWARIUM

- temperatura: 20–25°C • pH: 7–8
- twardość wody: 9–19°n

Są to ruchliwe i towarzyskie ryby, wymagają akwarium o długości przynajmniej 60 cm. Gatunek występuje w kilku odmianach hodowlanych, niektóre z nich mogą być mieszańcami z innymi gatunkami ryb piękniczkowatych (np. ze zmienniakiem plamistym *Xiphophorus maculatus* oraz mieczykiem Hellera *Xiphophorus helleri*). Zmienniak wielobarwny jest bardzo podobny do zmienniaka plamistego, od którego różni się smuklejszym kształtem ciała, jednak w handlu spotyka się często mieszańce o cechach pośrednich. Zmienniaki wielobarwne niekiedy niszczą delikatniejsze rośliny. Akceptują każdy rodzaj pokarmu, który są w stanie połknąć. Samce bywają agresywne wobec siebie, dlatego też najlepiej trzymać je w grupie z przewagą samic.

ROZMNAŻANIE

Samce są mniejsze od samic (osiągają 4 cm długości, a samice 7 cm) i wyposażone w gonopodia. Ciąża trwa 30–40 dni, w jednym miocie rodzi się 20–60 młodych. Samicę należy odizolować w ostatniej fazie ciąży, aby zapobiec zjedzeniu potomstwa przez ryby dorosłe.

Szczupaczek żyworodny

Belonesox belizanus
Stanowisko systematyczne: piękniczkowate (*Poeciliidae*)

ZASIĘG WYSTĘPOWANIA Honduras, Meksyk i Nikaragua (Ameryka Północna i Środkowa); zawleczony również na Florydę.
ZAJMOWANE SIEDLISKO wolno płynące i stojące wody słodkie oraz słonawe.
POKARM szczupaczek to drapieżnik polujący na mniejsze ryby.

AKWARIUM

- **temperatura: 25–27°C** • **pH: 6–8**
- **twardość wody: 9–19°n**

Szczupaczki są drapieżnikami i należy zapewnić im ciągłe dostawy żywego pokarmu. W tym celu można założyć hodowlę karmową gupików lub innych ryb piękniczkowatych. Szczupaczki są mało ruchliwe, większość czasu spędzają nieruchomo, kiedy czatują na przepływającą ofiarę, by ją błyskawicznie zaatakować. Akwarium powinno być zarośnięte, niezbyt intensywnie oświetlone, z wieloma kryjówkami i zakamarkami. Te drapieżniki zjedzą wszystkie ryby, które są od nich przynajmniej o $^1/_3$ mniejsze, zatem należy je zestawiać raczej z gatunkami zbliżonej wielkości. Nie powinno się ich łączyć również z rybami szczególnie ruchliwymi albo napastliwymi, ponieważ mogą zestresować szczupaczki, które przestaną wówczas polować.

ROZMNAŻANIE

Samce są mniejsze (14 cm) i szczuplejsze od samic, które osiągają około 20 cm długości; są wyposażone w gonopodium. Zbyt duże różnice w wielkości samca i samicy czasami umożliwiają tej drapieżnej rybie kanibalizm, dlatego dobrze trzymać je w grupie z przewagą samców. Ciąża trwa 40–50 dni i kończy się narodzinami 30–150 młodych, które mają około 2 cm długości.

Drobniczka jednodniówka

Heterandria formosa
Stanowisko systematyczne: piękniczkowate (*Poeciliidae*)

ZASIĘG WYSTĘPOWANIA Stany Zjednoczone Ameryki.
ZAJMOWANE SIEDLISKO stojące i wolno płynące, zarośnięte wody słodkie i słonawe.
POKARM zooplankton, drobne bezkręgowce wodne, materia roślinna.

AKWARIUM

- **temperatura: 20–26°C**
- **pH: 7–8**
- **twardość wody: 9–19°n**

Drobniczki najlepiej się czują w akwarium jednogatunkowym, ewentualnie z innymi małymi i nieagresywnymi rybami albo krewetkami. Ten niewymagający gatunek należy trzymać w grupach. Akceptuje on każdy rodzaj pokarmu, byle na tyle niewielki, żeby zmieścił się w ich otworach gębowych. Bardzo chętnie zjadają także znajdujące się w akwarium glony oraz detrytus. Drobniczki są odpowiednie dla początkujących akwarystów, jak również takich, którzy mają do dyspozycji tylko małe zbiorniki.

ROZMNAŻANIE

Samice osiągają do 4 cm długości i są nieco grubsze oraz większe od samców (2,5 cm). Gatunek ten raczej nie wykazuje kanibalizmu względem potomstwa, dlatego w gęsto zarośniętym akwarium ryby mogą się rozmnażać bez ingerencji akwarysty. Narybek jest od początku dobrze rozwinięty i wyrośnięty. W odróżnieniu od większości gatunków ryb piękniczkowatych, nie rodzi się od razu cały miot, ale co 2–3 dni pojawia się jedna młoda ryba.

Karpieniec tanganicki

Lamprichthys tanganicanus
Stanowisko systematyczne: piękniczkowate (*Poeciliidae*)

ZASIĘG WYSTĘPOWANIA gatunek endemiczny, żyje wyłącznie w jeziorze Tanganika w Afryce.

ZAJMOWANE SIEDLISKO strefy przybrzeżne jeziora, litoral skalisty.

POKARM zooplankton, drobne bezkręgowce wodne.

AKWARIUM

- temperatura: 25–26°C • pH: 7,5–9
- twardość wody: 10–25°n

Wystrój akwarium powinien odzwierciedlać naturalne środowisko życia tych ryb, czyli biotop skalisty. Można je zestawiać z innymi gatunkami z jeziora Tanganika, ważne jednak, żeby wszystkie osobniki miały podobne rozmiary. Karpieniec jest rybą towarzyską, bardzo ruchliwą i okazałą. Akceptuje każdy rodzaj pokarmu. Samce są terytorialne, dlatego też lepiej trzymać je w grupach z przewagą samic. Z uwagi na ruchliwość i spore rozmiary można je hodować w akwarium o długości przynajmniej 120 cm lub większym. Karpieńce są wymagające jeśli chodzi o jakość wody, dlatego konieczna jest dobrze funkcjonująca filtracja mechaniczna i biologiczna, a także regularne podmiany wody.

ROZMNAŻANIE

Ryby dorastają do 15 cm długości, przy czym samce są niebieskawo opalizujące, natomiast samice raczej srebrzyste. W odróżnieniu od innych piękniczkowatych, karpieniec tanganicki nie rodzi młodych, ale składa ikrę w szczelinach skalnych. W efekcie jednego tarła można uzyskać nawet do 100 ziaren ikry. Ikrę należy przetrzymywać w oddzielnym akwarium, gdyż osobniki dorosłe zjadają zarówno ją, jak i wyklute potomstwo. Młode wykluwają się po około 11–14 dniach i są na tyle duże, że mogą zjadać larwy solowca oraz sproszkowany pokarm suchy.

Limka czarnobrzucha

Limia melanogaster
Stanowisko systematyczne: piękniczkowate (*Poeciliidae*)

ZASIĘG WYSTĘPOWANIA Jamajka w Ameryce Środkowej.
ZAJMOWANE SIEDLISKO wody płynące, strumienie.
POKARM drobne bezkręgowce wodne, owady, materia roślinna.

AKWARIUM

- **temperatura: 20–28°C**
- **pH: 7,5–8,5**
- **twardość wody: 20–30°n**

Ryba bardzo wytrzymała i łatwa w hodowli, dlatego można ją polecić nawet początkującym akwarystom. Limki są ruchliwe i towarzyskie, dobrze się czują w lekko zarośniętym akwarium o długości przynajmniej 50 cm. Z uwagi na możliwości krzyżowania się z innymi gatunkami piękniczkowatych najlepiej trzymać je w akwarium jednogatunkowym, aby zapobiec powstawaniu mieszańców. Limki bardzo chętnie zjadają glony rosnące w akwarium, akceptują także każdy rodzaj podawanego pokarmu, byle nie był zbyt duży w stosunku do rozmiarów ich otworów gębowych.

ROZMNAŻANIE

Samice osiągają do 5 cm długości i są grubsze oraz większe od samców (4 cm). Same są ciągle aktywne seksualnie i nieustannie usiłują zapłodnić dostępne samice. Nie ograniczają się przy tym wyłącznie do swojego gatunku i wykazują zainteresowanie także innymi samicami z rodziny piękniczkowatych. Z niektórymi z nich tworzą płodne mieszańce, dlatego najlepiej trzymać je w akwarium jednogatunkowym. W czasie pierwszej ciąży u samicy pojawia się ciemna plama ciążowa w okolicy brzusznej, która do końca życia już nie znika. Ciąża trwa 30–40 dni i kończy się narodzinami 20–50 młodych, które są narażone na zjedzenie przez osobniki dorosłe, dlatego należy je izolować do czasu aż podrosną.

Wesoła wdówka

Phallichthys amates
Stanowisko systematyczne: piękniczkowate (*Poeciliidae*)

ZASIĘG WYSTĘPOWANIA obszar od Gwatemali do Kostaryki i Panamy w Ameryce Środkowej.

ZAJMOWANE SIEDLISKO głównie wody stojące lub zastoiska w ciekach wodnych, niekiedy w wodach mętnych, nad miękkim, mulistym dnem.

POKARM glony, okrzemki, osady denne, rzadziej drobne bezkręgowce wodne i owady.

AKWARIUM

- **temperatura: 24–27°C** • **pH: 6–8**
- **twardość wody: 9–19°n**

Ryby tego gatunku akceptują każdy rodzaj pokarmu, jednak musi być odpowiednio drobny z uwagi na niewielkie rozmiary ich otworów gębowych. Chętnie zjadają też glony rosnące w akwarium oraz osady denne. Bywają płochliwe, ale umieszczenie ich w zarośniętym akwarium zdecydowanie je ośmiela. Podobnie jak większość piękniczkowatych, tak i wesołe wdówki najlepiej trzymać w grupach z przewagą samic. Wesołe wdówki są nieagresywne, towarzyskie i ruchliwe.

ROZMNAŻANIE

Samice osiągają do 6 cm długości, są większe i grubsze od samców (3,5 cm), które są z kolei wyposażone w wyjątkowo długie gonopodium i bardziej kolorowe niż ich partnerki. Samce ciągle próbują doprowadzić do zapłodnienia dostępnych samic, które z kolei wcale nie próbują nawet uciekać. Po ciąży trwającej około 30–35 dni rodzi się 20–50 stosunkowo dużych młodych. Mimo to narybek jest zagrożony zjedzeniem przez osobniki dorosłe, dlatego należy zapewnić im kryjówki lub odizolować w innym zbiorniku do czasu aż jeszcze trochę podrosną.

Ameka wspaniała

Ameca splendens
Stanowisko systematyczne: żyworódkowate (*Goodeidae*)

▪ **ZASIĘG WYSTĘPOWANIA** gatunek endemiczny, dawniej zasiedlał jedynie rzekę Ameca w Meksyku, a od 1996 roku jest uznawany za wymarły w stanie dzikim; przetrwał jedynie w hodowlach akwariowych.
▪ **ZAJMOWANE SIEDLISKO** zarośnięte strefy przybrzeżne, woda płynąca.
▪ **POKARM** przede wszystkim materia roślinna, a także drobne organizmy wodne oraz zooplankton.

AKWARIUM

- **temperatura: 25–30°C** • **pH: 6–8**
- **twardość wody: 9–19°n**

Ameki są rybami towarzyskimi, dobrze czują się w grupie z przewagą samic. Mogą uszkadzać i zjadać miękkie rośliny akwariowe. Akceptują każdy rodzaj drobnego pokarmu, zarówno suchy, jak i mrożony, ale warto zadbać o duży dodatek pokarmu roślinnego (nawet do 70%). Ameki są szczególnie wrażliwe na zmiany parametrów wody (pH, temperatura), dlatego przy podmianach wody wartości muszą zostać zrównoważone. Ryby lubią ruch wody, chętnie ustawiają się w prądzie wody wypływającej z filtra. Mogą obgryzać płetwy innych ryb, dlatego lepiej trzymać je w akwarium jednogatunkowym.

ROZMNAŻANIE

Samce są wyposażone w narząd kopulacyjny, który u żyworódkowatych nazywa się andropodium. Są nieco mniejsze (8 cm), bardziej kolorowe i szczuplejsze od samic, które osiągają do 12 cm długości. Ciąża trwa około 40–50 dni, w jej następstwie rodzi się 11–20 młodych. W czasie ciąży młode są odżywiane poprzez specjalne wyrostki, tzw. trofotenia (odpowiedniki występującej u ssaków pępowiny), a po urodzeniu zwykle przez krótki czas widać ciągnące się za nimi resztki tych wyrostków odżywczych. Młode tuż po urodzeniu osiągają długość 2 cm, jednak są bardzo nieporadne. Ameki można rozmnażać bez specjalnych zabiegów zmierzających do odizolowania młodych, ponieważ dorosłe osobniki nie interesują się młodymi.

Ksenotoka

Xenotoca eiseni
Stanowisko systematyczne: żyworódkowate (*Goodeidae*)

ZASIĘG WYSTĘPOWANIA Ameryka Środkowa: Meksyk, dorzecze rzeki Lerma. W środowisku naturalnym zagrożona wyginięciem.
ZAJMOWANE SIEDLISKO wody płynące, także mętne i zanieczyszczone.
POKARM ryba wszystkożerna, żywi się przede wszystkim materią roślinną, ale także drobnymi bezkręgowcami wodnymi, owadami i zooplanktonem.

AKWARIUM

• temperatura: 24–27°C (aczkolwiek znosi bez żadnej szkody obniżenie temperatury nawet do 10°C) • pH: 6–8
• twardość wody: 9–19°n

To towarzyska i ruchliwa ryba. Starsze osobniki stają się agresywne i mogą atakować inne ryby, a w szczególności obgryzać ich płetwy. Ksenotoka przyjmuje każdy rodzaj pokarmu, może niszczyć delikatne rośliny akwariowe.

ROZMNAŻANIE

Ryby obu płci są podobnych rozmiarów (6–7 cm długości), jednak samce są znacznie bardziej kolorowe i wraz z wiekiem tworzy się u nich rodzaj garbu między głową a płetwą grzbietową. Podobnie jak u ameki, tak i u ksenotoki samce posiadają andropodium (narząd kopulacyjny). Ciąża trwa 40–50 dni, w jej następstwie rodzi się 5–50 młodych, stosunkowo dużych i dobrze rozwiniętych. Osobniki dorosłe zjadają potomstwo, dlatego pod koniec ciąży samicę powinno się odizolować od pozostałych ryb. Noworodki mają wyraźne pozostałości trofotenii (wyrostków, przez które odżywiały się w czasie ciąży), ale zanikają one po 2–3 dniach.

Danio pręgowany

Danio rerio
Stanowisko systematyczne: karpiowate (*Cyprinidae*)

ZASIĘG WYSTĘPOWANIA Pakistan, Indie, Bangladesz, Nepal (Azja). W Kolumbii (Ameryka Południowa) pojawił się w efekcie ucieczki z hodowli akwariowych.

ZAJMOWANE SIEDLISKO wody płynące oraz stojące, niekiedy nawet zalane pola ryżowe.

POKARM drobne bezkręgowce wodne, zooplankton, owady.

AKWARIUM

- **temperatura: 18–24°C**
- **pH: 6–8,9**
- **twardość wody: 5–19°n**

Danio są bardzo towarzyskie i zupełnie nieagresywne. Dobrze czują się w grupach nie mniejszych niż sześć osobników. Są bardzo ruchliwe, zatem nie powinno się umieszczać ich w akwarium krótszym niż 60 cm. Z uwagi na odporność na niesprzyjające warunki środowiska, gatunek jest odpowiedni dla początkujących akwarystów. Ryby z gatunku danio pręgowane akceptują każdy rodzaj pokarmu, są bardzo żarłoczne. Nie niszczą roślin ani nie atakują innych ryb. Obok gatunku pierwotnego występuje również jego mutacja, danio lamparcie (*Danio rerio* v. *frankei*), które żyje również w warunkach naturalnych. Ponadto dużą popularność zdobywają obecnie transgeniczne formy danio o zabarwieniu fluorescencyjnym (w Polsce głównie czerwone, ale istnieją także żółte i zielone). Niezależnie od odmiany, wszystkie danio pręgowane to ryby skoczne, dlatego warto pamiętać o szczelnym przykryciu zbiornika.

ROZMNAŻANIE

Różnice między samcami i samicami nie są tak wyraźne, jak w rodzinie piękniczkowatych i w przypadku danio polegają jedynie na nieco większych rozmiarach samic (5 cm) w porównaniu z samcami (4 cm). Samce są smuklejsze w partii brzusznej i mają intensywniejsze ubarwienie. Tarło odbywa się najczęściej w godzinach porannych, po zajadłej pogoni samców za samicami, a ikra spada na dno. W czasie tarła samica może złożyć do 200 jaj. Ikrę należy zabezpieczyć przed zjedzeniem przez osobniki dorosłe.

Danio malabarski

Devario malabaricus
Stanowisko systematyczne: karpiowate (*Cyprinidae*)

ZASIĘG WYSTĘPOWANIA zachodnia część Indii oraz Sri Lanka w Azji.

ZAJMOWANE SIEDLISKO preferuje wody płynące, jednak może zajmować różnorodne siedliska: zarówno skaliste, wartkie potoki, jak i strefy spokojnej wody w większych strumieniach.

POKARM głównie owady oraz detrytus.

AKWARIUM

- **temperatura: 18–25°C** • **pH: 6–8**
- **twardość wody: 3–15°n**

Ryby z gatunku danio malabarskie zalicza się do grupy ławicowych, dlatego w akwarium należy trzymać przynajmniej 8–10 osobników. Wymagają dużo miejsca do pływania (akwarium o długości przynajmniej 100 cm) i silnego prądu wody. Lubią wodę czystą, dobrze filtrowaną mechanicznie i biologicznie. Akceptują każdy rodzaj pokarmu. Nie są agresywne, nie niszczą roślin, nadają się do akwariów towarzyskich. Akwarium trzeba jednak przykryć, gdyż ryby tego gatunku łatwo i chętnie skaczą.

ROZMNAŻANIE

Różnice między płciami nie są wyraźne. Samice dorastają do 12 cm długości, samce są niewiele mniejsze (10–11 cm). U dojrzałych samic zaokrągla się partia brzuszna, podczas gdy samce pozostają smukłe. Płeć można określić również po nieznacznym wygięciu środkowego niebieskiego paska na brzuchach samic, podczas gdy u samców pozostaje on względnie prosty. Tarło odbywa się zwykle w godzinach porannych, ponieważ światło słoneczne stymuluje tarlaki do odbycia godów. Samica składa dużo ziaren ikry (nawet do 1000 sztuk). Jaja mogą zostać zjedzone przez dorosłe osobniki, dlatego powinno się je zabezpieczyć, np. poprzez przeniesienie do innego akwarium.

Danio szmaragdowy

Danio erythromicron
Stanowisko systematyczne: karpiowate (*Cyprinidae*)

ZASIĘG WYSTĘPOWANIA gatunek endemiczny, występujący w jeziorze Inle (Mjanma w Azji).

ZAJMOWANE SIEDLISKO przybrzeżne, płytkie strefy jeziora, gęsto zarośnięte roślinnością podwodną.

POKARM zooplankton, drobne bezkręgowce wodne, glony.

AKWARIUM

- **temperatura: 21–25°C** • **pH: 7,5–8**
- **twardość wody: 10–25°n**

Gatunek bardzo płochliwy, wymaga warunków możliwie najbardziej zbliżonych do naturalnych, czyli wielu kryjówek w roślinach, stada ryb liczącego przynajmniej 8–10 osobników, a także stabilnych warunków fizykochemicznych wody, niezbyt intensywnego prądu oraz akwarium o długości przynajmniej 60 cm. Akceptuje drobne pokarmy, przy czym znacznie chętniej zjada żywe niż suche. Nie interesuje się pożywieniem leżącym na dnie, dlatego warto karmić go niewielkimi porcjami (tak by pokarm znikał w ciągu minuty), za to częściej (3–4 razy dziennie). W akwarium można łączyć ten gatunek z innymi niewielkimi rybami, przy czym niewskazany jest danio perłowy (*Danio margaritatus*), z którym *Danio erythromicron* może się krzyżować.

ROZMNAŻANIE

Samice (2 cm długości) są nieco większe od samców, które dorastają do 1,5 cm długości. Mają grubszą część brzuszną niż samce, te natomiast są nieco bardziej kolorowe, jednak różnice między płciami nie są wyraźne. W jednym akcie tarła samica składa około 30 jaj, które opadają na dno. Dorosłe ryby mogą je zjadać, ale zwykle gody odbywają się w gęstej roślinności, która daje schronienie potomstwu, zatem możliwe jest dochowanie się maluchów także w akwarium ogólnym.

Danio Chopry

Danio choprae
Stanowisko systematyczne: karpiowate (*Cyprinidae*)

ZASIĘG WYSTĘPOWANIA rzeka Irrawaddy w północnej Mjanmie (Azja).
ZAJMOWANE SIEDLISKO wody płynące, głównie źródła i strumienie o dnie kamienistym i żwirowym.
POKARM owady wodne i ich larwy.

AKWARIUM

- **temperatura: 16–26°C**
- **pH: 6–8**
- **twardość wody: 5–15°n**

Ryby z tego gatunku są bardzo aktywne, pozostają ciągle w ruchu, przy czym najchętniej zajmują górne i środkowe partie akwarium. Wskazana jest wydajna filtracja, silny ruch wody oraz częste jej niewielkie podmiany. Nie jest konieczna aranżacja kryjówek lub obsadzanie roślinami, gdyż gatunek ten raczej preferuje toń wody. Danio Chopry akceptuje każdy rodzaj pokarmu. Najlepiej czuje się w grupie (8–10 osobników lub więcej), w akwarium z miejscem do pływania (minimum 80 cm długości). Ryby z tego gatunku są nieagresywne, doskonale sprawdzają się w akwariach towarzyskich z rybami podobnych rozmiarów. Warto zadbać o szczelne przykrycie zbiornika, gdyż są dobrymi skoczkami.

ROZMNAŻANIE

Podobnie jak u innych karpiowatych, samiczki są nieco większe (3 cm) i grubsze od samców (2,5 cm), a także mniej kolorowe. Różnice między płciami są jednak niezbyt wyraźne. Tarło odbywa się nad kamieniami/żwirem, samica zrzuca lekko klejącą ikrę na dno w liczbie około 40–50 sztuk. Zwykle gody odbywają się w godzinach porannych, a czynnikiem sprzyjającym jest światło słoneczne. Po tarle ryby dorosłe należy odłowić, ponieważ mogą zjeść jaja.

Danio perłowy

Danio margaritatus
Stanowisko systematyczne: karpiowate (*Cyprinidae*)

ZASIĘG WYSTĘPOWANIA Mjanma w Azji.
ZAJMOWANE SIEDLISKO małe, gęsto zarośnięte, płytkie stawy i sadzawki.
POKARM drobne bezkręgowce wodne, zooplankton.

AKWARIUM

- **temperatura: 20–25°C**
- **pH: 7–8**
- **twardość wody: 9–20°n**

Ryby najlepiej czują się w akwarium gęsto zarośniętym, w wodzie dobrze filtrowanej, ale bez silnego prądu. Przy braku roślinności stają się płochliwe. Są towarzyskie i nieagresywne, o ile trzyma się je w grupach liczących co najmniej 8–10 osobników, w akwarium o długości przynajmniej 50 cm. W zbyt małym zbiorniku samce mogą przejawiać wobec siebie agresję. Akceptują każdy rodzaj pokarmu, przy czym o wiele chętniej zjadają pokarm pływający niż leżący na dnie. Warto urozmaicać ich dietę o pokarmy pochodzenia naturalnego (zooplankton, larwy solowca i inne drobne organizmy wodne). Gatunek może być trzymany w akwariach towarzyskich z innymi małymi rybami, jednak nie należy go łączyć z danio szmaragdowym (*Danio erythromicron*), z którym może się krzyżować.

ROZMNAŻANIE

Samice są nieco większe (2,5 cm) i mniej kolorowe od samców (2 cm). U dojrzałych samic zaokrągla się część brzuszna ciała oraz pojawia się czarna plamka w okolicy otworu odbytowego, której nie mają samce. Ikra jest składana wśród roślinności i opada na dno. Dorosłe ryby mogą ją zjadać, ale w gęsto zarośniętym akwarium jednogatunkowym jest szansa na dochowanie potomstwa bez ingerencji akwarysty.

Razbora czerwonopłetwa

Rasbora borapetensis
Stanowisko systematyczne: karpiowate (*Cyprinidae*)

ZASIĘG WYSTĘPOWANIA zlewisko rzek Mekong, Menam oraz Mae Klong w Azji.
ZAJMOWANE SIEDLISKO strefy przybrzeżne wód leniwie płynących oraz stojących, nawet bagna i rowy nawadniające; niekiedy występuje w wodach zanieczyszczonych.
POKARM drobne bezkręgowce wodne, zooplankton.

AKWARIUM

- **temperatura: 22–26°C**
- **pH: 6,5–8**
- **twardość wody: 3–19°n**

Ryba bardzo odporna na warunki środowiskowe, towarzyska. Niewielka grupa (8–10 osobników) może mieszkać w akwarium o długości przynajmniej 60 cm. Nie należy trzymać ryb pojedynczo lub parami, gdyż staną się płochliwe i będą się zachowywały nienaturalnie. Wystrój akwarium nie ma dla osobników tego gatunku większego znaczenia, jednak najlepiej czują się wśród roślinności, a ciemne podłoże pozwala podkreślić ich ubarwienie. Ryby nie przepadają za silnym prądem wody. Akceptują każdy rodzaj pokarmu. Jako ryby zupełnie nieagresywne nadają się do akwariów towarzyskich, gdzie mogą zamieszkać z innymi niewielkimi gatunkami.

ROZMNAŻANIE

Razbora osiąga długość około 2,5 cm, samice są nieco większe od samców i mniej kolorowe, a także grubsze w części brzusznej. Samica zrzuca ikrę na dno, w jednym akcie składa 30–50 ziaren. Dorosłe ryby nie opiekują się jajami oraz narybkiem i mogą zjadać ikrę. W gęsto zarośniętym zbiorniku jednogatunkowym możliwe jest wyhodowanie potomstwa bez interwencji akwarysty.

Razbora klinowa

Trigonostigma heteromorpha
Stanowisko systematyczne: karpiowate (*Cyprinidae*)

ZASIĘG WYSTĘPOWANIA Tajlandia, Sumatra, Indonezja (Azja).

ZAJMOWANE SIEDLISKO leśne strumienie, torfowiska.

POKARM bezkręgowce wodne, owady i ich larwy.

AKWARIUM

- **temperatura: 22–25°C** • **pH: 5–7**
- **twardość wody: 5–12°n**

Ryby w warunkach naturalnych tworzą duże ławice, dlatego w akwarium najlepiej czują się w grupach liczących przynajmniej 10 osobników. Należy zapewnić im akwarium o długości przynajmniej 100 cm oraz obecność roślin o szerokich liściach pływających na powierzchni. Razbora najlepiej czuje się w wodzie ciemnej, kwaśnej i miękkiej, co jest zgodne z naturalnymi warunkami, w jakich zamieszkuje. Akceptuje każdy rodzaj pokarmu. Jest nieagresywna i nadaje się do akwariów towarzyskich, może być trzymana z innymi rybami o podobnych rozmiarach i usposobieniu.

ROZMNAŻANIE

Różnice między płciami są niewielkie – samice mają pogrubioną część brzuszną, a samce są smuklejsze. Ponadto charakterystyczny czarny klin u samców jest zaostrzony, a u samic bardziej zaokrąglony. Przedstawiciele obu płci dorastają do 5 cm długości. Ikra jest przyklejana na spodniej stronie pływających liści roślin lub na innych podobnych podwodnych przedmiotach. Po tarle należy jak najszybciej oddzielić jaja od dorosłych osobników, by zapobiec ich zjedzeniu. Gatunek jest jednak trudny do rozmnożenia.

Razbora borneańska

Boraras brigittae
Stanowisko systematyczne: karpiowate (*Cyprinidae*)

ZASIĘG WYSTĘPOWANIA Borneo Południowe, Indonezja (Azja).
ZAJMOWANE SIEDLISKO leśne strumienie oraz jeziora.
POKARM zooplankton i inne drobne organizmy wodne.

AKWARIUM

- **temperatura: 25–28°C** • **pH: 4–6,5**
- **twardość wody: 4–10°n**

Ryby z gatunku razbora borneańska najlepiej czują się w grupach, dlatego należy je trzymać w grupach liczących co najmniej 10 osobników, w przeciwnym razie mogą się stać płochliwe. Dla niewielkiego stadka tych ryb wystarczy zbiornik o długości 40 cm, gdzie w charakterze wystroju znajdzie się sporo roślinności. Ryby są bardzo towarzyskie, nieagresywne, nadają się do akwariów roślinnych, w których można docenić ich piękno na tle zieleni. Można je łączyć z innymi spokojnymi gatunkami, ale należy pamiętać, że razbory borneańskie są jednymi z najmniejszych przedstawicieli ryb karpiowatych, więc do towarzystwa należy im wybierać gatunki podobnych rozmiarów lub takie, które nie będą na nie polować. Akceptują każdy pokarm wystarczająco drobny, by zmieścił się do ich niewielkich otworów gębowych.

ROZMNAŻANIE

Samice są nieco większe (2 cm) od samców (1,8 cm) i bardziej zaokrąglone w części brzusznej. Ikra jest składana wśród roślin, przyklejana do spodniej strony liści lub zrzucana na dno. Jedna samica może złożyć do 50 jaj. Osobniki dorosłe nie opiekują się potomstwem, ale też nie interesują się ikrą, dzięki czemu możliwe jest wyhodowanie potomstwa w zbiorniku jednogatunkowym, o ile zachowane są wymagane parametry fizykochemiczne wody (bardzo niska twardość, niskie pH, woda dobrze filtrowana, bez zawiesiny).

Razbora plamista

Boraras maculatus
Stanowisko systematyczne: karpiowate (*Cyprinidae*)

ZASIĘG WYSTĘPOWANIA Półwysep Malajski, Sumatra, Indonezja (Azja).

ZAJMOWANE SIEDLISKO wolno płynące leśne strumienie.

POKARM zooplankton i inne drobne wodne bezkręgowce.

AKWARIUM

- **temperatura: 24–26°C**
- **pH: 5–6**
- **twardość wody: 5–12°n**

W warunkach naturalnych ryby te żyją w miękkich i kwaśnych wodach, które wskutek rozkładającej się materii roślinnej (liście, gałęzie) mają ciemną barwę. Podobne warunki należy zapewnić im w akwarium, wskazane jest umieszczenie np. liści ketapangu lub dodatek tanin. Ryby czują się najlepiej w grupach, dlatego należy je trzymać w grupie liczącej co najmniej 8–10 osobników. Akwarium powinno mieć minimum 45 cm długości. Razbory plamiste nie są agresywne, jednak samce obejmują okresowo terytoria w czasie godów. Osobniki tego gatunku dobrze się czują w akwariach roślinnych, z dużą liczbą kryjówek. Akceptują każdy drobny pokarm, jednak najlepiej sprawdzają się pokarmy pochodzenia naturalnego (zooplankton, larwy solowca).

ROZMNAŻANIE

Samice są nieco większe (2,5 cm) i grubsze od samców, które dorastają do 2 cm długości. Samce są bardziej kolorowe. Osobniki dorosłe nie opiekują się potomstwem, mogą je nawet zjeść, dlatego w celu wyhodowania licznego narybku, tarło należy przeprowadzać w oddzielnym zbiorniku. Samica zrzuca ikrę na dno. W gęsto zarośniętym zbiorniku jednogatunkowym można wyhodować potomstwo bez ingerencji akwarysty, pod warunkiem zachowania optymalnych dla rozwoju ikry parametrów fizykochemicznych wody.

Razbora czerwona

Boraras merah
Stanowisko systematyczne: karpiowate (*Cyprinidae*)

ZASIĘG WYSTĘPOWANIA zachodnie i południowe Borneo (Azja).
ZAJMOWANE SIEDLISKO leśne strumienie oraz jeziora.
POKARM zooplankton i inne drobne organizmy wodne.

AKWARIUM

- **temperatura: 25–28°C** • **pH: 4–6,5**
- **twardość wody: 4–10°n**

Razbora czerwona to ryba dość ruchliwa, ale zwykle zajmuje środkową i górną część zbiornika, a przy dnie pływa rzadko. W związku z tym do karmienia najlepiej używać pokarmów pływających, najlepiej pochodzenia naturalnego (zooplankton, drobne larwy wodzienia, larwy solowca). Pokarm, który opadnie na dno akwarium raczej już nie interesuje ryb z tego gatunku. Razbora czerwona jest towarzyska, doskonale czuje się w grupie (minimum 8–10 osobników), natomiast trzymana pojedynczo lub w niewielkiej grupie może stać się płochliwa. Dla niewielkiej grupy tych ryb można zaplanować akwarium już o długości 45 cm, gęsto zarośnięte. Nie przeszkadza im ruch wody.

ROZMNAŻANIE

Samce są nieco mniejsze (1,8 cm), szczuplejsze i bardziej kolorowe niż samiczki (2 cm), u których widać lekko zaokrąglony obrys brzucha. W warunkach naturalnych gatunek *Boraras merah* bytuje w tych samych miejscach, co blisko spokrewniona *Boraras brigittae*. Nie wiadomo, czy ryby z rodzaju *Boraras* krzyżują się w naturze, jednak pojawiły się doniesienia, jakoby krzyżowały się w warunkach sztucznych. Z tego powodu lepiej więc trzymać je oddzielnie, by zapobiec powstaniu mieszańców.

Brzanka sumatrzańska

Puntigrus tetrazona
Stanowisko systematyczne: karpiowate (*Cyprinidae*)

ZASIĘG WYSTĘPOWANIA Sumatra oraz Borneo (Azja). Ponadto przez celowe lub nieumyślne zarybienia obecnie żyje także w Stanach Zjednoczonych Ameryki, Australii, Surinamie oraz w Kolumbii.
ZAJMOWANE SIEDLISKO preferowane miejsca życia to leśne strumienie z przejrzystą wodą, z dnem raczej piaszczystym, na którym są rozsiane mniejsze i większe kamienie.
POKARM larwy owadów wodnych, inne drobne bezkręgowce, materia roślinna.

AKWARIUM

- **temperatura: 20–26°C** • **pH: 6–8**
- **twardość wody: 5–19°n**

Brzanki sumatrzańskie należy trzymać w grupach (minimum 5 osobników), nigdy pojedynczo lub parami, gdyż są dość agresywne. Znane są z tego, że atakują i odgryzają końce płetw innym, zwłaszcza długopłetwym gatunkom, dlatego najbezpieczniej trzymać je w akwarium jednogatunkowym. Minimalna długość zbiornika dla brzanek sumatrzańskich to 60 cm. Akceptują każdy rodzaj pokarmu, są bardzo żarłoczne. W handlu można spotkać różne odmiany barwne tego gatunku (np. albinotyczne), a także mieszańce z innymi gatunkami (tzw. brzanka mszysta). Mogą niekiedy zjadać delikatniejsze rośliny akwariowe. To także ryby bardzo wrażliwe na wysoki poziom związków azotowych w wodzie – ustawiają się wówczas głową do dołu.

ROZMNAŻANIE

Samce są zwykle mniejsze (6 cm) i szczuplejsze od samic (7 cm), a także bardziej kolorowe. Tarło odbywa się w gąszczu roślin, ikra jest zrzucana na dno, skąd dorosłe osobniki mogą ją wyjadać. By wyhodować potomstwo, zaraz po złożeniu jaj należy odizolować ikrę od ryb dorosłych.

Brzanka różowa

Pethia conchonius
Stanowisko systematyczne: karpiowate (*Cyprinidae*)

ZASIĘG WYSTĘPOWANIA Pakistan, Afganistan, Indie, Bangladesz, Nepal, Mjanma (Azja). Ponadto jako bardzo popularna ryba akwariowa została zawleczona do Singapuru, Australii, Meksyku, Portoryko i Kolumbii, gdzie nie występowała wcześniej.

ZAJMOWANE SIEDLISKO wody płynące lub stojące.

POKARM wszystkożerna, żywi się bezkręgowcami wodnymi, materią roślinną, a także detrytusem.

ROZMNAŻANIE

Samce są nieco mniejsze (9 cm) niż samiczki (10 cm), a także szczuplejsze. Są też bardziej kolorowe, zwłaszcza w okresie tarła. Podobnie jak pozostałe brzanki, także i brzanka różowa, składa jaja w gęstwinie roślinności i, jeśli ma tylko taką możliwość, może je zjeść. Dlatego by z powodzeniem rozmnożyć ten gatunek, należy przeprowadzać tarło w oddzielnym zbiorniku i odławiać osobniki dorosłe zaraz po godach.

AKWARIUM

- **temperatura: 18–24°C**
- **pH: 6–8**
- **twardość wody: 5–19°n**

Brzanki różowe są towarzyskie, należy trzymać je w grupie przynajmniej 6 osobników, w akwarium o długości minimum 100 cm. Są bardzo odporne na niesprzyjające czynniki środowiskowe. Akceptują każdy rodzaj pożywienia, nie są agresywne, ale mogą zjadać rośliny. Można je łączyć z innymi rybami o podobnych rozmiarach i temperamencie. Brzanka różowa występuje w kilku różnych formach hodowlanych, z których najpopularniejsza jest odmiana z weloniastymi płetwami.

Brzanka wysmukła

Puntius titteya
Stanowisko systematyczne: karpiowate (*Cyprinidae*)

ZASIĘG WYSTĘPOWANIA Sri Lanka (Azja).
ZAJMOWANE SIEDLISKO zacienione strumienie leśne, płytka, wolno płynąca woda z dnem piaszczystym i resztkami opadniętych liści oraz gałęzi.
POKARM wszystkożerna, żywi się owadami, drobnymi bezkręgowcami wodnymi, zooplanktonem, materią roślinną (w tym glonami zielonymi i okrzemkami) oraz detrytusem.

AKWARIUM

- temperatura: 23–27°C
- pH: 6–8
- twardość wody: 5–19°n

Ryby tego gatunku powinny żyć w grupie (minimum 6 osobników), a zbiornik dla tak niewielkiej grupy powinien mieć przynajmniej 60 cm długości. Brzanki wysmukłe dobrze się czują w wodzie z leniwym przepływem i dnem pokrytym liśćmi oraz korzeniami. W takim zbiorniku można również umieścić rośliny pływające. Ryby te nadają się do akwariów ogólnych, w których zamieszkają z innymi gatunkami o zbliżonych rozmiarach i wymaganiach. Nie wykazują agresji, niekiedy jednak mogą zjadać delikatniejsze rośliny akwariowe. Zjadają każdy rodzaj pokarmu, ale warto urozmaicać ich pożywienie zróżnicowanymi dodatkami, by pozostawały w dobrej kondycji.

ROZMNAŻANIE

Samce są mniejsze (długość 4 cm), smuklejsze i bardziej kolorowe niż samice (5 cm). Samica zrzuca ikrę (nawet 200 ziaren) między roślinność na dnie zbiornika. Brzanki wysmukłe, podobnie jak wiele innych gatunków ryb karpiowatych, wykazują skłonności kanibalistyczne, dlatego zaleca się przeprowadzać tarło w oddzielnym, specjalnie przygotowanym zbiorniku.

Brzanka Denisona

Sahyadria denisonii
Stanowisko systematyczne: karpiowate (*Cyprinidae*)

ZASIĘG WYSTĘPOWANIA region Kerala i Karnataka w Indiach (Azja).

ZAJMOWANE SIEDLISKO wody płynące: potoki, rzeczki, wartko płynące górskie strumienie; woda dobrze natleniona, dno kamieniste i żwirowe.

POKARM wszystkożerna, zjada drobne bezkręgowce, części roślin, detrytus.

AKWARIUM

- **temperatura: 15–25°C**
- **pH: 6,5–7,8**
- **twardość wody: 5–25°n**

W środowisku naturalnym brzanki Denisona żyją w ławicach, zatem i w akwarium nie należy trzymać ich pojedynczo lub parami – wskazane jest hodowanie grupy liczącej co najmniej 6 osobników. Brzanki Denisona pływają bardzo szybko i są aktywne, dlatego rekomendowana długość zbiornika to przynajmniej 120 cm. Ryby są nieagresywne, doskonale nadają się do zbiorników ogólnych. Nie są wybredne, akceptują większość dostępnych pokarmów, ale warto zadbać o różnorodność w diecie. Nie niszczą roślin. Pod nazwą „brzanka Denisona" jest sprzedawany bardzo podobny gatunek *Sahyadria chalakkudiensis*, który różni się od gatunku *Sahyadria denisonii* obecnością ciemniej plamy na płetwie grzbietowej, a także nieco innym ustawieniem otworu gębowego. Wskutek nadmiernych połowów na potrzeby rynku akwarystycznego brzanka Denisona jest gatunkiem zagrożonym wyginięciem.

ROZMNAŻANIE

Samice są nieco większe (15 cm) i grubsze oraz mniej kolorowe niż samce (14 cm). Rozród prawdopodobnie jest niemożliwy bez stymulacji hormonalnej, jednak są doniesienia o spontanicznym pojawieniu się kilku sztuk narybku wśród roślinności w akwariach.

Brzanka rekinia

Balantiocheilos melanopterus
Stanowisko systematyczne: karpiowate (*Cyprinidae*)

ZASIĘG WYSTĘPOWANIA dorzecza Mekongu i Menamu, Półwysep Malajski, Sumatra i Borneo (Azja). W wielu miejscach już wytępiona lub ginąca.

ZAJMOWANE SIEDLISKO strefy środkowe rzek i jezior.

POKARM wszystkożerna, zjada bezkręgowce wodne, owady, zooplankton, materię roślinną oraz detrytus.

AKWARIUM

- **temperatura: 20–28°C** • **pH: 6–8**
- **twardość wody: 5–12°n**

Gatunek brzanka rekinia można bardzo często spotkać w handlu, jednak brak dostatecznej wiedzy o jego wymaganiach sprawia, że często trafia do zbyt małych akwariów lub jest trzymany pojedynczo, co może mieć zły wpływ na jego rozwój. Jest to ryba dorastająca do znacznych rozmiarów, w dodatku ławicowa, dużo i szybko pływająca. Dla niewielkiej grupy (8–10 osobników) należy przeznaczyć akwarium o długości przynajmniej 240 cm. Akceptuje każdy rodzaj pokarmu, nie wykazuje agresji, nie niszczy roślinności, ale jest wrażliwa na zbyt wysokie stężenie związków azotowych. Dorosłe osobniki mogą pożerać mniejszych od siebie współmieszkańców, więc ryby te raczej nie nadają się do akwarium towarzyskiego. Wymagają także wody dobrze natlenionej i filtrowanej. Niezbędne jest szczelne i solidne przykrycie zbiornika, ponieważ brzanki rekinie łatwo się płoszą i często wyskakują. Wskutek nadmiernych połowów na potrzeby rynku akwarystycznego, a także degradacji środowiska naturalnego, ryby te są gatunkiem zagrożonym wyginięciem.

ROZMNAŻANIE

Osobniki dorosłe dorastają do 30 cm (samce) lub nawet 35 cm (samice). Nie są znane przypadki rozmnożenia w warunkach akwariowych. Osobniki, które są dostępne w handlu, pochodzą z rozrodu przy użyciu stymulacji hormonalnej.

Kardynałek chiński

Tanichthys albonubes
Stanowisko systematyczne: karpiowate (*Cyprinidae*)

ZASIĘG WYSTĘPOWANIA Chiny i Wietnam (Azja). Do niedawna uważano, że w warunkach naturalnych już nie występuje, ale w 2007 roku odkryto kilka niewielkich, odizolowanych populacji w Chinach. To gatunek zagrożony wyginięciem.

ZAJMOWANE SIEDLISKO czyste, wolno płynące rzeczki i strumienie, gęsto zarośnięte roślinnością podwodną.

POKARM zooplankton i detrytus.

AKWARIUM

- **temperatura: 14–22°C**
- **pH: 6–8**
- **twardość wody: 5–19°n**

Kardynałki żyją w grupach, dlatego w akwarium należy trzymać co najmniej 10 osobników. Dla takiej grupy należy przeznaczyć zbiornik o długości 60 cm. Kardynałki chińskie mogą przetrwać bardzo niskie temperatury (nawet do 5°C), dlatego zbiornik nie wymaga podgrzewania. Wyhodowano kilka odmian tego gatunku: albinotyczne, długopłetwe, złote i czerwone. Kardynałki najlepiej się prezentują w gęsto zarośniętych akwariach z ciemnym podłożem. Są odporne, można polecić je początkującym akwarystom. Są nieagresywne, nie niszczą roślin, akceptują każdy rodzaj drobnego pokarmu.

ROZMNAŻANIE

Samiczki są nieco większe (długość 4 cm) i grubsze, a także mniej kolorowe niż samce (długość 3 cm). Tarło odbywa się w godzinach porannych, w gąszczu roślin. W akwarium jednogatunkowym można dochować się potomstwa, jednak skuteczniej rozmnaża się kardynałki w oddzielnym zbiorniku tarliskowym. Zaraz po złożeniu ikry należy jednak przenieść dorosłe osobniki do akwarium głównego, by uniknąć zjedzenia przez nie jaj.

Grubowarg dwubarwny

Epalzeorhynchos bicolor
Stanowisko systematyczne: karpiowate (*Cyprinidae*)

ZASIĘG WYSTĘPOWANIA dawniej występował w dorzeczach Mae Klong, Menamu i Bang Pakong w Tajlandii, jednak został niemal całkowicie wytępiony wskutek nadmiernych odłowów na potrzeby handlu akwarystycznego oraz zniszczenia środowiska naturalnego (zatrucie wód, budowa tam i zapór na rzekach). Obecnie gatunek krytycznie zagrożony.

ZAJMOWANE SIEDLISKO wody płynące, czyste, płytkie, o piaszczystym podłożu usianym kamieniami.

POKARM glony zeskrobywane z kamieni, zooplankton, detrytus.

AKWARIUM

- **temperatura: 20–26°C**
- **pH: 6– 8**
- **twardość wody: 5–19°n**

Grubowarg jest gatunkiem terytorialnym, w warunkach naturalnych żyje pojedynczo. W akwarium nie należy trzymać więcej niż jednego osobnika tego gatunku, chyba że można mu zapewnić naprawdę duży zbiornik, w którym na jedną rybę będzie przypadać wiele kryjówek i terytorium o średnicy przynajmniej 1 m. Agresja grubowargów nie ogranicza się tylko do własnego gatunku, ale ryby te atakują i zabijają także wiele podobnych kształtem i kolorem innych gatunków (mieczyki, inne gatunki grubowargów, brzanki Denisona). Grubowargi dwubarwne są wrażliwe na wysoki poziom związków azotowych. Akceptują każdy rodzaj pokarmu, ale wskazana jest przewaga pokarmu roślinnego.

ROZMNAŻANIE

Przedstawiciele obu płci są bardzo do siebie podobni, osiągają 12 cm długości. U dojrzałych samców płetwy nieparzyste są nieco dłuższe. Ryby nie rozmnażają się w akwariach. Wszystkie dostępne w handlu osobniki pochodzą z rozrodu przy użyciu środków hormonalnych.

Grubowarg zielony

Epalzeorhynchos frenatum
Stanowisko systematyczne: karpiowate (*Cyprinidae*)

ZASIĘG WYSTĘPOWANIA pierwotnie występował w rzekach Laosu, Tajlandii i Kambodży (Azja), ale obecnie wiele populacji zostało znacznie zredukowanych lub całkiem wytępionych wskutek odłowów oraz zniszczenia środowiska naturalnego (budowa tam).

ZAJMOWANE SIEDLISKO wody płynące (podłoże żwirowe, piaszczyste i skaliste), w okresie pory deszczowej migruje na tereny zalane.

POKARM głównie glony porastające kamienie i piasek, ale także drobne bezkręgowce wodne oraz detrytus.

AKWARIUM

- **temperatura: 20–26°C** • **pH: 6,5–8**
- **twardość wody: 5–12°n**

Grubowarg zielony jest nieco mniej agresywny niż grubowarg dwubarwny, jednak to także ryba terytorialna, a stopień agresji wzrasta wraz z wiekiem. Na ataki są narażone zwłaszcza ryby podobnego kształtu (czerwone mieczyki, inne grubowargi, brzanki Denisona itp.), natomiast ryby gatunku bocje zwykle pozostawiają w spokoju. Długość akwarium dla grubowarga zielonego powinna wynosić przynajmniej 120 cm, a w przypadku trzymania więcej niż jednego osobnika tego gatunku w zbiorniku należy zapewnić każdemu z nich wiele kryjówek oraz terytorium o średnicy minimum 1 m.

ROZMNAŻANIE

Rozróżnienie płci jest bardzo trudne, ale z wiekiem u samców pojawia się ciemna obwódka na płetwie odbytowej, czego nie ma u samic. Rozród tego gatunku w akwarium jest niemożliwy i wszystkie osobniki znajdujące się w handlu pochodzą z rozmnożenia przy użyciu środków hormonalnych.

Grubowarg syjamski, kosiarka

Crossocheilus oblongus
Stanowisko systematyczne: karpiowate (*Cyprinidae*)

ZASIĘG WYSTĘPOWANIA obszar od Tajlandii po Indonezję (Azja).

ZAJMOWANE SIEDLISKO zwykle występuje w wartkich strumieniach, potokach, niekiedy w pobliżu wodospadów; wymaga czystej i bardzo dobrze natlenionej wody.

POKARM głównie glony porastające kamienie i dno, a także detrytus.

AKWARIUM

- temperatura: 24–26°C
- pH: 6,5–8
- twardość wody: 5–20°n

Popularność tego gatunku w akwarystyce wynika ze zdolności kosiarek do zjadania glonów pędzelkowatych (krasnorostów z rodzajów *Chantransia* lub *Compsopogon*). Glony te są niechcianymi chwastami w akwarium, a grubowargi syjamskie (zwłaszcza młode) skutecznie je eliminują. Istnieje wiele bardzo podobnych do grubowarga syjamskiego gatunków, które niekiedy są sprzedawane pod nazwą „kosiarka". Nie wszystkie z nich rzeczywiście odżywiają się glonami. Grubowargi syjamskie żyją w grupach, dlatego w akwarium najlepiej czują się w stadzie minimum pięciu osobników. Akceptują każdy rodzaj pokarmu. Jak wszystkie ryby strumieniowe, potrzebują wody dobrze natlenionej i stosunkowo czystej.

ROZMNAŻANIE

Brak dymorfizmu płciowego. Nie ma raczej możliwości rozmnożenia kosiarek w warunkach domowego akwarium (poza jednym opisanym przypadkiem). Wszystkie osobniki w handlu pochodzą z rozrodu stymulowanego środkami hormonalnymi.

Karaś ozdobny, złota rybka

Carassius auratus auratus
Stanowisko systematyczne: karpiowate (*Cyprinidae*)

ZASIĘG WYSTĘPOWANIA Chiny i Japonia (Azja). Obecnie rozwleczony po całym świecie, w wielu siedliskach jest szkodnikiem.

ZAJMOWANE SIEDLISKO wody płynące oraz stojące, sadzawki, nawet wody bardzo zanieczyszczone i o niskiej zawartości tlenu albo słonawe.

POKARM wszystkożerny.

AKWARIUM

- **temperatura: 4–21°C**
- **pH: 6–8**
- **twardość wody: 5–19°n**

Karasie ozdobne wywodzą się od karasia chińskiego (*Carassius auratus*), z którego wyhodowano wiele odmian. Niektóre z nich nadają się do akwariów, inne bardziej do sadzawek i oczek wodnych, jednak wszystkie karasie to ryby towarzyskie i należy je trzymać w grupach liczących minimum 5 osobników. Dzika forma wyjściowa jest bardzo odporna i łatwo przystosowuje się do zróżnicowanych warunków środowiska, jednak odmiany akwariowe są wymagające i nie nadają się dla początkujących akwarystów. Dla grupy złotych rybek odmian akwariowych należy przeznaczyć zbiornik o długości przynajmniej 150 cm, z bardzo wydajną filtracją. Bezwzględnie nie należy trzymać żadnych, również tego gatunku ryb w kulach, ponieważ może to mieć poważne konsekwencje dla ich zdrowia. Karasie pobierają każdy rodzaj pokarmu. W dobrych warunkach żyją kilkanaście lat.

ROZMNAŻANIE

Samice są większe i grubsze od samców. Samce w okresie godowym mają tzw. wysypkę tarłową na pokrywach skrzelowych, głowie i promieniach płetw piersiowych. Wielkość ryb dorosłych zależy od odmiany i waha się w granicach 10–40 cm. Rozmnażają się łatwo, przy dobrej opiece kilka razy w ciągu roku, jednak natychmiast zjadają ikrę, jeśli się jej nie oddzieli. Ikra jest silnie klejąca, ryby najchętniej zrzucają ją wśród roślinności.

Zagrzebka afrykańska

Nothobranchius guentheri
Stanowisko systematyczne: karpieńcokształtne (*Cyprinodontiformes*)

ZASIĘG WYSTĘPOWANIA wyspa Zanzibar, Tanzania (Afryka).

ZAJMOWANE SIEDLISKO zbiorniki wodne pojawiające się okresowo i wysychające w porze suchej.

POKARM drobne bezkręgowce wodne, zooplankton.

AKWARIUM

- **temperatura: 22–25°C** • **pH: 6–7**
- **twardość wody: 4–10°n**

Zagrzebki to wyjątkowo atrakcyjne ryby, są jednak krótkowieczne, a trzymanie ich w zbyt wysokiej temperaturze dodatkowo skraca ich życie. W naturze wszystkie ryby giną podczas pory suchej, przeżywa jedynie ikra złożona wcześniej w torfowym podłożu. Najlepiej czują się w akwarium jednogatunkowym, w którym podłoże jest torfowe. Ryby tego gatunku hoduje się najczęściej parami (akwarium długości 45 cm) lub w grupach w większych zbiornikach (120 cm długości). Akceptują każdy rodzaj pokarmu. Samce bywają terytorialne i mogą ze sobą walczyć.

ROZMNAŻANIE

Samce są większe (6 cm) i znacznie bardziej kolorowe niż samice (4 cm). Młode ryby rosną bardzo szybko i już po czterech tygodniach od wyklucia są zdolne do płodzenia potomstwa. Tarło odbywa się codziennie przez około 4 tygodnie, samica składa ikrę w torfie (1–2 jaja dziennie). Tarlaki nie interesują się ikrą, dlatego można je pozostawić w zbiorniku tarliskowym na 3–4 tygodnie. Po tym czasie należy przygotować nowy zbiornik, a torf zawierający ikrę zostawić do wyschnięcia, gdyż do dalszego rozwoju jaja potrzebują symulacji kilkumiesięcznej pory suchej. Po około 6 tygodniach torf należy zalać wodą, co spowoduje masowe wyklucie larw.

Zagrzebka Rachowa

Nothobranchius rachovii
Stanowisko systematyczne: karpieńcokształtne (*Cyprinodontiformes*)

ZASIĘG WYSTĘPOWANIA systemy rzeczne Zambezi oraz Pungwe, a także tereny znajdujące się między tymi rzekami (Afryka).

ZAJMOWANE SIEDLISKO zbiorniki okresowo wysychające i zapełniające się wodą tylko w porze deszczowej.

POKARM drobne bezkręgowce wodne, zooplankton.

AKWARIUM

- **temperatura: 20–24°C** • **pH: 6–7**
- **twardość wody: 4–6°n**

Zagrzebki Rachowa należy trzymać parami (akwarium długości 45 cm) lub w grupach (zbiorniki ponad 100 cm długości). Samce są wobec siebie agresywne, konkurują o samice i obierają terytoria, na których dochodzi do tarła. Dno akwarium powinno być wyścielone torfem, ale możliwe jest także zasadzenie roślin. Ryby akceptują każdy rodzaj pokarmu, mają duże otwory gębowe i są żarłoczne. Zaleca się podawanie żywego pokarmu. Są krótkowieczne, żyją maksymalnie 1 rok, a zwykle krócej. W środowisku naturalnym giną w porze suchej, w związku z czym określa się je jako ryby sezonowe. Najlepiej hodować je w akwarium jednogatunkowym.

ROZMNAŻANIE

Samce są większe (5,5 cm) i bardziej kolorowe niż samice (4 cm). Ryby dojrzewają szybko, są gotowe do rozrodu po 12 tygodniach od wyklucia. Tarło odbywa się codziennie, podczas godów samiec przyciska samicę do podłoża, a ta składa po 1–2 jaja dziennie. Tarlaki nie zjadają ikry. Do prawidłowego rozwoju jaj jest konieczne ich przesuszenie (przez 5–7 miesięcy), a następnie zalanie torfu wraz z ikrą wodą, która stymuluje ryby do wyklucia.

Proporczykowiec z Kap Lopez

Aphyosemion australe
Stanowisko systematyczne: karpieńcokształtne (*Cyprinodontiformes*)

ZASIĘG WYSTĘPOWANIA Angola, Gabon, Kamerun i Kongo (Afryka).

ZAJMOWANE SIEDLISKO bagna, niewielkie strumienie, rozlewiska. Nie jest gatunkiem sezonowym.

POKARM drobne bezkręgowce wodne, zooplankton.

AKWARIUM

- **temperatura: 21–32°C** • **pH: 5,5–7**
- **twardość wody: 5–12°n**

Proporczykowce należy trzymać parami (minimalna długość akwarium 45 cm) lub w większych grupach (zbiorniki o ponad 100 cm długości). Piękne ubarwienie ryb tego gatunku dobrze podkreśla ciemne tło oraz warstwa roślin pływających służąca rozproszeniu światła. Akwarium musi być szczelnie przykryte, ponieważ ryby te często wyskakują. Najbezpieczniej trzymać proporczykowce w akwarium jednogatunkowym, gdyż są nieagresywne, delikatne i łatwo mogą zostać zdominowane przez inne bardziej ekspansywne ryby. Akceptują każdy rodzaj pokarmu, ale wskazany jest raczej ten pochodzenia naturalnego niż suchy.

ROZMNAŻANIE

Samce są znacznie bardziej okazałe, kolorowe, mają wydłużone końcówki płetw nieparzystych i są większe (5 cm) niż samiczki (4 cm). Samice mają z kolei bardziej zaokrąglone części brzuszne. Dorosłe osobniki mogą zjadać ikrę, dlatego w akwarium tarliskowym warto umieścić mech lub inne delikatne rośliny. Zdrowa samica może składać codziennie po 10–20 jaj przez dwa tygodnie, a następnie regeneruje siły. Jaja są wrażliwe na światło, ale nie wymagają przesuszenia, jak w przypadku ikry zagrzebek.

Proporczykowiec Gardnera

Fundulopanchax gardneri
Stanowisko systematyczne: karpieńcokształtne (*Cyprinodontiformes*)

ZASIĘG WYSTĘPOWANIA Nigeria i Kamerun (Afryka); gatunek zagrożony.
ZAJMOWANE SIEDLISKO strumyki, mokradła, potoki i rzeczki w wilgotnych lasach deszczowych (niektóre wysychające w porze suchej, ale głównie wypełnione wodą przez cały rok).
POKARM drobne bezkręgowce wodne i zooplankton.

AKWARIUM

- temperatura: 22–25°C
- pH: 6–7,2
- twardość wody: 5–8°n

Osobnikom tego gatunku należy zapewnić dużo kryjówek między roślinami, korzeniami i kamieniami. Wówczas w zbiorniku można trzymać grupę ryb (minimalna długość akwarium 100 cm). W przypadku braku kryjówek samce mogą się nawzajem atakować, warto więc trzymać więcej samic niż samców. Ryby akceptują każdy rodzaj pokarmu, jednak wskazane jest podawanie przede wszystkim pożywienia pochodzenia naturalnego (zooplankton, larwy solowca, larwy owadów wodnych).

ROZMNAŻANIE

Samce są większe (5 cm), bardziej kolorowe i mają wydłużone końcówki płetw nieparzystych, z kolei mniejsze samice (4 cm długości) są nieco grubsze. Ikra jest składana wśród roślin albo na podłożu. Najlepiej codziennie ją wybierać (np. wyjmować wraz z roślinami), ponieważ dorosłe osobniki ją zjadają. Nie ma konieczności przesuszania ikry, gdyż w ciągłym zanurzeniu również jej rozwój przebiega prawidłowo i po około 3 tygodniach wykluwają się młode ryby.

Wachlarek czarnopłetwy

Austrolebias nigripinnis
Stanowisko systematyczne: karpieńcokształtne (*Cyprinodontiformes*)

ZASIĘG WYSTĘPOWANIA zlewiska rzeki Parana oraz Urugwaj (Ameryka Południowa).
ZAJMOWANE SIEDLISKO niewielkie zbiorniki okresowo wysychające.
POKARM drobne bezkręgowce.

AKWARIUM

• temperatura: 18–22°C, ale są w stanie znieść bez szkody dla zdrowia nawet 10°C • pH: 6–7 • twardość wody: 5–12°n

Gatunek występuje w wielu odmianach lokalnych, których nie należy krzyżować. Jest rybą wytrzymałą, nadaje się dla początkujących akwarystów. Akceptuje każdy rodzaj pokarmu, lecz najbardziej wskazany jest ten pochodzenia naturalnego. Wachlarek jest rybą krótkowieczną. W akwarium długości 45 cm można trzymać grupę 6–8 osobników, z przewagą samic.

ROZMNAŻANIE

Samce są większe (długość 7 cm) i zdecydowanie bardziej kolorowe niż samiczki (długość 5 cm). Ikra jest składana w podłożu, którym może być torf albo mielone łupiny orzecha kokosowego. Co kilka tygodni podłoże należy wymienić, aby przesuszyć ikrę. Okres suchy powinien trwać przynajmniej 2–4 miesięcy, po tym czasie zalewa się ikrę wodą i w wyniku tego zabiegu w ciągu kilku godzin wykluwają się młode ryby. Rosną one niezwykle szybko, po 6 tygodniach można dostrzec różnice między osobnikami poszczególnych płci, a po 3 miesiącach od wyklucia są dojrzałe płciowo.

Wachlarek niebieski

Austrolebias bellottii
Stanowisko systematyczne: karpieńcokształtne (*Cyprinodontiformes*)

ZASIĘG WYSTĘPOWANIA zlewisko rzeki Parana oraz Urugwaj (Ameryka Południowa).

ZAJMOWANE SIEDLISKO rzeki i strumienie okresowo wysychające. Osobniki dorosłe w czasie suszy giną, z kolei ukryta w błocie ikra przeżywa.

POKARM drobne bezkręgowce wodne, zooplankton.

AKWARIUM

- **temperatura: 18–22°C**
- **pH: 6,5–7**
- **twardość wody: 5–8°n**

Wachlarki najlepiej hodować parami w akwarium o długości 30 cm lub w większych grupach (zbiornik długości przynajmniej 60 cm), z wieloma kryjówkami oraz podłożem z torfu lub łupin orzecha kokosowego. Samce są terytorialne, gatunek nadaje się raczej do akwarium jednogatunkowego. Istnieje wiele odmian pochodzących z różnych zbiorników, które różnią się wyglądem oraz zachowaniem. Nie należy dopuszczać do ich krzyżowania. Wachlarki najchętniej pobierają pokarm pochodzenia naturalnego (zooplankton, larwy owadów wodnych), który pozwala również utrzymać je w dobrej kondycji. Nie należy przegrzewać akwarium, w którym się znajdują, gdyż skraca to ich życie.

ROZMNAŻANIE

Samce są większe (5 cm) i znacznie bardziej kolorowe niż samice (4 cm). Ikra jest składana codziennie po kilka sztuk. Na ten czas samiec i samica zakopują się w podłożu, które z tego powodu musi mieć odpowiednią miąższość i konsystencję. Ryby mogą podchodzić do tarła już w wieku 6 tygodni. Okres przesuszania ikry, konieczny do właściwego jej rozwoju, powinien trwać przynajmniej 6–8 tygodni. Po tym czasie zalewa się ją wodą, aby w ciągu kilku godzin wykluły się larwy.

Ślepczyk jaskiniowy

Astyanax jordani
Stanowisko systematyczne: kąsaczowate (*Characidae*)

ZASIĘG WYSTĘPOWANIA Meksyk (Ameryka Północna); gatunek zagrożony.
ZAJMOWANE SIEDLISKO podziemne strumienie i rzeki.
POKARM bezkręgowce wodne, mniejsze ryby, owady.

AKWARIUM

- **temperatura: 20–25°C**
- **pH: 6–7,8**
- **twardość wody: 4–30°n**

Jest to ryba ławicowa, dlatego należy hodować przynajmniej 6–8 osobników (minimalna długość akwarium 120 cm). Wystrój nie ma większego znaczenia. Ślepczyki są bardzo odporne na niesprzyjające warunki środowiska, dlatego nadają się dla początkujących akwarystów. Są nieagresywne, ale żarłoczne, dlatego nie należy ich łączyć z rybami znacznie mniejszymi. Mimo że nie widzą, doskonale radzą sobie w akwariach ogólnych. Zjadają każdy rodzaj pokarmu. Ślepczyki powstały prawdopodobnie z gatunku żyjącego w wyższych partiach zbiorników wodnych (*Astyanax mexicanus*), z którym się swobodnie krzyżują.

ROZMNAŻANIE

Samice są większe (długość 10 cm) i grubsze od samców (długość 8–9 cm). Ślepczyki jaskiniowe są bardzo płodne, jedna samica może złożyć nawet do 1000 jaj. Ryby zrzucają lepką ikrę do szczelin skalnych. W warunkach akwariowych rozmnożenie jest możliwe wyłącznie w oddzielnym zbiorniku tarliskowym. Dodatkowo w takim akwarium ikra musi być chroniona rusztem ikrowym lub mocną siatką, by tarlaki nie mogły się do niej dostać i jej zjeść.

Zwinnik Blehera

Hemigrammus bleheri
Stanowisko systematyczne: kąsaczowate (*Characidae*)

ZASIĘG WYSTĘPOWANIA dorzecza Río Negro oraz rzeki Meta (Ameryka Południowa).
ZAJMOWANE SIEDLISKO wody płynące, takie jak leśne strumienie i rzeczki; mieszkaniec tzw. czarnych wód.
POKARM wszystkożerny, chętnie zjada zooplankton i drobne bezkręgowce.

AKWARIUM

- temperatura: 23–26°C
- pH: 5–6
- twardość wody: 5–12°n

Zwinniki Blehera doskonale nadają się do akwariów roślinnych, mimo że w ich naturalnym środowisku, czyli czarnych wodach, nie rosną podwodne rośliny, jest za to dużo korzeni i gałęzi oraz liści spoczywających na piaszczystym dnie. Nie niszczą roślin, są łagodne i pięknie prezentują się na tle roślinności oraz ciemnego dna. Preferują pokarmy żywe. Gatunek w handlu jest często mylony z dwoma innymi, bardzo podobnymi gatunkami (zwinnik czerwonousty – *Hemigrammus rhodostomus* oraz czerwonogłówka – *Petitella georgiae*), a także z formą albinotyczną. Aby móc obserwować naturalne dla tego gatunku zachowania ławicowe, należy trzymać przynajmniej 8–10 osobników, a najlepiej liczniejszą grupę. Akwarium powinno mieć wtedy długość co najmniej 60 cm. W niesprzyjających warunkach (zbyt alkaliczna lub brudna woda, stres) ubarwienie ryb wyraźnie jaśnieje.

ROZMNAŻANIE

Jedyna różnica między płciami polega na widocznym zaokrągleniu ciała dojrzałych samic w partiach brzusznych. Osobniki obu płci dorastają do 5 cm długości. Tarło należy przeprowadzać w specjalnie przygotowanym zbiorniku, w którym na dnie jest umieszczony ruszt ikrowy i/lub kępka drobnolistnych roślin.

Zwinnik jarzeniec

Hemigrammus erythrozonus
Stanowisko systematyczne: kąsaczowate (*Characidae*)

ZASIĘG WYSTĘPOWANIA dorzecze rzeki Essequibo w Gujanie i Wenezueli (Ameryka Południowa).

ZAJMOWANE SIEDLISKO leśne rzeczki i potoki, z dala od głównego nurtu rzeki; tzw. czarne wody.

POKARM wszystkożerny, zjada drobne bezkręgowce, owady, zooplankton i detrytus.

AKWARIUM

- temperatura: 24–28°C • pH: 5,5–7,5
- twardość wody: 2–15°n

Zwinniki jarzeńce w warunkach naturalnych żyją w ławicach, zatem i w akwarium należy zapewnić im życie w grupie, w przeciwnym razie będą płochliwe. Minimalna liczebność takiej grupy powinna wynosić 8–10 osobników (zbiornik o długości 80 cm). Szczególnie efektownie wyglądają w akwariach roślinnych z ciemnym dnem, ale piaszczyste dno i duża liczba korzeni oraz gałęzi również podkreślają ich niezwykłe ubarwienie. Gatunek jest doskonałym wyborem do akwarium towarzyskiego, w którym znajdują się inne ryby o podobnych wymaganiach odnośnie parametrów wody. Akceptują każdy rodzaj pokarmu, ale najlepsze barwy i kondycję można uzyskać, karmiąc w sposób urozmaicony, z przewagą pokarmów naturalnych (zooplankton, larwy owadów wodnych).

ROZMNAŻANIE

Samice rosną nieco większe (4 cm) i mają wyraźnie zaokrąglony brzuszek, podczas gdy samce są mniejsze (3,8 cm). Rozmnażanie zwinników jarzeńców nie jest trudne, o ile zapewni się im oddzielny zbiornik tarliskowy, w którym dno będzie zabezpieczone rusztem ikrowym lub wyścielone drobnolistnymi roślinami. Dzięki temu zabiegowi ikra nie zostanie zjedzona przez osobniki dorosłe.

Zwinnik latarnik

Hemigrammus ocellifer
Stanowisko systematyczne: kąsaczowate (*Characidae*)

ZASIĘG WYSTĘPOWANIA rzeki w Brazylii, Gujanie Francuskiej, Peru i Surinamie oraz Gujanie (Ameryka Południowa).
ZAJMOWANE SIEDLISKO strefy przybrzeżne rzek z lekkim prądem wody, a także tereny zalane w czasie pory deszczowej.
POKARM wszystkożerny, zjada drobne bezkręgowce, owady, rośliny.

AKWARIUM

- **temperatura: 22–26°C**
- **pH: 6–8**
- **twardość wody: 5–19°n**

Jest to gatunek ławicowy. W akwarium należy je hodować w możliwie najliczniejszej grupie (minimum 8–10 osobników). Długość zbiornika dla zwinnika latarnika powinna wynosić przynajmniej 80 cm. Gatunek ten szczególnie okazale prezentuje się w akwariach typowo roślinnych, gdzie jego kolory podkreśla różnorodna zieleń i ciemne dno. Można również urządzić mu zbiornik na podobieństwo tzw. ciemnych wód: z piaszczystym dnem, wystrojem w postaci korzeni i licznych gałęzi, a także warstwą liści na dnie. Ubarwienie ryb podkreśli także lekko rozproszone oświetlenie (można zastosować rośliny pływające). Zwinniki latarniki akceptują każdy rodzaj pokarmu, ale zdecydowanie lepiej służy im pożywienie urozmaicone o mrożone larwy owadów lub zooplankton. Są spokojne i nieagresywne, nadają się do zbiorników towarzyskich, w których żyją inne ryby kąsaczowate lub pielęgniczki.

ROZMNAŻANIE

Samice osiągają długość około 4,5 cm, z kolei samce są nieco mniejsze (4 cm). Samice są też zauważalnie grubsze w partiach brzusznych, podczas gdy samce wydają się smuklejsze. Tarło należy przeprowadzać w sposób typowy dla kąsaczowatych: w oddzielnym zbiorniku, z użyciem rusztu ikrowego lub innego sposobu na ochronę ikry przed apetytem rodziców. Zwinnik latarnik jest gatunkiem bardzo płodnym.

Zwinnik nadobny

Hemigrammus pulcher
Stanowisko systematyczne: kąsaczowate (*Characidae*)

ZASIĘG WYSTĘPOWANIA dorzecze Amazonki, Peru (Ameryka Południowa).

ZAJMOWANE SIEDLISKO leniwie płynące, leśne rzeczki i strumienie.

POKARM gatunek wszystkożerny, żywi się drobnymi bezkręgowcami wodnymi, zooplanktonem, owadami, owocami, które wpadły do wody.

AKWARIUM

- **temperatura: 23–27°C**
- **pH: 5,5–7**
- **twardość wody: 1–12°n**

Jest to ryba ławicowa, dlatego do dobrego samopoczucia, a tym samym naturalnego dla gatunku zachowania, wymaga towarzystwa przynajmniej 8–10 innych zwinników nadobnych. Doskonale sprawdza się w akwariach typowo roślinnych, w których różnorodne odcienie zieleni oraz ciemne tło i ciemne dno podkreślają jej ubarwienie. Można także przygotować wystrój akwarium na podobieństwo naturalnych warunków życia zwinników nadobnych: wyposażyć je w piaszczyste dno, korzenie oraz gałęzie i liście. Akceptuje każdy rodzaj pokarmu, jednak wskazane jest urozmaicenie i duży wkład pożywienia naturalnego (mrożone larwy owadów, zooplankton). Dla zwinnika nadobnego należy przeznaczyć akwarium nie krótsze niż 80 cm długości. Może to być także akwarium towarzyskie, gdyż zwinniki nadobne nie wykazują agresji wobec innych gatunków ryb.

ROZMNAŻANIE

Jak w przypadku wielu gatunków kąsaczowatych, tak i u zwinnika nadobnego samice dorastają do nieco większych rozmiarów (4,5 cm) niż samce (4 cm). Samice są także zaokrąglone w partiach brzusznych, podczas gdy samce są smuklejsze. Ostatnim elementem różnicującym jest kształt pęcherza pławnego, widocznego przez przezroczyste powłoki brzuszne zwinników nadobnych: u samców jest zaostrzony, a u samic owalny. Tarło przeprowadza się w oddzielnym zbiorniku, w którym na dnie należy umieścić ruszt ikrowy lub inny element wyposażenia zapobiegający zjedzeniu ikry przez osobniki dorosłe.

Zwinnik czerwonousty

Hemigrammus rhodostomus
Stanowisko systematyczne: kąsaczowate (*Characidae*)

ZASIĘG WYSTĘPOWANIA dorzecze rzeki Orinoko w Wenezueli i Brazylii (Ameryka Południowa).

ZAJMOWANE SIEDLISKO leśne rzeczki, strumienie i rozlewiska; typowy mieszkaniec tzw. czarnych wód.

POKARM wszystkożerny, chętnie zjada drobne bezkręgowce, zooplankton, detrytus, materię roślinną.

AKWARIUM

- **temperatura: 24–27°C**
- **pH: 5,5–7**
- **twardość wody: 2–15°n**

Są to ryby typowo ławicowe, należy hodować przynajmniej 8–10 osobników, a jeśli to możliwe nawet więcej. Zbiornik dla takiej grupy powinien mieć 80 cm długości. Wystrój akwarium dla zwinników czerwonoustych może być typowo roślinny albo imitujący ich naturalne środowisko występowania: z piaszczystym dnem i dużą liczbą korzeni, gałęzi oraz liści. Dobrze wygląda także warstwa roślin pływających, która dodatkowo rozprasza oświetlenie, dzięki czemu barwy ryb są intensywniejsze. Zwinniki czerwonouste są nieagresywne, doskonale nadają się do zbiorników towarzyskich, gdzie mogą mieszkać razem z innymi gatunkami niewielkich ryb o podobnych wymaganiach środowiskowych. Akceptują każdy rodzaj pokarmu, jednak najbardziej wskazany jest mrożony plankton lub niewielkie larwy owadów wodnych. W handlu zwinnik czerwonousty jest często mylony z bardzo podobnym zwinnikiem Blehera (*Hemigrammus bleheri*).

ROZMNAŻANIE

Obie płcie dorastają do około 5 cm długości, ale samice są nieco bardziej zaokrąglone, samce z kolei smuklejsze. Tarło przeprowadza się w oddzielnym zbiorniku, jednak rozmnożenie zwinnika czerwonoustego jest bardzo trudne.

Zwinnik ogonopręgi

Hyphessobrycon anisitsi
Stanowisko systematyczne: kąsaczowate (*Characidae*)

ZASIĘG WYSTĘPOWANIA dorzecza rzek Parana i Urugwaj (Ameryka Południowa).
ZAJMOWANE SIEDLISKO niewielkie, leniwie płynące rzeczki i strumienie, wody stojące, takie jak stawy, starorzecza, rozlewiska.
POKARM gatunek wszystkożerny, żywi się bezkręgowcami wodnymi, owadami, roślinami i detrytusem.

AKWARIUM

- **temperatura: 16–28°C**
- **pH: 5,5–8,5**
- **twardość wody: 5–20°n**

Ryba ławicowa, w akwarium należy hodować przynajmniej 6–8 osobników (minimalna długość zbiornika 80 cm). Jest to jedna z najbardziej odpornych ryb kąsaczowatych, nadaje się do hodowli dla początkujących akwarystów. Wystrój zbiornika nie ma większego znaczenia. Zwinniki ogonopręgie mogą zjadać mniejsze ryby, jak również odgryzać długie płetwy, dlatego należy łączyć je raczej z większymi od nich gatunkami. Akceptują każdy rodzaj pokarmu, jednak wskazana jest różnorodność. Są bardzo żarłoczne i energiczne. W handlu można spotkać także formę albinotyczną tego gatunku.

ROZMNAŻANIE

Samice są większe (6 cm), zaokrąglone w partiach brzusznych, natomiast samce dorastają do mniejszych rozmiarów (5 cm), są szczuplejsze i bardziej kolorowe. Tarło najlepiej przeprowadzać w oddzielnym akwarium, ponieważ dorosłe osobniki wyjadają ikrę. Na dnie można położyć ruszt ikrowy, a dorosłe osobniki odłowić jak najprędzej po zakończeniu godów. Zwinnik ogonopręgi jest gatunkiem bardzo płodnym, jednak jego ikra jest wrażliwa na światło.

Barwieniec czarny, fantom czarny

Hyphessobrycon megalopterus
Stanowisko systematyczne: kąsaczowate (*Characidae*)

ZASIĘG WYSTĘPOWANIA rzeki Paragwaj oraz Guaporé (Ameryka Południowa).

ZAJMOWANE SIEDLISKO wolno płynące lub stojące rozlewiska rzeczne, a także małe jeziora oraz stawy.

POKARM gatunek wszystkożerny, zjada drobne bezkręgowce wodne, glony, detrytus, a nawet owoce, które wpadną do wody.

AKWARIUM

- **temperatura: 20–28°C**
- **pH: 5–7**
- **twardość wody: 0–18°n**

Barwieńce żyją w wyjątkowo czystych wodach, dlatego też w akwarium powinny mieć zapewnioną dobrą filtrację i często podmienianą wodę. Ryby te w warunkach naturalnych tworzą duże ławice, dlatego nie należy trzymać ich pojedynczo lub parami, a raczej w grupach liczących przynajmniej 10 osobników. Dla takiej populacji warto przeznaczyć zbiornik o minimalnej długości 80–100 cm. Zachowania naturalne dla gatunku można zaobserwować tylko wówczas, gdy ryb jest wiele. Akceptują każdy rodzaj pokarmu, ale dla utrzymania ich w dobrej kondycji warto zadbać o urozmaiconą dietę. Jest to gatunek bardzo spokojny, nieagresywny, wyśmienicie nadaje się do akwariów towarzyskich, w których żyją inne podobne ryby.

ROZMNAŻANIE

Samce mają wydłużone, czarne płetwy, podczas gdy samice są bardziej krępe, a ich płetwy brzuszne, odbytowe i tłuszczowe mają czerwonawy odcień. Dorastają do 5 cm długości. W dobrze urządzonym, obfitującym w kryjówki akwarium możliwe jest samoistne dochowanie się nielicznego potomstwa. Natomiast w przypadku chęci otrzymania liczniejszego narybku konieczne jest przeprowadzenie tarła w oddzielnym zbiorniku. Po złożeniu ikry osobniki dorosłe należy odłowić.

Barwieniec czerwony

Hyphessobrycon sweglesi
Stanowisko systematyczne: kąsaczowate (*Characidae*)

ZASIĘG WYSTĘPOWANIA zlewisko rzeki Orinoko (Ameryka Południowa).

ZAJMOWANE SIEDLISKO niewielkie rozlewiska, mniejsze rzeki, starorzecza oraz zalane w porze deszczowej lasy.

POKARM gatunek wszystkożerny, zjada bezkręgowce wodne, owady, zooplankton, glony nitkowate, a nawet owoce opadłe do wody.

AKWARIUM

- **temperatura: 20–28°C**
- **pH: 4,5–7,5**
- **twardość wody: 0–20°n**

Barwieniec czerwony (inna nazwa to fantom czerwony) jest towarzyskim, w warunkach naturalnych ławicowym gatunkiem, więc i w akwarium nie należy trzymać osobników tego gatunku w liczbie mniejszej niż 10 osobników. Dla takiej grupy ryb można zaplanować akwarium o długości 80–100 cm. Podłoże powinno być piaszczyste, a jako elementy wystroju można użyć korzeni i gałęzi. Dodatek liści ketapangu lub innych o podobnych właściwościach pomoże ustabilizować parametry wody na poziomie wymaganym przez barwieńce. Ryby akceptują każdy rodzaj pokarmu, ale najlepiej czują się, jedząc pokarm pochodzenia naturalnego, w miarę możliwości urozmaicony. Jest to bardzo pokojowo nastawiony gatunek, co czyni z niego idealnego mieszkańca akwariów towarzyskich.

ROZMNAŻANIE

Obie płcie dorastają do 4 cm długości. Dojrzałe samce mają bardziej okazałe płetwy, zaś samiczki są nieco bardziej krępe. Odchowanie niewielkiej liczby potomstwa w jednogatunkowym akwarium jest możliwe, jednak lepsze wyniki uzyskuje się, przeprowadzając tarło w oddzielnym zbiorniku. Dorosłe ryby zjadają ikrę, dlatego też należy zabezpieczyć ją przez użycie rusztu albo innego substratu, w którym tarlaki nie będą mogły jej znaleźć lub dosięgnąć. Natychmiast po tarle dorosłe ryby należy odłowić.

Bystrzyk pięknopłetwy

Hyphessobrycon pulchripinnis
Stanowisko systematyczne: kąsaczowate (*Characidae*)

ZASIĘG WYSTĘPOWANIA dorzecze rzeki Tapajós oraz rzeka Xingu (Ameryka Południowa).

ZAJMOWANE SIEDLISKO wody wolno płynące i stojące, takie jak niewielkie rzeczki, starorzecza, a także zalane w porze deszczowej tereny leśne.

POKARM wszystkożerny, zjada drobne bezkręgowce, owady, glony nitkowate, a nawet owoce, które opadły do wody.

AKWARIUM

- temperatura: 20–28°C
- pH: 5–7,5
- twardość wody: 0–25°n

Bystrzyki pięknopłetwe należy trzymać w grupie (przynajmniej 8–10 osobników) i przeznaczyć dla nich zbiornik o długości minimalnej 80 cm. Ryby najczęściej tworzą ławicę, ale w okresie tarła samce obejmują niewielkie terytoria, w które wpływają ławice samic. Wystrój nie ma większego znaczenia, warto jednak zapewnić rybom kryjówki w roślinach. Bystrzyki pięknopłetwe zjadają różne pokarmy, przy czym wskazana jest dieta możliwie urozmaicona. Nadają się do akwarium towarzyskiego, są dość odporne i łagodnie usposobione.

ROZMNAŻANIE

Samce są nieco mniejsze (3,5 cm) i atrakcyjniej ubarwione, z kolei samice są większe (4 cm) i bardziej krępe. Tarło odbywa się wśród roślinności. Ikrę należy zabezpieczyć przed zjedzeniem, jeśli zamiarem jest dochowanie potomstwa. Bez interwencji akwarysty możliwe jest utrzymanie się przy życiu kilku sztuk narybku, pod warunkiem dużej liczby kryjówek w akwarium jednogatunkowym.

Bystrzyk różowy

Hyphessobrycon rosaceus
Stanowisko systematyczne: kąsaczowate (*Characidae*)

ZASIĘG WYSTĘPOWANIA Brazylia, Gujana i Surinam (Ameryka Południowa).
ZAJMOWANE SIEDLISKO leniwie płynące, leśne rzeczki i strumienie.
POKARM gatunek wszystkożerny, żywi się drobnymi bezkręgowcami, owadami, glonami nitkowatymi, a nawet owocami, które upadły do wody.

AKWARIUM

- **temperatura: 24–28°C** • **pH: 5,5–7,5**
- **twardość wody: 1–12°n**

Bystrzyki różowe w warunkach naturalnych żyją w dużych ławicach, zatem i w akwarium należy je trzymać w możliwie największych grupach (przynajmniej 8–10 osobników). Dla takiej liczby wskazany jest zbiornik o długości minimalnej 80 cm. Należy pamiętać, że ryby te pochodzą z wód kwaśnych i ciemnych (tzw. czarnych), dlatego najlepiej prezentują się w akwarium urządzonym na podobieństwo ich naturalnych warunków życia. Warto postarać się o dno piaszczyste, urozmaicone wieloma korzeniami i gałęziami, które można obsadzić roślinami epifitycznymi, lub umieścić rośliny pływające na powierzchni. Bystrzyki są bardzo odporne, spokojne, można je polecić do akwariów towarzyskich.

ROZMNAŻANIE

Samce mają bardziej okazałe, wydłużone płetwy i są nieco większe (długość 4 cm) od samic (długość 3,8 cm). Ponadto samiczki w okresie dojrzałości mają widocznie powiększone brzuszki. Bystrzyki różowe są gatunkiem płodnym. Tarło należy przeprowadzać w oddzielnym zbiorniku, gdyż osobniki dorosłe zjadają ikrę. Jaja tego gatunku, podobnie jak wielu innych kąsaczowatych, są wrażliwe na światło.

Bystrzyk czerwony

Hyphessobrycon flammeus
Stanowisko systematyczne: kąsaczowate (*Characidae*)

ZASIĘG WYSTĘPOWANIA pierwotnie rzeki w rejonach Rio de Janeiro i São Paulo w Brazylii (Ameryka Południowa). Nie wiadomo, czy jeszcze występuje w naturze.

ZAJMOWANE SIEDLISKO wolno płynące rzeczki i rozlewiska.

POKARM wszystkożerny, zjada drobne bezkręgowce (owady, zooplankton), glony nitkowate, detrytus.

AKWARIUM

- **temperatura: 20–26°C** • **pH: 5,5–7,5**
- **twardość wody: 5–25°n**

Są to ryby ławicowe, należy hodować przynajmniej 6–8 osobników. Dla takiej grupy bystrzyków czerwonych powinno się zaplanować akwarium o długości przynajmniej 60 cm. Akceptują każdy rodzaj pokarmu, lecz wskazana jest różnorodność. Wystrój nie ma większego znaczenia, lecz najładniej ryby te prezentują się w zbiornikach roślinnych z ciemnym dnem. Bystrzyki czerwone są wrażliwe na wysoki poziom związków azotowych, a zwłaszcza na te, które powstają w niedojrzałych akwariach (o nieustabilizowanych parametrach). Są bardzo pokojowo nastawione, idealnie nadają się do zbiorników towarzyskich, w których żyją inne niewielkie, spokojne ryby.

ROZMNAŻANIE

Samce są mniejsze (długość 2 cm), szczuplejsze i bardziej kolorowe niż samice (długość 2,5 cm). Ponadto u samców na płetwach odbytowych i brzusznych są widoczne haczyki, służące do przytrzymywania samicy w czasie tarła. Rozród najlepiej przeprowadzać w specjalnie przygotowanym zbiorniku tarliskowym, jednak nieliczne potomstwo może się pojawić samoistnie, bez specjalnych zabiegów akwarysty, w jednogatunkowym zbiorniku ogólnym.

Bystrzyk barwny, minor

Hyphessobrycon eques
Stanowisko systematyczne: kąsaczowate (*Characidae*)

ZASIĘG WYSTĘPOWANIA dorzecza rzek: Amazonka, Paragwaj i Guapore; zawleczony do Gujany Francuskiej (Ameryka Południowa).

ZAJMOWANE SIEDLISKO głównie wody stojące, takie jak niewielkie jeziora, stawy, rozlewiska i starorzecza.

POKARM wszystkożerny, zjada bezkręgowce wodne, zooplankton, owady, glony nitkowate oraz owoce, które wpadły do wody.

AKWARIUM

- **temperatura: 20–28°C**
- **pH: 5–7,5**
- **twardość wody: 10–25°n**

Bystrzyki barwne w warunkach naturalnych formują bardzo liczne ławice, dlatego też i w akwarium powinno się trzymać grupę tych ryb (minimum 6–8 osobników). Zbiornik nie powinien być krótszy niż 80 cm. Zwykle są spokojne, jednak niekiedy mogą podgryzać płetwy innych ryb. Aby zapobiec agresji, należy trzymać większą liczbę osobników oraz zapewnić im odpowiednio dużo przestrzeni. Akceptują każdy rodzaj pokarmu, jednak wskazane jest urozmaicenie, a najlepiej pokarmy pochodzenia naturalnego z niewielkim dodatkiem pokarmów suchych.

ROZMNAŻANIE

Samice są większe (długość 4 cm) i znacznie grubsze niż samce (długość 3 cm), które z kolei są bardziej kolorowe. Osobniki dorosłe należy umieścić w specjalnym akwarium tarliskowym, w którym należy uprzednio zabezpieczyć dno rusztem ikrowym. Dzięki niemu tarlaki nie zjedzą złożonej ikry. Tarło zwykle odbywa się w godzinach porannych. Ikra jest wrażliwa na światło.

Bystrzyk ozdobny

Hyphessobrycon bentosi
Stanowisko systematyczne: kąsaczowate (*Characidae*)

ZASIĘG WYSTĘPOWANIA dorzecze Amazonki (Ameryka Południowa).
ZAJMOWANE SIEDLISKO leśne wody bardzo wolno płynące lub stojące: rozlewiska, małe jeziora, stawy.
POKARM wszystkożerny, zjada bezkręgowce wodne, owady, a nawet owoce, które wpadły do wody.

AKWARIUM

- **temperatura: 20–28°C** • **pH: 5–7,5**
- **twardość wody: 5–19°n**

To ryba ławicowa, źle się czuje trzymana w zbyt małej grupie lub pojedynczo. Minimalna liczba osobników to 8–10 sztuk, które mogą zamieszkać w zbiorniku nie krótszym niż 80 cm. Wystrój akwarium nie ma znaczenia, natomiast ryby najkorzystniej prezentują się nad ciemnym dnem i wśród gęstej, różnorodnej roślinności. Akceptują każdy rodzaj pokarmu, przy czym poleca się pokarm możliwie różnorodny, z dużym udziałem pożywienia pochodzenia naturalnego (mrożone larwy owadów, zooplankton itp.). Dodatek liści leżących na dnie pozytywnie wpływa na kondycję ryb. Są nieagresywne, nadają się do zbiorników towarzyskich.

ROZMNAŻANIE

Samce są znacznie bardziej kolorowe, ale też mniejsze (długość 3,5 cm) oraz szczuplejsze od samic (długość 4 cm), które z kolei mają wyraźnie grubsze partie brzuszne. Możliwe jest odchowanie potomstwa w dobrze urządzonym, jednogatunkowym zbiorniku ogólnym, ale uzyskanie liczniejszego narybku wymaga urządzenia specjalnego akwarium tarliskowego. W nim należy umieścić drobnolistne rośliny, sztuczny mop lub też ruszt ikrowy, ponieważ osobniki dorosłe konsumują ikrę, o ile znajdą do niej dostęp.

Bystrzyk Amandy

Hyphessobrycon amandae
Stanowisko systematyczne: kąsaczowate (*Characidae*)

ZASIĘG WYSTĘPOWANIA dorzecze rzeki Araguai (Ameryka Południowa).
ZAJMOWANE SIEDLISKO tzw. czarne wody, raczej stojące niż płynące, takie jak niewielkie leśne jeziorka, stawy, starorzecza.
POKARM drobne bezkręgowce i zooplankton.

AKWARIUM

- **temperatura: 20–28°C** • **pH: 5–7**
- **twardość wody: 1–15°n**

To ryby ławicowe, dlatego należy hodować przynajmniej 10 osobników, w akwarium o minimalnej długości 60 cm. Są to delikatne, nieśmiałe ryby, raczej nie konkurują o pokarm z innymi osobnikami, dlatego też nie należy ich łączyć ze zbyt agresywnymi gatunkami. Bystrzyki Amandy są idealnym wyborem do akwarium typowo roślinnego, w którym można w pełni podziwiać ich kolory. Najchętniej zjadają pokarmy pochodzenia naturalnego, najlepiej mrożony zooplankton lub inne niewielkie organizmy.

ROZMNAŻANIE

Samce są bardziej kolorowe i smuklejsze niż samiczki. Dorastają do podobnych rozmiarów, czyli około 2 cm długości. Tarło przeprowadza się w oddzielnym zbiorniku, wyposażonym w ruszt ikrowy lub warstwę gęstej roślinności na dnie. Zabezpiecza to ikrę przed zjedzeniem przez osobniki dorosłe. Gatunek nie jest nadzwyczajnie płodny, samica składa kilkadziesiąt bardzo drobnych jaj.

Bystrzyk Pereza

Hyphessobrycon erythrostigma
Stanowisko systematyczne: kąsaczowate (*Characidae*)

ZASIĘG WYSTĘPOWANIA dorzecze Amazonki na terenie Peru, Brazylii i Kolumbii (Ameryka Południowa).

ZAJMOWANE SIEDLISKO wody leniwie płynące lub stojące, takie jak rzeczki, jeziorka leśne, rozlewiska.

POKARM wszystkożerny, żywi się owadami, wodnymi bezkręgowcami, pokarmem roślinnym i detrytusem.

AKWARIUM

- **temperatura: 21–28°C**
- **pH: 4–7,5**
- **twardość wody: 1–12°n**

Bystrzyki Pereza najlepiej czują się w grupach liczących przynajmniej 8–10 osobników, a jeśli to możliwe, nawet większej. Dla takiej grupy ryb należy przewidzieć zbiornik o długości minimalnej 80 cm. Najlepiej, by wystrój podkreślał kolory ryb i umożliwiał im naturalne zachowanie. Odpowiednie będzie piaszczyste dno i korzenie oraz gałęzie porośnięte roślinami epifitycznymi. Ryby akceptują każdy rodzaj pokarmu, lecz wskazane jest urozmaicenie i duży dodatek pokarmów naturalnych. Są wrażliwe na wysoki poziom związków azotowych, zwłaszcza tych powstających w niedojrzałych zbiornikach. Mają raczej łagodne usposobienie względem innych ryb, jednak w okresie tarła samce stają się terytorialne i mogą odganiać intruzów.

ROZMNAŻANIE

Samce są większe (6 cm), bardziej kolorowe, mają wydłużone płetwy, natomiast samice są grubsze i mniejsze (5 cm). Rozmnożenie tego gatunku w warunkach domowych jest bardzo trudne.

Bystrzyk Axelroda, neon czarny

Hyphessobrycon herbertaxelrodi
Stanowisko systematyczne: kąsaczowate (*Characidae*)

ZASIĘG WYSTĘPOWANIA dorzecze rzeki Paragwaj (Ameryka Południowa).
ZAJMOWANE SIEDLISKO wolno płynące lub stojące rozlewiska, starorzecza i tereny zalewane okresowo w porze deszczowej.
POKARM wszystkożerny, zjada drobne bezkręgowce (owady, zooplankton), glony nitkowate, a także owoce, które wpadły do wody.

AKWARIUM

- temperatura: 20–28°C
- pH: 5–7,5
- twardość wody: 1–15°n

To ryba ławicowa, w akwarium należy hodować przynajmniej 8–10 osobników. Trzymane pojedynczo lub parami stają się płochliwe i zachowują się nienaturalnie. Dla grupy neonów czarnych należy zaplanować zbiornik o długości minimalnej 80 cm. Ryby te doskonale wyglądają w akwarium z piaszczystym dnem, z dużą liczbą korzeni oraz gałęzi albo w zbiornikach typowo roślinnych. Są bardzo łagodnie usposobione, co czyni z nich idealnych mieszkańców akwariów towarzyskich, w których żyją inne spokojne ryby o podobnych rozmiarach. Akceptują każdy rodzaj pokarmu, ale wskazana jest różnorodność i większy udział pokarmów pochodzenia naturalnego.

ROZMNAŻANIE

Dojrzałe płciowo samce są nieco mniejsze (3 cm) i szczuplejsze od samic, które z kolei mają wyraźnie zaokrąglone partie brzuszne i są większe (3,5 cm). Tarło najlepiej przeprowadzać w specjalnie przygotowanym oddzielnym zbiorniku, w którym na dnie znajduje się ruszt ikrowy albo drobnolistna roślinność. Dorosłe osobniki zjadają ikrę, dlatego należy je odłowić po tarle.

Neon zielony

Paracheirodon simulans
Stanowisko systematyczne: kąsaczowate (*Characidae*)

ZASIĘG WYSTĘPOWANIA rzeki Negro oraz Orinoko (Ameryka Południowa).

ZAJMOWANE SIEDLISKO zamieszkuje wyłącznie wolno płynące tzw. czarne wody: kwaśne, czyste, bardzo miękkie i zabarwione na ciemny kolor dzięki rozkładającej się materii roślinnej.

POKARM wszystkożerny, zjada drobne bezkręgowce wodne, owady, glony, detrytus, a nawet owoce opadłe do wody.

AKWARIUM

- **temperatura: 21–35°C** • **pH: 3–6,5**
- **twardość wody: 0–4°n**

To ryby ławicowe, które należy hodować w możliwie dużych grupach (minimalna liczba osobników to 10), w akwarium o długości przynajmniej 80 cm. Dno powinno być piaszczyste, a leżące na dnie liście mogą służyć rybom jako kryjówki, a także stabilizować parametry wody na poziomie wymaganym przez neony zielone. Gatunek nie nadaje się dla początkujących akwarystów, ponieważ ma szczególne wymagania co do jakości wody (bardzo miękka, od lekko kwaśnej do lekko zasadowej). Ponadto wszystkie neony zielone pochodzą z odłowu ze środowiska naturalnego, co generuje wiele problemów związanych z adaptacją ryb do warunków akwariowych. Neony zielone są szczególnie wrażliwe na wysoki poziom związków azotowych, a zwłaszcza tych, które występują w niedojrzałych akwariach. Są bardzo łagodnie usposobione, jednak nie nadają się do akwariów towarzyskich ze względu na wymagania środowiskowe.

ROZMNAŻANIE

Samce są nieco mniejsze (długość 2 cm) od samic (długość 2,5 cm), które mają bardziej zaokrąglone partie brzuszne. Trudno rozmnożyć je w warunkach akwariowych.

Neon Innesa

Paracheirodon innesi
Stanowisko systematyczne: kąsaczowate (*Characidae*)

ZASIĘG WYSTĘPOWANIA Brazylia, Peru i Kolumbia (Ameryka Południowa).
ZAJMOWANE SIEDLISKO leniwie płynące, leśne rzeczki i strumienie.
POKARM wszystkożerny, zjada drobne bezkręgowce, owady, zooplankton, glony nitkowate, a także owoce, które wpadły do wody.

AKWARIUM

- **temperatura: 21–28°C**
- **pH: 4–7,5**
- **twardość wody: 1–12°n**

Neony są jednymi z najpopularniejszych ryb akwariowych. W warunkach naturalnych żyją w dużych ławicach, zatem i w akwarium należy hodować je w możliwie dużych grupach (minimum 8–10 osobników, długość akwarium przynajmniej 80 cm). Powinno się zaplanować dla nich zbiornik z dnem piaszczystym, licznymi korzeniami i gałęziami, na których można posadzić rośliny epifityczne. Neony najlepiej czują się w wodzie kwaśnej i miękkiej, ale potrafią się przystosować do różnych warunków. Czyni to z nich idealne ryby do akwarium roślinnego oraz towarzyskiego z innymi rybami podobnej wielkości.

ROZMNAŻANIE

Samiczki są nieco większe (3 cm) i grubsze od samców (2,5 cm). Tarło należy przeprowadzać w specjalnie przygotowanym zbiorniku, gdzie na dnie znajduje się siatka lub sztuczny mop, umożliwiający rybom złożenie ikry i chroniący ją przed zjedzeniem przez osobniki dorosłe. Neony Innesa nie są bardzo płodne, samica składa kilkadziesiąt jaj. Ikra jest bardzo wrażliwa na światło. Tarło odbywa się zwykle w godzinach porannych.

Neon czerwony

Paracheirodon axelrodi
Stanowisko systematyczne: kąsaczowate (*Characidae*)

ZASIĘG WYSTĘPOWANIA Río Negro i Orinoko (Ameryka Południowa).

ZAJMOWANE SIEDLISKO wolno płynące strumienie i rzeczki leśne, niewielkie rozlewiska, tereny zalane w czasie pory deszczowej.

POKARM wszystkożerny, żywi się drobnymi bezkręgowcami, zooplanktonem, owadami, glonami nitkowatymi, a także owocami, które wpadły do wody.

AKWARIUM

- **temperatura: 20–29°C** • **pH: 3–7,5**
- **twardość wody: 5–12°n**

To ryba formująca duże ławice w warunkach naturalnych, dlatego w akwarium należy hodować przynajmniej 10 osobników, a im więcej, tym lepiej. Dla minimalnej grupy ryb trzeba przewidzieć zbiornik o długości 80 cm. Neony czerwone są bardzo spokojne, doskonale prezentują się w akwariach roślinnych, ale surowy wystrój dna piaszczystego wraz z dużą liczbą korzeni i gałęzi również im służy. Akceptują każdy rodzaj pokarmu, jednak najlepszą kondycję mają wówczas, gdy są karmione pokarmem zróżnicowanym, z dużą zawartością pożywienia naturalnego (zooplankton, larwy wodnych owadów). Nadają się do akwariów towarzyskich. Są szczególnie wrażliwe na wysoki poziom związków azotowych, przede wszystkim tych, które powstają w niedojrzałym zbiorniku.

ROZMNAŻANIE

Rozród w akwariach jest bardzo trudny, ale możliwy. Samce (długość 2,5 cm) są nieco mniejsze i szczuplejsze niż samice (długość 3 cm). Należy przygotować oddzielny zbiornik tarliskowy ze sztucznym mopem, na którym ryby złożą ikrę. Po tarle osobniki dorosłe należy odłowić, a ikrę zabezpieczyć przed światłem.

Błyszczyk parański

Moenkhausia sanctaefilomenae
Stanowisko systematyczne: kąsaczowate (*Characidae*)

ZASIĘG WYSTĘPOWANIA Brazylia, Paragwaj i Argentyna (Ameryka Południowa).
ZAJMOWANE SIEDLISKO wody płynące: rzeki i strumienie, niekiedy pokryte gęstą roślinnością pływającą.
POKARM wszystkożerny, zjada bezkręgowce wodne, zooplankton, ale także rośliny.

AKWARIUM

- temperatura: 22–26°C • pH: 6–8
- twardość wody: 3–20°n

Są to ryby ławicowe, dlatego należy trzymać je w możliwie dużej liczebności (minimum 8–10 osobników). Dla takiej grupy ryb poleca się akwarium o długości przynajmniej 100 cm. Błyszczyki parańskie są bardzo aktywne, śmiałe, a ich niespożyta energia ożywi każde akwarium. Na towarzystwo dla nich należy wybierać raczej ryby o równie energicznym temperamencie. Akceptują każdy rodzaj pokarmu, są niezwykle żarłoczne. Świetnie prezentują się w akwariach roślinnych.

ROZMNAŻANIE

Obie płcie dorastają do 7 cm, a różnice między nimi są słabo wyrażone i ograniczają się do nieco większej grubości partii brzusznych u samic w porównaniu z samcami. Tarło przeprowadza się w podobny sposób, jak u większości ryb kąsaczowatych, czyli w oddzielnym zbiorniku tarłowym, w którym ikrę należy zabezpieczyć przed łakomstwem osobników dorosłych. Błyszczyki parańskie łatwo się rozmnażają i są dość płodne, z tego względu w handlu spotyka się wyłącznie osobniki pochodzące z hodowli.

Błyszczyk wielkołuski, szklana tetra

Moenkhausia oligolepis
Stanowisko systematyczne: kąsaczowate (*Characidae*)

ZASIĘG WYSTĘPOWANIA Surinam, Peru, Brazylia, Wenezuela i Gujana Francuska (Ameryka Południowa).

ZAJMOWANE SIEDLISKO wody wolno płynące lub stojące, takie jak rzeki, rzeczki, jeziora, tereny zalane w okresie deszczowym.

POKARM wszystkożerny, żywi się bezkręgowcami, mniejszymi rybami, zooplanktonem, roślinami.

AKWARIUM

- **temperatura: 24–28°C** • **pH: 5,5–7,2**
- **twardość wody: 1–15°n**

To ryba ławicowa, koniecznie należy hodować przynajmniej 8–10 osobników, a dla takiej grupy przewidzieć zbiornik o długości co najmniej 100 cm. Akceptują każdy rodzaj pokarmu, najkorzystniej jednak dbać o różnorodność, a zwłaszcza o duże ilości pożywienia naturalnego (mrożone larwy owadów, zooplankton). Błyszczyk wielkołuski jest spokojniejszy niż błyszczyk parański. Nadaje się do akwariów towarzyskich. Wystrój nie ma większego znaczenia.

ROZMNAŻANIE

Samice są nieco większe (długość 10 cm) i grubsze niż samce (długość 9 cm). Rozmnażają się bardzo łatwo, nawet w jednogatunkowym, dobrze urządzonym zbiorniku można uzyskać niewielką ilość narybku. W celu wyhodowania większego miotu należy przeprowadzić tarło w specjalnie przygotowanym akwarium tarliskowym, gdzie na dnie umieszcza się ruszt ikrowy lub kępę drobnolistnych roślin (np. mchu jawajskiego).

Żałobniczka czarna

Gymnocorymbus ternetzi
Stanowisko systematyczne: kąsaczowate (*Characidae*)

ZASIĘG WYSTĘPOWANIA dorzecza Paragwaju i Guapore, Argentyna oraz Boliwia (Ameryka Południowa).
ZAJMOWANE SIEDLISKO niewielkie, wolno płynące strumienie, strumyki i rzeczki, niekiedy gęsto zarośnięte roślinami podwodnymi.
POKARM wszystkożerna, zjada drobne bezkręgowce, owady, także roślinność i detrytus.

AKWARIUM

- **temperatura: 20–26°C** • **pH: 6–7**
- **twardość wody: 5–20°n**

Żałobniczki żyją w ławicach, które przemieszczają się tuż pod powierzchnią wody i w jej środkowych partiach. W akwarium należy hodować te ryby w grupach, liczących co najmniej 8 osobników. Minimalna długość zbiornika to 60 cm. Akceptują każdy rodzaj pokarmu, są żarłoczne, ale najlepiej, aby pożywienie było urozmaicone i zawierało większość pokarmów pochodzenia naturalnego (mrożone larwy owadów i zooplankton). Gatunek jest bardzo odporny, dlatego też można go polecić początkującym akwarystom. Żałobniczki wraz z wiekiem tracą kontrastowe czarne ubarwienie. Nadają się do akwariów towarzyskich, a wystrój nie ma dla nich większego znaczenia.

ROZMNAŻANIE

Samice są nieco większe (długość 6 cm) i grubsze niż samce (długość 5,5 cm). Rozmnażają się bardzo łatwo, jednak aby otrzymać większą ilość narybku, należy przenieść osobniki dorosłe na tarło do oddzielnego zbiornika. Na jego dnie należy umieścić ruszt ikrowy lub kępę gęstej roślinności, w której złożona ikra znajdzie schronienie przed apetytem rodziców.

Miedzik obrzeżony

Hasemania nana
Stanowisko systematyczne: kąsaczowate (*Characidae*)

ZASIĘG WYSTĘPOWANIA dorzecze rzeki San Francisco w Brazylii (Ameryka Południowa).
ZAJMOWANE SIEDLISKO strumienie i rzeczki, spotykany zarówno w białych, jak i czarnych wodach.
POKARM wszystkożerny, zjada drobne bezkręgowce, zooplankton, owady, glony nitkowate, a nawet owoce, które wpadną do wody.

AKWARIUM

- **temperatura: 23–28°C**
- **pH: 6–8**
- **twardość wody: 5–20°n**

Miedziki bywają agresywne, jeśli hoduje się je pojedynczo lub parami. Wynika to z faktu, że w warunkach naturalnych przebywają zawsze w ławicach, zatem i w akwarium powinny mieć liczne towarzystwo osobników swojego gatunku. Minimalna liczebność takiej grupy to 8–10 sztuk, a im więcej, tym lepiej. Akwarium dla miedzików powinno mieć przynajmniej 60 cm długości. Dobrze prezentują się w akwariach roślinnych, ale w wystroju typowym dla tzw. czarnych wód: z dnem piaszczystym oraz korzeniami i gałęziami wyglądają równie wspaniale. Akceptują każdy rodzaj pokarmu, ale należy starać się ubogacać ich dietę, zwłaszcza o pożywienie pochodzenia naturalnego.

ROZMNAŻANIE

Samce niewiele różnią się od samic, obie płcie dorastają do 5 cm długości. Samiczki są nieco grubsze i zaokrąglone w partiach brzusznych. Rozmnażanie miedzika należy przeprowadzać w oddzielnym akwarium tarliskowym, w którym ikra jest zabezpieczona przed zjedzeniem przez osobniki dorosłe.

Hokejówka amazońska

Thayeria boehlkei
Stanowisko systematyczne: kąsaczowate (*Characidae*)

ZASIĘG WYSTĘPOWANIA dorzecza rzek Amazonka oraz Araguaia w Brazylii i Peru (Ameryka Południowa).

ZAJMOWANE SIEDLISKO wody płynące (strumienie, rzeczki) oraz stojące (rozlewiska, jeziorka i stawy, starorzecza).

POKARM drobne bezkręgowce wodne, zooplankton, owady.

AKWARIUM

- **temperatura: 22–28°C**
- **pH: 5,5–8**
- **twardość wody: 1–20°n**

To ryba typowo ławicowa, w nielicznej grupie staje się płochliwa, a jej kolory bledną. Stres związany z samotnością może doprowadzić także do agresji objawiającej się obgryzaniem płetw innym rybom, co nie jest normalnym zachowaniem hokejówek. Należy zatem hodować przynajmniej 8–10 osobników, a akwarium dla takiej grupy powinno mieć długość minimum 80 cm. Hokejówki akceptują każdy rodzaj pokarmu, ale wskazane jest odżywianie urozmaicone o pokarmy naturalne (mrożone larwy owadów i zooplankton). Z uwagi na wysoką tolerancję wobec warunków środowiskowych (pH, twardość wody, temperatura) nadaje się dla początkujących akwarystów. Hokejówki są rybami spokojnymi, mogą zatem stanowić dobry dodatek do akwariów towarzyskich.

ROZMNAŻANIE

Dojrzałe samice (długość 6,5 cm) są większe od samców (długość 6 cm) i zdecydowanie bardziej krępe. Hokejówki rozmnaża się dość łatwo, jednak tak jak w przypadku większości kąsaczowatych tarło należy przeprowadzać w oddzielnym zbiorniku. Ikra musi być chroniona przez ruszt ikrowy lub kępę roślinności leżącej na dnie, z której osobniki dorosłe nie będą w stanie wybrać złożonych uprzednio jaj.

Tęczanka czerwona

Glossolepis incissus
Stanowisko systematyczne: tęczankowate (*Melanotaeniidae*)

ZASIĘG WYSTĘPOWANIA jezioro Santani na Nowej Gwinei (Oceania).

ZAJMOWANE SIEDLISKO jezioro Santani i otaczające je cieki. Wskutek zanieczyszczenia jeziora, a także introdukcji karpia, tilapii i hiacynta wodnego, środowisko życia tęczanki czerwonej wciąż ulega zmianom na gorsze i liczebność tych ryb spada.

POKARM wszystkożerna, zjada owady, bezkręgowce, mniejsze ryby, rośliny, detrytus.

AKWARIUM

- **temperatura: 29–32°C**
- **pH: 6,2–6,8**
- **twardość wody: 9–19°n**

Tęczanki czerwone są jednymi z najpopularniejszych ryb tego rodzaju w akwariach. Są bardzo aktywne i niezwykle dekoracyjne. Nie niszczą roślin, nie kopią w podłożu, są łagodnie usposobione, jednak mogą zjadać małe ryby i krewetki. Szczególnie pięknie wyglądają w zbiornikach roślinnych. Akceptują każdy rodzaj pokarmu, ale ich najintensywniejsze ubarwienie można otrzymać tylko w efekcie karmienia pokarmami naturalnymi (larwy owadów wodnych, solowiec). W diecie tęczanek ważny jest także dodatek pokarmu roślinnego. Tęczanki czerwone należy trzymać w grupie przynajmniej 6–8 osobników, w zbiorniku o długości minimalnej 120 cm.

ROZMNAŻANIE

Samce (na zdjęciu) tęczanki czerwonej są intensywnie ubarwione i osiągają długość 12 cm), natomiast samice są zielonobrunatne i mniejsze (długość 10 cm). Rozmnażają się bardzo łatwo, codziennie w godzinach przedpołudniowych ryby trą się wśród roślinności. Niewielka ikra jest przyklejana do roślin. Najłatwiejszym sposobem rozmnażania tęczanek jest umieszczenie w jednogatunkowym akwarium ogólnym sztucznego mopa, na którym złożą ikrę. Następnie mop należy wyjąć i przenieść do oddzielnego zbiornika, gdzie następuje wylęg młodych. Uwaga! Tęczanki bardzo łatwo się krzyżują międzygatunkowo i międzyrodzajowo. Nie należy dopuszczać do takich przypadków.

Tęczanka niebieska

Melanotaenia lacustris
Stanowisko systematyczne: tęczankowate (*Melanotaeniidae*)

ZASIĘG WYSTĘPOWANIA jezioro Kutubu oraz wypływająca z niego rzeka Soro w Papui-Nowej Gwinei (Oceania).

ZAJMOWANE SIEDLISKO spokojne i kryształowo czyste wody jeziora, zwykle w pobliżu podwodnej roślinności. Środowisko jeziora jest zagrożone zniszczeniem przez nadmierne odłowy, zanieczyszczenie wskutek znajdujących się w pobliżu zakładów produkujących olej palmowy, a także introdukowanych nowych gatunków ryb (karpia, tilapii i wężogłowów).

POKARM wszystkożerna, zjada drobne bezkręgowce wodne, zooplankton, owady, detrytus.

AKWARIUM

- **temperatura: 22–25°C** • **pH: 8,5–9**
- **twardość wody: 9–20°n**

Tęczanki niebieskie są bardzo energiczne, a także efektowne ze względu na ich ubarwienie i kształt. Wystrój akwarium nie ma dla nich większego znaczenia, jednak najpiękniej prezentują się na tle roślinności i ciemnego dna. Są nieagresywne i towarzyskie, jak wszystkie tęczanki nadają się do zbiorników towarzyskich. Powinny mieszkać w zbiorniku długim na przynajmniej 120 cm, w grupie ryb tego samego gatunku liczącej co najmniej 6–8 osobników.

ROZMNAŻANIE

Samce są większe (12 cm) i bardziej kolorowe od samic (10 cm). Rozmnażanie jest bardzo łatwe: dorosłe osobniki trą się codziennie w godzinach porannych, wśród roślinności. W jednogatunkowym zbiorniku ogólnym z dużą liczbą kryjówek można dochować się potomstwa, ale najlepiej inkubację jaj przeprowadzić w oddzielnym zbiorniku. W tym celu rybom podstawia się sztuczny mop, na którym składają ikrę i następnie przenosi się go do akwarium inkubacyjnego. Należy dbać o czystość posiadanego gatunku, pamiętając o tym, że tęczanki łatwo produkują płodne mieszańce międzygatunkowe i międzyrodzajowe.

Tęczanka Parkinsona

Melanotaenia parkinsoni
Stanowisko systematyczne: tęczankowate (*Melanotaeniidae*)

ZASIĘG WYSTĘPOWANIA rzeka Kemp Welsh i okresowo izolowane w porze suchej otaczające ją cieki oraz jeziorka aż do zatoki Milne (Papua-Nowa Gwinea, Oceania).

ZAJMOWANE SIEDLISKO niewielkie zbiorniki wodne oraz strumienie znajdujące się na terenach trawiastych i leśnych.

POKARM wszystkożerna, żywi się drobnymi bezkręgowcami wodnymi, owadami, detrytusem.

AKWARIUM

- **temperatura: 27–30°C**
- **pH: 7,6–7,8**
- **twardość wody: 8–19°n**

Tęczanka Parkinsona jest bardzo towarzyska, zatem należy hodować przynajmniej 6 osobników tego gatunku. Polecana długość zbiornika dla takiej liczebności ryb to co najmniej 120 cm. Tęczanki Parkinsona nie uszkadzają roślin, za to efektownie wyglądają w ich otoczeniu, dlatego można je polecić do zbiorników typowo roślinnych. Są nieagresywne, ale bardzo energiczne i żarłoczne, nadają się do zbiorników towarzyskich, jednak ich współmieszkańców należy dobrać tak, aby ekspansywne i duże tęczanki ich nie zdominowały. Akceptują każdy rodzaj pokarmu, przy czym najbardziej polecany jest pokarm naturalny (larwy owadów wodnych, solowiec) z dużym dodatkiem pożywienia roślinnego.

ROZMNAŻANIE

Samce są większe (15 cm) i kolorowe, niektóre z nich mają piękne, wydłużone płetwy nieparzyste. W odróżnieniu od nich, ubarwienie samic jest znacznie bardziej stonowane, a rozmiary mniejsze (12 cm). Ryby rozmnażają się bardzo łatwo: codziennie, w godzinach porannych ikra jest składana w gąszczu roślin, do których się przykleja. Aby uzyskać duże ilości wylęgu, należy podłożyć dorosłym rybom sztuczny mop, który wraz ze złożonymi jajami należy przenieść do oddzielnego akwarium.

Tęczanka trójpręga

Melanotaenia trifasciata
Stanowisko systematyczne: tęczankowate (*Melanotaeniidae*)

ZASIĘG WYSTĘPOWANIA od rzeki Mary do półwyspu York oraz od Gap Creek do rzeki Bloomfield w Australii.

ZAJMOWANE SIEDLISKO w związku z bardzo szerokim zasięgiem występowania, także zajmowane siedliska są niezwykle różnorodne i obejmują wody stojące (stawy, jeziora, mokradła) oraz płynące.

POKARM wszystkożerna, zjada owady, bezkręgowce wodne, zooplankton, detrytus, glony.

AKWARIUM

- temperatura: 24–30°C • pH: 6,5–8
- twardość wody: 9–19°n

Istnieje wiele odmian lokalnych tęczanek trójpręgich, różniących się ubarwieniem oraz kształtem, w zależności od miejsca oryginalnego pochodzenia (np. *Melanotaenia trifasciata* Goyder River lub *Melanotaenia trifasciata* Burster Creek i wiele innych). Nie należy krzyżować poszczególnych odmian. Gatunek ten jest towarzyski, w akwarium powinien mieszkać przynajmniej w liczbie 6 osobników. Zbiornik dla tęczanek trójpręgich nie powinien być krótszy niż 120 cm, ponieważ są one duże i bardzo ruchliwe. Nie są agresywne, jednak ich żarłoczność i niespożyta energia może płoszyć spokojniejsze ryby, dlatego towarzystwo dla tego gatunku należy starannie dobrać. Akceptują każdy rodzaj pokarmu, lecz wskazana jest różnorodność w diecie oraz uwzględnienie w niej pokarmu roślinnego.

ROZMNAŻANIE

Samce są większe (długość 15 cm) i bardziej kolorowe od samic (długość 12 cm), ponadto silniej wygrzbiecone niż te drugie. Rozmnażanie jest bardzo łatwe. O ile osobniki dorosłe są w dobrej kondycji, podchodzą do tarła codziennie, zwykle w godzinach porannych, w gąszczu roślin, do których jest przyklejana ikra. Aby uzyskać dużą liczbę potomstwa, należy podstawić tarlakom sztuczny mop, na którym złożą jaja, a następnie zabrać go do inkubacji w oddzielnym akwarium.

Tęczanka wspaniała

Melanotaenia boesemani
Stanowisko systematyczne: tęczankowate (*Melanotaeniidae*)

ZASIĘG WYSTĘPOWANIA jezioro Ayamaru i otaczające je cieki wodne w Papui-Nowej Gwinei (Oceania).

ZAJMOWANE SIEDLISKO brzegi krystalicznie czystego jeziora, zwykle w pobliżu roślinności podwodnej. Środowisko jeziora zmienia się na niekorzyść z powodu zatrucia przez człowieka, a także wprowadzenia kilku obcych gatunków (karpia, dużych błędnikowców, wężogłowów oraz gambuzji).

POKARM wszystkożerna, żywi się bezkręgowcami wodnymi, owadami, zooplanktonem, glonami, detrytusem.

AKWARIUM

- **temperatura: 26–27°C** • **pH: 6,4–7,8**
- **twardość wody: 5–12°n**

Gatunek towarzyski, wymaga życia w grupie przynajmniej 6 osobników i, z racji dużych rozmiarów oraz wzmożonej ruchliwości, zbiornika o długości przynajmniej 120 cm. Ryby te są nieagresywne, ale swoją żarłocznością oraz energicznym trybem życia mogą przytłoczyć delikatniejszych współmieszkańców, zatem obsadę do akwarium towarzyskiego należy dobierać, uwzględniając te cechy tęczanek wspaniałych. Do ich karmienia nadaje się każdy rodzaj pokarmu, ale uzyskanie najbardziej intensywnego ubarwienia wymaga stosowania pokarmów naturalnych (mrożone larwy owadów, solowiec, zooplankton) oraz odpowiedniej porcji pożywienia roślinnego.

ROZMNAŻANIE

Samce (na górnym zdjęciu) są większe (15 cm) i znacznie bardziej kolorowe niż samice (12 cm). Płetwy nieparzyste niektórych samców ulegają wydłużeniu, a ich ciało jest często wyższe niż ciała samic. Podobnie jak w przypadku innych tęczanek tarło odbywa się codziennie. Tęczanki wspaniałe to gatunek bardzo płodny i uzyskanie dużej liczebności potomstwa jest łatwe, jeśli dorosłym rybom podłoży się do akwarium jednogatunkowego sztuczny mop. Po złożeniu na nim ikry należy go przenieść do zbiornika, w którym wyklują się młode.

Tęczanka neonowa

Melanotaenia praecox
Stanowisko systematyczne: tęczankowate (*Melanotaeniidae*)

ZASIĘG WYSTĘPOWANIA dorzecze rzek Mamberamo, Wapoga oraz Tirawiwa na Nowej Gwinei (Oceania).

ZAJMOWANE SIEDLISKO niewielkie bagna i mokradła na terenach zalanych w porze deszczowej oraz wolno płynące strumienie z mulistym dnem i dużą ilością nagromadzonej materii organicznej, opadniętych liści itd.

POKARM wszystkożerna, zjada larwy owadów, bezkręgowce, detrytus, glony.

AKWARIUM

- **temperatura: 27–29°C** • **pH: 6,6–8**
- **twardość wody: 5–15°n**

Tęczanki neonowe pochodzące z różnych lokalnych populacji mogą różnić się od siebie rozmiarami, kształtem ciała oraz kolorem płetw. Są to ryby zdecydowanie towarzyskie, w akwarium muszą żyć w grupie przynajmniej 6 osobników swojego gatunku. Zbiornik dla tęczanek neonowych nie powinien być krótszy niż 80 cm. Doskonale nadają się do zbiorników roślinnych, są nieagresywne, nie niszczą roślin, są również wyjątkowo odporne. Akceptują każdy rodzaj pokarmu, ale najkorzystniejsze jest karmienie możliwie różnorodne, z dużą zawartością pokarmu roślinnego.

ROZMNAŻANIE

Samce (na górnym zdjęciu) są większe i mają bardziej kolorowe płetwy niż samice (samce zwykle czerwone, samice żółtawe lub bezbarwne – w zależności od odmiany). Samce są też bardziej wygrzbiecone, a samiczki grubsze w partiach brzusznych, za to niższe. Płcie różnią się także rozmiarem: samce dorastają do 8 cm długości, samice tylko do 6 cm. Rozmnażanie jest bardzo łatwe. Będące w dobrej kondycji ryby trą się codziennie w godzinach porannych w gąszczu roślin, do których przyklejają pojedyncze ziarna ikry. Nie należy nigdy dopuszczać do krzyżowania się różnych odmian, gatunków lub rodzajów tęczanek.

Tęczanka filigranowa

Iriatherina werneri
Stanowisko systematyczne: tęczankowate (*Melanotaeniidae*)

ZASIĘG WYSTĘPOWANIA Australia i Papua-Nowa Gwinea.

ZAJMOWANE SIEDLISKO bardzo różnorodne siedliska: czyste i leniwie płynące strumienie, trawiaste mokradła, tereny zalane w okresie pory deszczowej, zawsze w pobliżu gęstej roślinności podwodnej.

POKARM plankton roślinny, głównie glony jednokomórkowe (okrzemki).

AKWARIUM

- **temperatura: 22–30°C** • **pH: 5,2–7,5**
- **twardość wody: 5–12°n**

Tęczanka filigranowa powinna być hodowana w grupie (minimum 6 osobników), w akwarium o długości przynajmniej 60 cm. To jedne z najpiękniejszych ryb akwariowych. Są zupełnie nieagresywne, bardzo delikatne, a popisy samców przed samicami mogą być wyjątkowo atrakcyjne. Tęczanki filigranowe nadają się do akwariów roślinnych, natomiast niespecjalnie dają sobie radę w zbiornikach towarzyskich, gdyż mogą zostać łatwo zdominowane i zestresowane przez inne, bardziej energiczne gatunki. Mimo że w naturze odżywiają się znacznie mniejszymi cząstkami, w akwarium chętnie pobierają larwy solowca, dafnie i inne wioślarki, oczlika, a nawet mniejsze larwy owadów wodnych. Nie podnoszą pokarmu z dna, a z uwagi na małe rozmiary otworu gębowego nie zjadają też większych cząstek.

ROZMNAŻANIE

Dymorfizm płciowy jest bardzo wyraźny u tego gatunku: samce (dolne zdjęcie) są większe (5 cm) i mają wyjątkowo wydłużone płetwy, a zwłaszcza ich promienie. Samiczki (długość 4 cm, górne zdjęcie) są mniej kolorowe i mają krótsze płetwy. Tęczanki filigranowe rozmnaża się podobnie jak inne tęczanki – przy użyciu mopów sztucznych, jednak odchów potomstwa jest problematyczny i obserwuje się dużą śmiertelność.

Modrook słoneczny

Pseudomugil furcatus
Stanowisko systematyczne: modrookowate (*Pseudomugilidae*)

ZASIĘG WYSTĘPOWANIA dorzecza rzek Kwagila i Musa w Papui-Nowej Gwinei (Oceania).
ZAJMOWANE SIEDLISKO wolno płynące, czyste cieki wodne obfitujące w roślinność podwodną.
POKARM drobne bezkręgowce, zooplankton, owady.

AKWARIUM

- **temperatura: 24–28,5°C**
- **pH: 7–8**
- **twardość wody: 5–12°n**

Modrooki słoneczne są towarzyskie, należy hodować przynajmniej 6–8 osobników. Ze względu na to, że są nieagresywne i bardzo dekoracyjne, są świetnym wyborem do akwarium roślinnego, które zresztą dokładnie odwzorowuje naturalne warunki ich życia. Idealnym pokarmem dla modrooków słonecznych jest zooplankton, larwy solowca i mrożone larwy owadów wodnych (wodzień, komar, ochotka). Są bardzo odporne na niekorzystne warunki środowiska (poza niską temperaturą), zatem można je polecić początkującym akwarystom.

ROZMNAŻANIE

Samce są większe (długość 6 cm) i znacznie bardziej kolorowe niż samice (długość 5 cm). Szczególnie atrakcyjnie prezentują się wydłużone płetwy samców. Rozmnażanie jest bardzo łatwe – będące w dobrej kondycji tarlaki codziennie odbywają gody. Aby otrzymać potomstwo, należy jednak przeprowadzić inkubację w oddzielnym zbiorniku, gdyż modrooki słoneczne zjadają wylęg. Ikra jest przyklejana do roślin, z którymi można je ze zbiornika ogólnego wyjąć i przenieść do akwarium inkubacyjnego.

Modrook Gertrudy

Pseudomugil gertrudae
Stanowisko systematyczne: modrookowate (*Pseudomugilidae*)

ZASIĘG WYSTĘPOWANIA Australia oraz Papua-Nowa Gwinea.

ZAJMOWANE SIEDLISKO ze względu na bardzo szeroki zasięg występowania, modrook Gertrudy zamieszkuje różnorodne siedliska: niewielkie potoki, mokradła, leśne strumyki, zwykle chętnie przebywa w pobliżu gęstej roślinności, a także dużej ilości martwej materii roślinnej zalegającej na dnie.

POKARM zooplankton, drobne bezkręgowce, owady.

AKWARIUM

- **temperatura: 12–34°C** • **pH: 3,8–9,4**
- **twardość wody: 5–12°n**

Modrook Gertrudy w warunkach naturalnych występuje w bardzo wielu odizolowanych od siebie miejscach, zatem istnieje wiele różnych pod względem koloru i kształtu populacji tego gatunku. Oznaczane są one w handlu nazwą miejsca pochodzenia, np. Aru II, Aru IV itd. Nie należy w jednym akwarium łączyć różnych odmian i doprowadzać do ich krzyżowania. Modrooki te należy trzymać w grupach (minimalna liczba osobników 6–8), w akwarium o długości przynajmniej 60 cm. Zakres tolerancji tego gatunku na parametry fizykochemiczne wody jest bardzo szeroki, rzadko spotykany w świecie ryb, dlatego przedstawiciele tego gatunku nadają się dla początkujących akwarystów. Stanowią wyśmienite dopełnienie zbiorników roślinnych. Ryby nie są agresywne, najchętniej spożywają zooplankton, larwy solowca, ale akceptują także pokarmy suche o odpowiedniej do ich małych otworów gębowych wielkości.

ROZMNAŻANIE

Samce (na zdjęciu) są nieco większe (długość 3 cm), z wydłużonymi płetwami, samiczki mniejsze (długość 2,5 cm). Rozmnażają się nieregularnie, składają bardzo niewielkie ilości ikry, zatem odchowanie większej grupy potomstwa jest możliwe pod warunkiem częstej podmiany mopów, do których osobniki dorosłe przyklejają jaja, oraz utrzymywania tarlaków w idealnej kondycji.

Prętnik karłowaty

Trichogaster lalius
Stanowisko systematyczne: błędnikowce (*Anabantoidei*)

ZASIĘG WYSTĘPOWANIA Bangladesz, Indie, Pakistan (Azja). Ponadto introdukowany w Stanach Zjednoczonych, Singapurze i Kolumbii.
ZAJMOWANE SIEDLISKO wody stojące, takie jak stawy, jeziorka, kanały, a nawet rowy nawadniające; lubi siedliska gęsto zarośnięte.
POKARM wszystkożerny, chętnie zjada bezkręgowce wodne, owady, ale także glony.

AKWARIUM

- **temperatura: 22–27°C** • **pH: 6–7,5**
- **twardość wody: 2–18°n**

Samce prętników karłowatych (górne zdjęcie) są dość agresywne wobec siebie, mogą też atakować inne ryby labiryntowe. Najbezpieczniej hodować je parami, w akwarium o długości przynajmniej 60 cm, w którym gęsta roślinność pozwoli na ukrycie się samicy przed zbytnim natręctwem w czasie zalotów samca lub przed jego agresją gdy tarło się już odbędzie. Ryby te występują w kilku niezwykle atrakcyjnych odmianach kolorystycznych (m.in. czysto czerwonej oraz platynowoniebieskiej). Akceptują każdy rodzaj pokarmu, jednak najkorzystniej wyglądają, kiedy odżywiają się pokarmem naturalnym (larwy owadów: wodzień, ochotka, komar) oraz zooplanktonem. Podczas zakupu tego gatunku należy zwrócić uwagę na kondycję, wygląd i zachowanie ryb, gdyż często chorują one wskutek zakażenia charakterystycznym dla tego gatunku Iridovirus DGIV. Choroba objawia się w różny sposób, najczęściej przebiega podobnie do dziurawicy (ubytki w ciele ryb), a ubarwienie zarażonego osobnika staje się bledsze i ryba stopniowo słabnie.

ROZMNAŻANIE

Samiec jest bardzo kolorowy i większy (długość 8 cm), samica mniejsza, a jej ubarwienie znacznie skromniejsze. W dobrze urządzonym zbiorniku ryby samodzielnie podchodzą do tarła i nie ma konieczności ingerencji akwarysty. Samiec buduje gniazdo z piany wytworzonej ze śliny oraz fragmentów roślin, i pod nim odbywa się tarło. Ikra jest pływająca i bardzo drobna. Po skończonym tarle samiec odgania samicę, a sam staje na straży ikry i w późniejszym czasie wylęgu, który może liczyć 500–700 osobników.

Prętnik miodowy

Trichogaster chuna
Stanowisko systematyczne: błędnikowce (*Anabantoidei*)

ZASIĘG WYSTĘPOWANIA Bangladesz, Indie oraz Nepal (Azja).

ZAJMOWANE SIEDLISKO stawy, niewielkie jeziora, rowy nawadniające oraz zalane pola, a także rzeczki; występuje w siedliskach obfitujących w roślinność.

POKARM drobne bezkręgowce wodne.

AKWARIUM

- **temperatura: 22–27°C**
- **pH: 6–7,5**
- **twardość wody: 5–19°n**

Prętnik miodowy nie jest gatunkiem ławicowym, jednak najlepiej czuje się w towarzystwie 6–8 osobników swojego gatunku. Jest łagodnie usposobiony i dość powolny, zatem nadaje się do akwarium towarzyskiego, ale pod warunkiem, że jego współmieszkańcy nie będą nazbyt aktywni i żarłoczni, pozbawiając tym samym prętnika dostępu do pokarmu. Wystrój akwarium powinien zapewniać wiele kryjówek wśród roślinności, w tym także należy uwzględnić rośliny pływające. Prętnik miodowy łatwo adaptuje się do różnych warunków środowiska, co wynika z wahań parametrów wody w miejscu naturalnego występowania gatunku. Z tego względu nadaje się dla początkujących akwarystów.

ROZMNAŻANIE

Samice (dolne zdjęcie) są większe (długość 7 cm) i mają stonowane ubarwienie, podczas gdy samce są bardzo kolorowe i wyraźnie mniejsze (długość 6 cm). Samce (po lewej) budują na powierzchni wody pieniste gniazdo, pod którym odbywa się tarło. Tarło jest charakterystyczne dla błędnikowców i polega na tym, że samiec owija się wokół samicy i odwraca ją brzuchem do góry. Następnie uciska brzuch samicy, która składa kilkanaście jaj ikry. Samiec zapładnia jaja i umieszcza złożoną ikrę w gnieździe, a po skończonym tarle przegania samicę. Osobnik męski pilnuje ikry i wylęgu przez kilka pierwszych dni po wykluciu.

Gurami dwuplamisty

Trichopodus trichopterus
Stanowisko systematyczne: błędnikowce (*Anabantoidei*)

ZASIĘG WYSTĘPOWANIA Mjanma, Malezja, Chiny, Wietnam, Laos, Kambodża, Tajlandia oraz Indonezja (Azja). Ponadto introdukowany lub zawleczony do Kolumbii, Dominikany, Namibii, na Seszele, do Tajwanu, Papui-Nowej Gwinei oraz na Filipiny.
ZAJMOWANE SIEDLISKO wody stojące lub bardzo wolno płynące, takie jak mokradła, bagna, okresowo zalewane tereny leśne, stawy, rowy nawadniające itp.
POKARM wszystkożerny, chętnie zjada bezkręgowce wodne i owady lądowe, które wpadną do wody, ale także detrytus i glony.

AKWARIUM

- **temperatura: 24–30°C**
- **pH: 5,5–8,5**
- **twardość wody: 3–35°n**

Większość gurami dwuplamistych to ryby spokojne, ale samce w okresie godów stają się terytorialne i agresywne. Cechują się niezwykłą odpornością na niesprzyjające warunki środowiska, dlatego nadają się dla początkujących akwarystów, pod warunkiem zapewnienia rybom akwarium o długości przynajmniej 120 cm. Można trzymać je w grupie złożonej z samca i kilku samic. Akceptują każdy rodzaj pokarmu, mogą konkurować o pokarm z innymi podobnej wielkości rybami. Najlepiej trzymać je w zbiorniku gęsto obsadzonym roślinami, które pozwalają ukryć się samicom przed nieco natrętnymi samcami.

ROZMNAŻANIE

Samce (górne zdjęcie) nie różnią się wielkością (długość 15 cm) ani kolorem od samic (na dole), natomiast ich płetwy grzbietowe i odbytowe są wydłużone i zaostrzone, w odróżnieniu od krótkich i owalnych płetw samic. Samce budują pieniste gniazdo na powierzchni wody, pod którym odbywa się tarło. Samica jest w stanie złożyć do 1500 bardzo niewielkich jajeczek, na straży których staje samiec.

Gurami mozaikowy

Trichopodus leerii
Stanowisko systematyczne: błędnikowce (*Anabantoidei*)

ZASIĘG WYSTĘPOWANIA Borneo, Sumatra, Malezja i Tajlandia (Azja). Ponadto introdukowany lub zawleczony do Kolumbii i Singapuru. W warunkach naturalnych ryba rzadka, zagrożona wyginięciem.
ZAJMOWANE SIEDLISKO wody stojące i wolno płynące, zwykle gęsto zarośnięte, takie jak bagna, mokradła, stawy, strumienie.
POKARM wszystkożerny.

AKWARIUM

- **temperatura: 24–30°C** • **pH: 5,5–8**
- **twardość wody: 2–30°n**

Gurami mozaikowy jest jednym z najmniej agresywnych błędnikowców, nadaje się do akwarium towarzyskiego. Toleruje szeroki zakres zmienności parametrów wody, dlatego można go polecić także początkującym akwarystom. Nie pływa szybko, ale z racji swojej wielkości wymaga zbiornika o długości przynajmniej 120 cm. Najlepiej czuje się w towarzystwie 6–8 osobników swojego gatunku. Akceptuje każdy rodzaj pokarmu, nie jest wybredny. Gurami mozaikowe dobrze czują się w akwarium z gęstą roślinnością, ale też i z miejscem do pływania. Korzystnie wpływa na nie dodatek liści na dnie, które imitują naturalne warunki występowania tego gatunku.

ROZMNAŻANIE

Samce i samice są podobnej wielkości (mają 12 cm długości), jednak płetwy nieparzyste samców są wydłużone w porównaniu z owalnymi płetwami samic. Ponadto osobniki męskie są znacznie bardziej kolorowe. Gotowe do tarła samce budują na powierzchni wody pieniste gniazdo, pod którym odbywa się składanie ikry. Ikra jest następnie pilnie strzeżona przez samca. Samica składa około 200–300 drobnych jaj.

Gurami księżycowy

Trichopodus microlepis
Stanowisko systematyczne: błędnikowce (*Anabantoidei*)

■ **ZASIĘG WYSTĘPOWANIA** Tajlandia, Wietnam, Kambodża (Azja); ponadto zawleczony do Kolumbii i Singapuru.
■ **ZAJMOWANE SIEDLISKO** wody stojące, takie jak bagna, stawy i inne drobne zbiorniki, obfitujące w roślinność.
■ **POKARM** wszystkożerny.

AKWARIUM

- **temperatura: 25–30°C** • **pH: 6–7,5**
- **twardość wody: 2–25°n**

Gurami księżycowe to gatunek spokojny i powolny, ale ze względu na duże rozmiary może stanowić zagrożenie dla mniejszych ryb, które potraktuje jako pokarm. Z kolei trzymanie go z dużymi i szybkimi rybami także nie jest korzystne, ponieważ gurami księżycowy nie jest w stanie z nimi konkurować o pożywienie i może być zestresowany. Można umieścić go w zbiorniku towarzyskim pod warunkiem rozsądnego dobrania gatunków towarzyszących. Zbiornik dla tej ryby powinien mieć długość przynajmniej 120 cm i być obsadzony roślinnością, ale z pozostawionym miejscem do pływania. Akceptuje każdy rodzaj pokarmu, ale najbardziej zalecane są pokarmy pochodzenia naturalnego (larwy owadów wodnych).

ROZMNAŻANIE

Samce i samice są zbliżonej wielkości (długość 15 cm). Płetwy brzuszne samców są zabarwione na czerwonawy kolor, z kolei te same płetwy u samic są jasne, w kolorze ciała. Podobnie jak u pozostałych gatunków gurami, tak w przypadku gurami księżycowego płetwa grzbietowa samca jest wydłużona i zaostrzona, natomiast samicy krótsza i owalna. Trudno rozmnożyć ten gatunek gurami. Samiec buduje gniazdo na powierzchni wody, a samica składa około 1500–2000 jaj.

Gurami całujący

Helostoma temminckii
Stanowisko systematyczne: błędnikowce (*Anabantoidei*)

ZASIĘG WYSTĘPOWANIA obszar od Tajlandii aż po Indonezję (Azja). Introdukowany lub zawleczony do Stanów Zjednoczonych (Floryda).
ZAJMOWANE SIEDLISKO wolno płynące i stojące wody, jak starorzecza, stawy, strumienie, bagna; preferuje ciemne i czyste wody.
POKARM glony zeskrobywane z twardych powierzchni wraz z żyjącymi w nich organizmami, drobne cząstki odfiltrowywane z wody.

AKWARIUM

- **temperatura: 22–30°C** • **pH: 5–8**
- **twardość wody: 5–19°n**

Ze względu na specjalizację pokarmową (grube, mięsiste wargi z drobnymi wyrostkami ułatwiające zeskrobywanie glonów) gurami całujący nie jest w stanie przyjmować wielkich cząstek pokarmowych, jak również nie ma możliwości rozdrobnienia ich. Należy dbać o wysoki procent pokarmu roślinnego w diecie, ale ryba powinna również dostawać drobne bezkręgowce. Z uwagi na osiągane rozmiary gurami całujące nadają się tylko do dużych zbiorników (powyżej 150 cm długości). Nie są to ryby agresywne pod warunkiem zapewnienia im odpowiednio dużej przestrzeni, w ścisku mogą się ranić albo nawet zabijać. Budowa otworu gębowego tych ryb sprawia, że nie są w stanie zjadać nawet dużo mniejszych od siebie ryb, co pozwala na trzymanie ich razem. W handlu najczęściej występuje różowa odmiana hodowlana, różniąca się od formy dzikiej brakiem pigmentu na ciele i charakteryzująca się platynoworóżową barwą.

ROZMNAŻANIE

W warunkach akwariowych rozmnażanie odbywa się bardzo rzadko. Gurami całujący nie opiekuje się ikrą, która jest w dużej liczebności (2000–3000) rozrzucana wśród roślinności. Obie płcie dorastają nawet do 30 cm długości.

Gurami olbrzymi

Osphronemus goramy
Stanowisko systematyczne: błędnikowce (*Anabantoidei*)

ZASIĘG WYSTĘPOWANIA Półwysep Malajski, Indochiny, Tajlandia, Borneo, Jawa i Sumatra (Azja).

ZAJMOWANE SIEDLISKO słodkie i słonawe wody stojące lub bardzo wolno płynące, jak leniwe rzeczki, zastoiska, bagna i rozlewiska.

POKARM wszystkożerny, lecz żywi się głównie mniejszymi rybami, płazami wodnymi lub ptakami, które wpadły do wody. Zjada także padnięte ryby, płazy i ssaki, które znajdzie w wodzie. Ponadto zjada także rośliny.

AKWARIUM

- **temperatura: 20–30°C** • **pH: 6,5–8**
- **twardość wody: 2–25°n**

Ze względu na bardzo duże rozmiary, do których dorasta (70 cm długości) wymaga bardzo obszernych akwariów. Dla jednego osobnika należy przeznaczyć akwarium o długości minimum 180–200 cm, a im większe, tym lepiej. Jest spokojny, porusza się powoli i majestatycznie, dożywa kilkunastu lub nawet 20 lat. Gurami olbrzymi jest bardzo odporny na niekorzystne warunki środowiska. Nie jest wybredny pokarmowo: chętnie zjada zarówno mniejsze ryby, jak i odpowiednio dobraną wielkością paszę suchą. Dobrze się czuje w akwariach, w których ma zapewnione kryjówki między wielkimi korzeniami, a światło nie jest zbyt intensywne. Jeśli to możliwe, warto na powierzchni umieścić rośliny pływające, które zapewnią mu cień (jednak gurami może je zjadać).

ROZMNAŻANIE

Samca gurami olbrzymiego można odróżnić od samicy po wydłużonych i zaostrzonych płetwach grzbietowej i odbytowej. Tarło jest możliwe w warunkach sztucznych, jednak należy zapewnić odpowiednio duży zbiornik. Samiec buduje gniazdo z roślinności pływającej, pod którym odbywa się składanie ikry. Po jego zakończeniu należy odizolować samicę, gdyż może zostać poturbowana przez samca, który w całości przejmuje opiekę rodzicielską nad potomstwem.

Bojownik syjamski

Betta splendens
Stanowisko systematyczne: błędnikowce (*Anabantoidei*)

ZASIĘG WYSTĘPOWANIA dorzecza rzek Mekong i Chao Phraya (Azja). Ponadto nowe populacje w krajach: Malezja, Singapur, Indonezja, Brazylia, Kolumbia i Dominikana, powstały prawdopodobnie przez ucieczki tego gatunku z farm ryb ozdobnych.

ZAJMOWANE SIEDLISKO wody stojące i wolno płynące, takie jak stawy, bagna, strumienie, rzeki, zwykle w pobliżu roślinności zanurzonej i/lub pływającej; także rowy nawadniające oraz pola ryżowe.

POKARM wszystkożerny, chętnie zjada drobne bezkręgowce wodne, owady lądowe, które wpadną do wody, zooplankton.

AKWARIUM

- **temperatura: 22–30°C** • **pH: 6–8**
- **twardość wody: 5–19°n**

Bojowniki syjamskie są terytorialne, mogą między sobą walczyć aż do wyeliminowania przeciwnika, więc należy je trzymać w odpowiednio dużym i gęsto obsadzonym zbiorniku, zapewniającym mnóstwo kryjówek. Do akwarium o długości 120 cm można wpuścić 2 samce i 4 samice. Jeśli dysponujemy zbiornikiem mniejszym, bezpieczniej trzymać tylko jednego samca i 2–3 samice. Samce bojowników nagminnie są zmuszane do życia w ekstremalnie małych pseudoakwariach: w szklanych kulach o pojemności jednego litra lub nawet mniejszych. Jest to znęcanie się nad zwierzęciem i kategorycznie należy odradzać takie rozwiązania. Ryby akceptują każdy rodzaj pokarmu, ale wskazany jest pokarm naturalny (zooplankton, larwy wodzienia, ochotki lub komara). Istnieje wiele odmian hodowlanych bojowników o zróżnicowanych kształtach i kolorach (veiltail, half moon, crown tail, plakat i in.)

ROZMNAŻANIE

Samce (po lewej) z reguły mają dłuższe płetwy, ale w związku z istnieniem licznych, zróżnicowanych pod względem długości i kształtu odmian hodowlanych, cecha ta nie musi stanowić o płci. Samice zwykle mają grubsze partie brzuszne, a w okolicach otworu odbytowo-płciowego jest widoczne białe pokładełko. Samiec buduje pieniste gniazdo, pod którym odbywa się tarło. Po złożeniu ikry samica jest bardzo agresywnie odganiana i należy ją szybko odłowić. Przeprowadzanie tarła w zbyt małym zbiorniku może się skończyć śmiercią samicy. Dorasta do 6 cm długości.

Bojownik bezbronny

Betta imbellis
Stanowisko systematyczne: błędnikowce (*Anabantoidei*)

ZASIĘG WYSTĘPOWANIA Indonezja, Malezja, Singapur, Tajlandia (Azja).
ZAJMOWANE SIEDLISKO wody stojące, czyste i zwykle ciemne, stawy, zastoiska, także zalane pola ryżowe.
POKARM drobne bezkręgowce wodne i okazjonalnie lądowe, zooplankton.

AKWARIUM

- **temperatura: 20–28°C** • **pH: 5–7,5**
- **twardość wody: 5–19°n**

Bojowniki bezbronne są spokojniejsze niż bojowniki syjamskie, jednak nie należy zapomnieć, że to w dalszym ciągu bojowniki. Można je trzymać w grupach 6–8 osobników z przewagą samic (akwarium o długości minimum 100–120 cm) lub parami (zbiornik o długości 60 cm). W obu przypadkach należy zapewnić rybom dużo kryjówek wśród roślinności, ale także i na dnie, między korzeniami. Dodatek liści leżących na dnie wpływa na wszystkie bojowniki pozytywnie i jest zalecany. Akceptują każdy rodzaj pokarmu, ale najlepiej karmić je naturalnie – zooplanktonem oraz larwami owadów wodnych. Bojowniki bezbronne najlepiej trzymać w akwariach jednogatunkowych lub z innymi spokojnymi rybami podobnej wielkości. Zbiornik musi mieć szczelne przykrycie.

ROZMNAŻANIE

Bojownik bezbronny dorasta do 6 cm długości. Osobniki męskie są bardziej kolorowe i mają dłuższe płetwy niż ich partnerki. Samiec buduje pod powierzchnią wody pieniste gniazdo, pod którym odbywa się tarło w charakterystyczny dla błędnikowców sposób: samiec owija się wokół samicy i odwraca ją brzuchem do góry, a następnie uciska brzuch samicy, która składa po kilkanaście ziaren ikry. Ikra jest cięższa od wody. W czasie tarła oboje rodzice łapią ją i zanoszą do gniazda, dalszą opieką zajmuje się już tylko samiec.

Bojownik plamooki

Betta macrostoma
Stanowisko systematyczne: błędnikowce (*Anabantoidei*)

ZASIĘG WYSTĘPOWANIA Borneo (Azja). Gatunek zagrożony wyginięciem.
ZAJMOWANE SIEDLISKO woda płynąca o ciemnym zabarwieniu, szczególnie baseny u szczytów wodospadów w lesie deszczowym.
POKARM bezkręgowce wodne (głównie krewetki) oraz owady lądowe, które wpadną do wody.

AKWARIUM

- **temperatura: 20–25°C**
- **pH: 4–6**
- **twardość wody: 1–10°n**

Bojowniki plamookie należy trzymać parami w akwarium o długości minimalnej 60 cm, zapewniając im kryjówki. Akceptują każdy rodzaj pokarmu, lecz najbardziej wskazane jest karmienie larwami owadów oraz krewetkami. Nie nadają się do zbiorników towarzyskich i najlepiej czują się w akwarium jednogatunkowym. Ze względu na to, że w warunkach naturalnych żyją w wodach płynących, w akwarium należy zapewnić dobry przepływ wody oraz możliwie wydajną filtrację, gdyż bojowniki plamookie są wrażliwe na wysokie stężenie związków azotowych. Konieczne jest szczelne przykrycie akwarium, gdyż bojowniki te chętnie skaczą.

ROZMNAŻANIE

Samce są bardzo kolorowe, samice mają stonowane ubarwienie. Osobniki męskie są większe (długość 10 cm), mają szersze głowy oraz dłuższe płetwy niż samice (długość 9 cm). Bojownik plamooki nie buduje gniazda, ponieważ inkubacja ikry i wylęg odbywają się w jamie gębowej samca. Tarło jednak odbywa się w sposób charakterystyczny dla błędnikowców, kiedy to samiec owija się wokół samicy. Rozmnożenie tego gatunku jest bardzo trudne z uwagi na agresję dorosłych ryb wobec siebie oraz bardzo częste połykanie ikry przez samca, który w ten sposób reaguje na najmniejszy nawet stres.

Bojownik szmaragdowy

Betta smaragdina
Stanowisko systematyczne: błędnikowce (*Anabantoidei*)

■ **ZASIĘG WYSTĘPOWANIA** dorzecza rzek Mekong i Chao Phraya (Azja).
■ **ZAJMOWANE SIEDLISKO** wody wolno płynące oraz stojące, takie jak rowy nawadniające, pola ryżowe, zastoiska i mokradła oraz stawy z warstwą roślin pływających.
■ **POKARM** drobne bezkręgowce wodne wraz z zooplanktonem, owady lądowe.

AKWARIUM

- **temperatura: 22–28°C**
- **pH: 5,5–7,5**
- **twardość wody: 5–19°n**

W akwarium o długości 100–120 cm można trzymać grupę tych ryb, jednak w mniejszych akwariach lepiej ograniczyć się do jednego samca i 2–3 samic. W każdym wypadku należy rybom zapewnić kryjówki oraz warstwę roślin pływających, a także liście leżące na dnie. Bojownik szmaragdowy nie nadaje się do akwariów towarzyskich i lepiej trzymać go w zbiorniku jednogatunkowym. Akceptuje każdy rodzaj pokarmu, ale najbardziej wskazany jest pokarm naturalny (larwy ochotki, wodzienia, komara oraz zooplankton).

ROZMNAŻANIE

Samce są bardziej kolorowe i mają bardziej wydłużone płetwy. Osobnik męski buduje gniazdo na powierzchni wody, używając do tego spienionej śliny i niekiedy także roślin pływających, jeśli są dostępne. Pod gniazdem odbywa się składanie ikry, która jest cięższa od wody i opada na dno. Samiec zbiera każde ziarno i umieszcza je w gnieździe, a następie opiekuje się ikrą i wylęgiem. Samicę w tym czasie lepiej odłowić, gdyż samiec ją atakuje i usiłuje odgonić, co w zbyt małym zbiorniku może się skończyć jej śmiercią. Bojownik szmaragdowy dorasta do 6 cm długości.

Wielkopłetw wspaniały

Macropodus opercularis
Stanowisko systematyczne: błędnikowce (*Anabantoidei*)

ZASIĘG WYSTĘPOWANIA Chiny, Laos, Wietnam i Tajwan. Ponadto wskutek handlu akwarystycznego został zawleczony także do Japonii, Korei Południowej, Malezji, Singapuru, Indii oraz do Stanów Zjednoczonych.
ZAJMOWANE SIEDLISKO wody stojące i wolno płynące, takie jak stawy, rowy nawadniające, zalane pola ryżowe, mokradła.
POKARM drobne bezkręgowce, owady, które wpadną do wody, zooplankton, małe ryby.

AKWARIUM

- **temperatura: 16–26°C** • **pH: 6–8**
- **twardość wody: 5–19°n**

Samce wielkopłetwów są waleczne podobnie jak bojowniki, dlatego 2 samce umieszczone w zbyt małym akwarium będą ze sobą walczyć, niejednokrotnie na śmierć. Samce są również napastliwe wobec samic, nieustannie i niedelikatnie zachęcają je do tarła, zatem hodując ten gatunek ryb, należy zapewnić rybom dużo kryjówek, nie tylko wśród roślin, ale także innych elementów wystroju. Akceptują każdy rodzaj pokarmu, ale wskazany jest naturalny niż suchy. Nie nadają się do akwarium towarzyskiego. Jest to wyjątkowo odporna ryba, którą można polecić początkującym akwarystom, pod warunkiem starannego wystroju akwarium i rozmiarów tegoż nie mniejszych niż 80 cm długości. Konieczne jest szczelne przykrycie zbiornika, bo wielkopłetwy dobrze i często skaczą.

ROZMNAŻANIE

Samce są większe (7 cm), bardziej kolorowe, a ich płetwy nieparzyste mają dłuższe promienie. Tarło przebiega podobnie jak u bojownika wspaniałego: samiec buduje pieniste gniazdo, pod którym odbywają się gody. Drobna ikra jest lżejsza od wody i rozpływa się, więc samiec umieszcza ją w gnieździe, a następnie odgania samicę i podejmuje opiekę nad potomstwem.

Buszowiec ostropyski

Ctenopoma acutirostre
Stanowisko systematyczne: błędnikowce (*Anabantoidei*)

ZASIĘG WYSTĘPOWANIA dorzecze rzeki Kongo (Afryka).

ZAJMOWANE SIEDLISKO zamieszkuje różnorodne siedliska – zarówno wody stojące, jak i płynące.

POKARM drapieżnik, zjada bezkręgowce wodne, owady lądowe, które wpadną do wody, ale przede wszystkim mniejsze ryby.

AKWARIUM

- temperatura: 23–28°C
- pH: 6–7,5
- twardość wody: 5–15°n

Ryba dość skryta, w ciągu dnia raczej siedzi w kryjówce, natomiast wypływa z niej i żeruje dopiero wieczorem i w nocy, po wyłączeniu światła w akwarium. Buszowce ostropyskie nie są agresywne wobec przedstawicieli swojego gatunku, można trzymać grupę tych ryb (4–6) w akwarium o długości 120–150 cm. Nie są również agresywne wobec innych ryb, dlatego można je umieścić w akwarium towarzyskim wraz z innymi większymi rybami, ponieważ wszystkie mniejsze ryby posłużą buszowcom za pokarm. Gatunek ten potrzebuje kryjówek, dlatego w zbiorniku należy zaplanować zarówno miejsca na rośliny, jak i korzenie. Z trudem akceptują suchy pokarm, znacznie chętniej jedzą mrożony, a najlepiej żywe ryby.

ROZMNAŻANIE

Buszowce ostropyskie dorastają do 20 cm długości, rozpoznanie płci jest trudne. Pojawiają się pojedyncze doniesienia o rozmnożeniu tego gatunku w warunkach akwariowych, ale to bardzo trudne. Podobno tarło odbywa się w sposób charakterystyczny dla błędnikowców, po czym zostaje złożona pływająca ikra, którą rodzice się jednak już nie opiekują, dlatego po tarle należy odłowić tarlaki.

Buszowiec Ansorga

Microctenopoma ansorgii
Stanowisko systematyczne: błędnikowce (*Anabantoidei*)

ZASIĘG WYSTĘPOWANIA dorzecze rzeki Kongo (Afryka); ponadto zawleczony na Madagaskar.
ZAJMOWANE SIEDLISKO raczej wody stojące, gęsto zarośnięte.
POKARM ryba jest drapieżnikiem, zjada głównie mniejsze ryby, ale także bezkręgowce wodne oraz owady lądowe, które wpadły do wody.

AKWARIUM

- temperatura: 20–27°C
- pH: 5,5–7,5
- twardość wody: 5–20°n

Buszowiec Ansorga pod względem zachowania przypomina buszowca ostropyskiego, ale jest od niego sporo mniejszy. Grupie 6–8 osobników wystarczy akwarium o długości 80–100 cm, pod warunkiem zapewnienia im licznych kryjówek. Buszowce Ansorga nie sprawdzają się w akwarium towarzyskim, ponieważ jako powolne i dość łatwo stresujące się ryby mają problemy z pobieraniem pokarmu. Najlepiej trzymać je w zbiorniku jednogatunkowym, w którym na piaszczystym dnie znajdzie się wiele korzeni z roślinami epifitycznymi. Warto także umieścić na powierzchni kępę roślin pływających, gdyż buszowce Ansorga nie przepadają za intensywnym oświetleniem i preferują półmrok. Najchętniej akceptują żywy pokarm, z trudem udaje się je przyzwyczaić do suchego, ale jest to możliwe. Konieczne jest szczelne przykrycie akwarium, gdyż ryby te dobrze i chętnie skaczą.

ROZMNAŻANIE

Samce są nieco większe (długość 8 cm) od samic (długość 7 cm) i mają białe obwódki wokół płetw nieparzystych. Pojedyncze opisy rozrodu tych ryb w warunkach akwariowych zdają się potwierdzać regułę, że nie jest to zadanie łatwe. Samiec buduje pieniste gniazdo, pod którym odbywa się składanie ikry. Prawdopodobnie po godach samiec opiekuje się młodymi.

Skrzeczyk karłowaty

Trichopsis pumila
Stanowisko systematyczne: błędnikowce (*Anabantoidei*)

ZASIĘG WYSTĘPOWANIA Indonezja, Laos, Kambodża, Wietnam oraz Tajlandia (Azja).
ZAJMOWANE SIEDLISKO wody stojące, niekiedy całkowicie pozbawione tlenu, takie jak stawy, bagna, kanały nawadniające, zalane torfowiska.
POKARM drobne bezkręgowce wodne, w tym zooplankton.

AKWARIUM

- temperatura: 22–28°C
- pH: 5–7,5
- twardość wody: 5–19°n

Gatunek wrażliwy i łagodnie usposobiony. W akwarium o długości 80 cm można hodować grupkę tych ryb (6–8 osobników), jednak należy zapewnić im schronienie wśród roślinności. Skrzeczyki karłowate nadają się do akwarium towarzyskiego pod warunkiem, że współmieszkańcy nie będą z nimi rywalizować o pożywienie. Skrzeczyki najlepiej karmić zooplanktonem oraz mrożonymi larwami owadów wodnych, aczkolwiek są w stanie pobierać również pokarmy suche. W zbiorniku, w którym mieszkają te ryby, wskazane jest umieszczenie liści na podłożu, co zapewni im dodatkowe kryjówki, a także pozwoli ustabilizować parametry wody na optymalnym dla nich poziomie. Skrzeczyki wydają charakterystyczne dźwięki, przy czym robią to nieco częściej samce niż samice.

ROZMNAŻANIE

Rozróżnienie płci nie jest łatwe, ryby praktycznie nie różnią się rozmiarem (długość 4 cm), jednak u dojrzałych samców płetwy są nieco dłuższe niż u samic. Samiec buduje pieniste gniazdo pod liśćmi roślin wodnych, w środkowej części zbiornika, w pobliżu którego odbywa się tarło. Gody przebiegają w charakterystyczny dla błędnikowców sposób, kiedy to samiec owija się wokół samicy i „wyciska" z niej ikrę. W czasie tarła samica wydaje dźwięk podobny do mruczenia, co jest sygnałem rozpoczynającym gody; jest to unikatowe zjawisko w świecie ryb. Po tarle samicę należy odłowić.

Skrzeczyk średni, skrzeczyk Schallera

Trichopsis schalleri
Stanowisko systematyczne: błędnikowce (*Anabantoidei*)

ZASIĘG WYSTĘPOWANIA dorzecza rzek Mekong oraz Chao Phraya (Azja).
ZAJMOWANE SIEDLISKO wody stojące lub leniwie płynące, takie jak gęsto zarośnięte rowy, pola ryżowe, bagna, zalane tereny leśne, sadzawki i stawy, leśne strumienie.
POKARM drobne bezkręgowce, zooplankton, owady lądowe.

AKWARIUM

- **temperatura: 22–28°C** • **pH: 5–7,5**
- **twardość wody: 1–12°n**

Skrzeczyki średnie najlepiej czują się w zbiorniku obfitującym w kryjówki, niezbyt intensywnie oświetlonym i gęsto zarośniętym. Dodatek liści na dnie oferuje im dodatkowe schronienia, jak również pomaga ustabilizować parametry wody na preferowanym przez te ryby poziomie. Należy unikać silnego ruchu wody, ponieważ w warunkach naturalnych skrzeczyki zamieszkują raczej wody stojące. Konieczne jest szczelne przykrycie akwarium, gdyż ryby te mogą wyskakiwać. Najbardziej odpowiednim pokarmem dla skrzeczyków są larwy owadów wodnych (wodzień, ochotka, czarny komar) oraz zooplankton, chociaż pobierają również pokarmy suche. Ryby dobrze jest trzymać w niewielkiej grupie (6–8) osobników, w akwarium jednogatunkowym o długości przynajmniej 80 cm.

ROZMNAŻANIE

Ryby obu płci są podobnych rozmiarów (4–5 cm długości), jednak płetwy u samców są nieco wydłużone, podczas gdy u samic krótsze. Skrzeczyk średni buduje pieniste gniazdo, tarło odbywa się w sposób charakterystyczny dla błędnikowców. Samica mimo niewielkich rozmiarów ciała może złożyć nawet 200 ziaren ikry, którą opiekuje się głównie samiec, ale i niekiedy samica może brać udział w obronie potomstwa, dlatego nie ma konieczności jej odławiania.

Skrzeczyk pręgowany

Trichopsis vittata
Stanowisko systematyczne: błędnikowce (*Anabantoidei*)

ZASIĘG WYSTĘPOWANIA Borneo, Jawa, Sumatra, Wietnam i Tajlandia (Azja).
ZAJMOWANE SIEDLISKO wody stojące i leniwie płynące, takie jak leśne bagna i strumienie, tereny zalane, rowy nawadniające, pola ryżowe. Preferuje siedliska gęsto zarośnięte roślinnością zanurzoną.
POKARM drobne bezkręgowce, owady, zooplankton.

AKWARIUM

- **temperatura: 22–28°C** • **pH: 5–7,5**
- **twardość wody: 5–19°n**

Skrzeczyki pręgowane można trzymać parami, ale więcej ciekawych zachowań i wzajemnych interakcji można uzyskać, kiedy ryby żyją w niewielkiej grupie (6–8 osobników tego gatunku). W zbiorniku jednogatunkowym powinny czuć się najlepiej (minimalna długość zbiornika 80–100 cm), ale są w stanie żyć także w towarzystwie innych gatunków spokojnych, niewielkich ryb. Akwarium powinno być gęsto zarośnięte, zapewniające dużo kryjówek, a dodatek liści na dnie ułatwi utrzymanie parametrów wody na preferowanym przez nie poziomie. Skrzeczyki pręgowane akceptują każdy rodzaj pokarmu, przy czym zdecydowanie chętniej pobierają pokarmy naturalne.

ROZMNAŻANIE

Skrzeczyk pręgowany dorasta do 7 cm długości. Samce mają dłuższe i ostro zakończone płetwy, podczas gdy u samic są one krótsze. Rozród odbywa się w sposób typowy dla błędnikowców: samiec buduje pieniste gniazdo, w którym oboje rodzice umieszczają złożoną (tonącą) ikrę.

Kirysek spiżowy

Corydoras aeneus
Stanowisko systematyczne: kiryskowate (*Callichthyidae*)

ZASIĘG WYSTĘPOWANIA Argentyna, Boliwia, Brazylia, Gujana Francuska, Gujana, Kolumbia, Paragwaj, Peru, Surinam, Trinidad i Tobago (Ameryka Południowa). Możliwe, że część populacji z wymienionych stanowią w rzeczywistości populacje innego, bardzo podobnego gatunku.

ZAJMOWANE SIEDLISKO wody płynące i stojące, preferuje dna piaszczyste lub inne miękkie.

POKARM drobne bezkręgowce znajdowane na dnie.

AKWARIUM

- **temperatura: 21–27°** • **pH: 6–8**
- **twardość wody: 5–19°n**

Kirysek spiżowy to gatunek, który w warunkach naturalnych żyje w licznych grupach, dlatego w akwarium należy trzymać nie mniej niż 6 osobników, a najlepiej 10–20. Kiryski są bardzo spokojnymi i towarzyskimi rybami. Stanowią idealne dopełnienie większości zbiorników towarzyskich. Akceptują każdy rodzaj pokarmu, który podnoszą z dna, jednak wskazane są pokarmy naturalne (larwa ochotki, tubifex itp.). Minimalna długość akwarium dla grupy kirysków spiżowych to 80 cm. Rybom należy zapewnić dno piaszczyste (nie należy stosować żwirku, który utrudnia im pobieranie pokarmu albo rani wrażliwe otwory gębowe). Kiryski spiżowe w handlu występują w formie dzikiej, albinotycznej oraz melanistycznej (czarnej). Spotyka się formy z dłuższymi płetwami.

ROZMNAŻANIE

Dorosłe samice są większe (długość 7,5 cm) i grubsze niż samce (długość 6,5 cm). Tarło może odbywać się spontanicznie w akwarium towarzyskim, jednak większą skuteczność otrzymuje się, przeprowadzając rozród w oddzielnym zbiorniku. Gody rozpoczynają się pogonią kilku samców za samicą, a ta składa niewielką porcję ikry do kieszonki, która powstaje przez zbliżenie do siebie obu jej płetw brzusznych. Przez następne kilka do kilkunastu minut samica intensywnie poszukuje najlepszego miejsca, w którym ostatecznie przykleja ikrę.

Kirysek sierpoplamy

Corydoras hastatus
Stanowisko systematyczne: kiryskowate (*Callichthyidae*)

ZASIĘG WYSTĘPOWANIA dorzecze Amazonki (Ameryka Południowa).
ZAJMOWANE SIEDLISKO wody stojące oraz płynące, jak niewielkie jeziorka, starorzecza, tereny zalane w czasie pory deszczowej, rozlewiska, mniejsze cieki wodne.
POKARM drobne bezkręgowce znajdowane w miękkim dnie.

AKWARIUM

- **temperatura: 20–26°C**
- **pH: 6–7,5**
- **twardość wody: 5–19°n**

Kiryski sierpoplame są jednymi z najmniejszych kirysków, w związku z tym nadają się doskonale do małych akwariów (60 cm długości). Nie należy kupować mniej niż 6 osobników tego gatunku, gdyż są to ryby towarzyskie. Dno zbiornika powinno być piaszczyste, nigdy żwirowe. Roślinność jest wskazana, jednak nie obowiązkowa (w warunkach naturalnych kiryski sierpoplame zamieszkują zarówno siedliska obfitujące w roślinność, jak również jej pozbawione). Akceptują każdy rodzaj pokarmu, najbardziej wskazany jest pokarm naturalny (larwy owadów wodnych). Kiryski sierpoplame pobierają pożywienie głównie z dna, ale mają również unikatową w świecie kirysków zdolność chwytania zooplanktonu. Mają niewielkie otwory gębowe, więc każdy podawany im pokarm powinien być dopasowany wielkością do ich rozmiarów. Nadają się do akwariów towarzyskich, ale przy doborze współmieszkańców należy mieć na względzie niewielkie rozmiary i łagodną naturę kirysków.

ROZMNAŻANIE

Samiczki są większe (długość 3 cm) i grubsze od samców (długość 2,5 cm). Tarło przebiega w sposób charakterystyczny dla kiryskowatych (kilka samców goni za samicą, a ta po zapłodnieniu ikry przenosi ją w kieszonce z pletw brzusznych w odpowiednie miejsce), a inicjowane jest często podmianą wody na świeżą.

Kirysek czaprakowy, kirysek brodaty

Scleromystax barbatus
Stanowisko systematyczne: kiryskowate (*Callichthyidae*)

ZASIĘG WYSTĘPOWANIA Brazylia od Rio de Janeiro do Santa Catarina (Ameryka Południowa).

ZAJMOWANE SIEDLISKO wody płynące, takie jak strumienie i niewielkie rzeki z dnem piaszczystym.

POKARM bezkręgowce wodne.

AKWARIUM

- **temperatura: 16–24°C**
- **pH: 5,5–7,5**
- **twardość wody: 5–25°n**

Jest to największy gatunek kiryska. Podobnie jak inne ryby z rodziny kiryskowatych do dobrego samopoczucia wymaga towarzystwa przynajmniej sześciu osobników swojego gatunku. Ze względu na wielkość ryb, należy zapewnić im zbiornik o minimalnej długości 120 cm. Niezbędne jest dno piaszczyste, natomiast z uwagi na sposób pobierania pokarmu wykluczony jest żwir, zwłaszcza z ziarnami o ostrych krawędziach, ponieważ utrudnia rybom odżywianie się i może kaleczyć ich wrażliwe otwory gębowe. Kiryski czaprakowe akceptują każdy rodzaj pokarmu, jednak wskazany jest głównie pochodzenia naturalnego. W każdym wypadku musi być to pokarm tonący, gdyż kiryski czaprakowe pobierają pożywienie z dna. Lubią prąd wody i raczej kiepsko znoszą zbyt wysokie temperatury. Nadają się do akwarium towarzyskiego.

ROZMNAŻANIE

Występuje dość wyraźny dymorfizm płciowy, który polega nie tylko na większych rozmiarach samicy (długość 12 cm) względem samca (długość 10 cm), ale także na nieco innym ubarwieniu. Osobniki męskie mają charakterystyczną złotą pręgę na szczycie głowy, która u samic nie występuje. Tarło przebiega w sposób charakterystyczny dla kiryskowatych, opieka rodzicielska nie występuje.

Kirysek trójpręgi

Corydoras trilineatus
Stanowisko systematyczne: kiryskowate (*Callichthyidae*)

ZASIĘG WYSTĘPOWANIA dorzecze Amazonki, tereny Kolumbii, Peru, Surinamu i Brazylii (Ameryka Południowa).

ZAJMOWANE SIEDLISKO wody stojące i płynące: strumienie leśne, tereny zalane w czasie pory deszczowej, rozlewiska.

POKARM bezkręgowce wodne znalezione w piaszczystym dnie.

AKWARIUM

- **temperatura: 22–26°C** • **pH: 5,8–7,2**
- **twardość wody: 1–12°n**

Kiryski trójpręgie żyją w grupach liczących od kilkunastu do kilkudziesięciu osobników, dlatego też i w akwarium najlepiej czują się wśród przynajmniej 6–8 współmieszkańców swojego gatunku. Dla takiej liczby ryb należy przewidzieć akwarium o długości minimalnej 60 cm. Są bardzo spokojne i nieagresywne, świetnie nadają się do zbiorników towarzyskich. Aranżacja akwarium powinna odzwierciedlać ich naturalne warunki życia – dobrze, by znalazły się w nim korzenie i gałęzie ułożone na dnie piaszczystym, pokrytym gdzieniegdzie liśćmi. Kiryski trójpręgie można również hodować w akwarium typowo roślinnym. Akceptują każdy rodzaj pokarmu, ale najlepiej sprawdza się pożywienie naturalne, tj. larwy owadów wodnych.

ROZMNAŻANIE

Samice są większe (długość 5,5 cm) i grubsze niż smuklejsze samce (długość 4,5 cm). Tarło odbywa się w sposób charakterystyczny dla kiryskowatych; nie zaobserwowano opieki nad ikrą i wylęgiem.

Kirysek nadobny

Corydoras elegans
Stanowisko systematyczne: kiryskowate (*Callichthyidae*)

ZASIĘG WYSTĘPOWANIA dorzecze Amazonki (Ameryka Południowa).
ZAJMOWANE SIEDLISKO niewielkie, leśne strumienie z piaszczystym dnem.
POKARM bezkręgowce wodne znalezione w piaszczystym dnie.

AKWARIUM

- **temperatura: 20–26°C**
- **pH: 6–7,5**
- **twardość wody: 2–25°n**

Kiryski nadobne, podobnie jak inne gatunki z rodziny kiryskowatych, są rybami towarzyskimi i nie powinno się ich trzymać w grupach mniejszych niż 6–8 osobników tego gatunku. Dla tej możliwie najmniejszej ilości ryb należy przewidzieć zbiornik o długości minimalnej 60 cm. Wystrój zbiornika powinien odzwierciedlać warunki naturalne leśnych strumieni w Amazonii – konieczne jest dno piaszczyste, na którym leżą korzenie i gałęzie, pozytywnie na kondycję ryb wpływa także dodatek liści. Rośliny, o ile występują, powinny być pływające albo epifityczne i osadzone na korzeniach. Kiryski nadobne akceptują każdy rodzaj pokarmu, ale najbardziej wskazany jest ten pochodzenia naturalnego. Można je łączyć w jednym akwarium z innymi gatunkami kirysków, nadają się do akwariów towarzyskich, a także roślinnych.

ROZMNAŻANIE

Samice są większe (długość 5 cm) i szersze niż smuklejsze samce (długość 4,5 cm). Wzór na ciele samców jest nieco bardziej intensywny, ciemniejszy. Tarło odbywa się w sposób charakterystyczny dla kiryskowatych, po gonitwie samców za samicą złożona zostaje porcja ikry, którą samica przykleja do roślin lub innych elementów wyposażenia zbiornika.

Kirysek malutki

Corydoras habrosus
Stanowisko systematyczne: kiryskowate (*Callichthyidae*)

ZASIĘG WYSTĘPOWANIA dorzecze rzeki Orinoko w Wenezueli i Kolumbii (Ameryka Południowa).

ZAJMOWANE SIEDLISKO wody stojące lub wolno płynące, w szczególności rozlewiska powstające w okresie pory deszczowej, a także mniejsze strumienie. Preferuje siedliska w pobliżu roślinności podwodnej.

POKARM drobne bezkręgowce wodne.

AKWARIUM

- **temperatura: 20–26°C**
- **pH: 5,5–7,5**
- **twardość wody: 2–25°n**

Kiryski malutkie ze względu na niewielkie rozmiary ciała nadają się do mniejszych zbiorników (od 60 cm długości), jednak w każdym wypadku należy trzymać je w grupie liczącej co najmniej 6–8 osobników, a najlepiej więcej. Kiryski te świetnie sprawdzają się w zbiornikach typowo roślinnych. Nie są agresywne i akceptują każdy rodzaj podawanego pokarmu, przy czym wskazany jest ten pochodzenia naturalnego, natomiast suchy może stanowić dodatek. Kiryski malutkie pobierają pożywienie z dna, należy to mieć na względzie podczas dobierania im współmieszkańców. Gatunki zbyt szybkie i żarłoczne mogą pozbawiać je pożywienia.

ROZMNAŻANIE

Samice są większe (długość 3,5 cm) i szersze niż smuklejsze samce (długość 3 cm). Przebieg tarła jest typowy dla przedstawicieli kiryskowatych. Podobnie jak u wielu, jeśli nie wszystkich kirysków, gody są inicjowane przez obniżenie temperatury, imitujące nadejście pory deszczowej w ich środowisku naturalnym.

Kirysek nakrapiany

Corydoras julii
Stanowisko systematyczne: kiryskowate (*Callichthyidae*)

■ **ZASIĘG WYSTĘPOWANIA** dorzecze i delta Amazonki (Ameryka Południowa).
■ **ZAJMOWANE SIEDLISKO** wody stojące i płynące: rozlewiska, strumienie.
■ **POKARM** drobne bezkręgowce wodne wyszukiwane na dnie.

AKWARIUM

- temperatura: 20–26°C • pH: 5,5–7,5
- twardość wody: 2–25°n

Podobnie jak inne kiryski, tak i kirysek nakrapiany jest gatunkiem towarzyskim, więc w akwarium musi żyć przynajmniej 6–8 osobników, a najlepiej więcej. Gatunek ten doskonale odnajdzie się w zbiorniku towarzyskim, ponieważ cechuje go łagodność i brak agresji. Kiryski nakrapiane nie niszczą i nie wykopują roślin, dlatego mogą mieszkać także w akwariach roślinnych. Akceptują każdy rodzaj pokarmu, przy czym wskazane jest karmienie raczej pożywieniem naturalnym, natomiast suche pokarmy powinny stanowić jedynie dodatek.

ROZMNAŻANIE

Samice są większe (długość 5,5 cm) oraz szersze i okrąglejsze w partiach brzusznych niż smuklejsze od nich samce (długość 5 cm). Rozród przebiega w sposób typowy dla kiryskowatych: rozpoczyna się gonitwą samców za samicą, podczas której składana jest ikra do kieszeni utworzonej ze złożonych ze sobą płetw brzusznych samicy. Po chwili odpoczynku samica zaczyna poszukiwać najlepszego miejsca, w którym ostatecznie przykleja ikrę. Tarło wygląda bardzo widowiskowo i trwa aż do wyczerpania się zapasów ikry u samicy.

Kirysek pstry

Corydoras paleatus
Stanowisko systematyczne: kiryskowate (*Callichthyidae*)

ZASIĘG WYSTĘPOWANIA dorzecze rzeki Parana (Paragwaj) oraz przybrzeżne rzeki Urugwaju i Brazylii w Ameryce Południowej.

ZAJMOWANE SIEDLISKO wody płynące i stojące, takie jak rzeki, rozlewiska, niewielkie jeziorka i stawy.

POKARM wszystkożerny, chętnie zjada drobne bezkręgowce wyszukiwane na dnie oraz materię roślinną.

AKWARIUM

- **temperatura: 22–26°C**
- **pH: 6–7**
- **twardość wody: 1–12°n**

Kirysek pstry jest jednym z najpopularniejszych gatunków kiryskowatych w akwarystyce. W handlu występuje odmiana dziko ubarwiona oraz albinotyczna. Podobnie jak inne gatunki, tak i kirysek pstry do dobrego samopoczucia wymaga towarzystwa złożonego z przynajmniej 6–8 osobników swojego gatunku. Dla takiej grupy ryb należy przewidzieć zbiornik o długości minimalnej 80 cm. Wystrój akwarium może być dowolny, jednak dno powinno być piaszczyste, a nie żwirowe. Akceptują każdy rodzaj pokarmu, lecz wskazany jest większy udział pokarmu naturalnego niż suchego. Ryba bardzo łatwa w hodowli i polecana początkującym akwarystom. Jest łagodna i nieagresywna, nadaje się do akwariów towarzyskich.

ROZMNAŻANIE

Samice są większe (długość 7 cm), szersze i okrąglejsze w części brzusznej niż smuklejsze od nich samce (długość 6 cm). Tarło odbywa się zgodnie ze schematem charakterystycznym dla kiryskowatych. Dorosłe ryby nie opiekują się potomstwem.

Kirysek panda

Corydoras panda
Stanowisko systematyczne: kiryskowate (*Callichthyidae*)

ZASIĘG WYSTĘPOWANIA dorzecze Amazonki na terenie Peru (Ameryka Południowa).
ZAJMOWANE SIEDLISKO głównie wody płynące, jak strumienie i niewielkie rzeczki z dnem piaszczystym, niekiedy tzw. czarne wody.
POKARM bezkręgowce wodne wyszukane w piaszczystym dnie.

AKWARIUM

- **temperatura: 22–25°C** • **pH: 6–7,4**
- **twardość wody: 1–12°n**

Kirysek panda jest towarzyski, dlatego musi żyć w grupie przynajmniej 6–8 osobników swojego gatunku. Minimalna długość zbiornika dla takiej grupy ryb to 80 cm. Wystrój akwarium najlepiej upodobnić do warunków naturalnych życia ryby, czyli czarnych wód Amazonii: z piaszczystym dnem, korzeniami, gałęziami oraz liśćmi. Kirysek panda może również mieszkać w zbiorniku typowo roślinnym albo towarzyskim. Akceptuje każdy pokarm, ale najlepiej rośnie i najczęściej podchodzi do tarła wówczas, gdy jest karmiony pożywieniem naturalnym (larwy owadów wodnych).

ROZMNAŻANIE

Samice są nieco większe (długość 5 cm), szersze oraz okrąglejsze w części brzusznej niż smuklejsze samce (długość 4 cm). Kiryski panda odbywają tarło w ten sam sposób, w jaki robią to inne gatunki kiryskowatych. Nie jest to gatunek płodny – ikry zwykle jest niedużo, stąd m.in. wynika wyższa cena tych kirysków w porównaniu z kiryskami pstrymi lub spiżowymi, które są o wiele płodniejsze.

Kirysek karłowaty

Corydoras pygmaeus
Stanowisko systematyczne: kiryskowate (*Callichthyidae*)

ZASIĘG WYSTĘPOWANIA Ameryka Południowa: dorzecze rzeki Madeira w Brazylii (Ameryka Południowa).

ZAJMOWANE SIEDLISKO wody płynące oraz stojące: strumienie leśne, lasy zalane w porze deszczowej, stawy, rozlewiska.

POKARM drobne bezkręgowce wyszukiwane na dnie.

AKWARIUM

- **temperatura: 22–26°C**
- **pH: 6,4–7,4**
- **twardość wody: 2–25°n**

Kiryski karłowate są bardzo towarzyskie i w warunkach naturalnych żyją w dużych stadach. W związku z tym i w akwarium należy trzymać je w grupie przynajmniej 6–8 osobników. Prawidłowo przygotowany zbiornik dla kirysków karłowatych powinien mieć minimalną długość 50 cm, piaszczyste dno, kryjówki między korzeniami i gałęziami oraz warstwę roślin pływających, która umożliwi rozproszenie światła. Dodatek liści na dnie pozwoli dokładniej odzwierciedlić naturalne siedlisko życia tego gatunku i wpłynie pozytywnie na parametry wody. Kiryski karłowate mogą być także mieszkańcami zbiorników typowo roślinnych, a dzięki niewielkim rozmiarom i łagodnym usposobieniu sprawdzą się nawet w akwariach towarzyskich z krewetkami i innymi delikatnymi organizmami. Gatunek ten akceptuje każdy rodzaj pokarmu, jednak wskazane jest karmienie raczej pożywieniem pochodzenia naturalnego, z niewielkim dodatkiem pokarmów suchych. Z uwagi na niewielkie rozmiary kirysków karłowatych należy dbać o takie dobranie obsady akwarium, by nie były zagrożone zjedzeniem przez większe gatunki ryb.

ROZMNAŻANIE

Podobnie jak w przypadku większości kiryskowatych, tak i u tego gatunku dymorfizm płciowy jest wyrażony głównie poprzez większe rozmiary samic (długość 3 cm) niż samców (długość 2,5 cm). Osobniki żeńskie są także nieco szersze. Tarło przebiega w sposób charakterystyczny dla kiryskowatych.

Kirysek szmaragdowy

Corydoras splendens
Stanowisko systematyczne: kiryskowate (*Callichthyidae*)

ZASIĘG WYSTĘPOWANIA dorzecze Amazonki na terenie Brazylii, Ekwadoru, Kolumbii i Peru (Ameryka Południowa).
ZAJMOWANE SIEDLISKO raczej wody stojące, takie jak starorzecza, rozlewiska, niewielkie jeziora i stawy.
POKARM bezkręgowce wodne wyszukiwane na dnie.

AKWARIUM

- **temperatura: 20–28°C**
- **pH: 5,8–8**
- **twardość wody: 2–30°n**

Kiryski szmaragdowe należy trzymać w grupach liczących co najmniej 6–8 osobników, gdyż w warunkach naturalnych tworzą liczne stada. Nie jest to wymagający gatunek, jego przedstawiciele tolerują szeroki zakres parametrów wody, co czyni je dobrym wyborem nawet dla początkującego akwarysty. Najmniejszy zbiornik, w jakim można je trzymać, powinien mieć przynajmniej 100–120 cm długości. Doskonale sprawdzają się w akwariach towarzyskich, gdyż są nieagresywne i przebywają raczej w dolnych partiach zbiornika. Wystrój akwarium jest dowolny, do dobrego samopoczucia potrzebują jedynie piaszczystego dna oraz kilku kryjówek.

ROZMNAŻANIE

Samice są wyraźnie większe (długość 8 cm) i szersze oraz grubsze niż samce (długość 7 cm). Przebieg tarła jest charakterystyczny dla kiryskowatych, przy czym jest to wyjątkowo płodny gatunek – samica może złożyć nawet 800 ziaren ikry. Po tarle dorosłe osobniki należy odłowić, gdyż zjadają zarówno jaja, jak i wyklute potomstwo.

Kirysek Sterby

Corydoras sterbai
Stanowisko systematyczne: kiryskowate (*Callichthyidae*)

ZASIĘG WYSTĘPOWANIA Brazylia i Boliwia (Ameryka Południowa).
ZAJMOWANE SIEDLISKO wody leniwie płynące lub stojące, jak rozlewiska, strumienie oraz zalane w czasie pory deszczowej lasy.
POKARM bezkręgowce wodne wyszukiwane na dnie.

AKWARIUM

- **temperatura: 24–28°C**
- **pH: 6–7,6**
- **twardość wody: 1–15°n**

Są to bardzo atrakcyjnie ubarwione kiryski. Podobnie jak inne gatunki z tej rodziny są bardzo łagodnie usposobione i nieagresywne, co powoduje, że stanowią doskonałe uzupełnienie akwarium towarzyskiego. Ryby te należy trzymać w grupie przynamniej sześciu osobników, a minimalna długość akwarium powinna wynosić 100 cm. Najchętniej pobierają pokarmy naturalne (larwy wodnych owadów), ale mogą przyjmować również pokarmy suche. Wystrój zbiornika nie ma dla nich znaczenia, jednak ważne jest piaszczyste dno oraz choćby kilka potencjalnych kryjówek.

ROZMNAŻANIE

Dymorfizm płciowy objawia się większymi rozmiarami samic (długość 7 cm) w porównaniu z samcami (długość 6 cm). Samice są także szersze i okrąglejsze w partiach brzusznych. Rozróżnienie płci najlepiej przeprowadzać patrząc na ryby z góry. Tarło przebiega w sposób typowy dla kiryskowatych. Kiryski Sterby nie są nadzwyczajnie płodne i składają niewielkie ilości ikry.

Kiryśnik czarnoplamy

Megalechis thoracata
Stanowisko systematyczne: kiryskowate (*Callichthyidae*)

ZASIĘG WYSTĘPOWANIA dorzecze rzek Amazonka, Orinoko i Paragwaj (Ameryka Południowa).

ZAJMOWANE SIEDLISKO głównie wody stojące.

POKARM bezkręgowce wodne i owady, które wpadną do wody.

AKWARIUM

- **temperatura: 18–28°C** • **pH: 6–8**
- **twardość wody: 1–20°n**

Kiryśniki są bardzo odporne, dlatego można je polecić początkującym akwarystom, jednak ze względu na ostateczne rozmiary ciała wymagają również sporych zbiorników (minimalna długość 120 cm). Są to ryby spokojne, nieagresywne, stanowią dobre dopełnienie akwariów towarzyskich, w których poradzą sobie nawet w towarzystwie większych pielęgnic. Akceptują każdy rodzaj pokarmu. Wystrój zbiornika nie ma dla nich większego znaczenia, jednak powinny mieć kilka kryjówek.

ROZMNAŻANIE

Samce (na zdjęciu po prawej młody osobnik) mają dłuższe i masywniejsze płetwy brzuszne, których pierwszy promień jest pogrubiony i pomarańczowy, w odróżnieniu od delikatniejszych i owalnych płetw brzusznych samicy (na górze). W okresie zalotów samiec ma także nieco bardziej kolorowy brzuch. Wielkość ryb jest zróżnicowana (od 12 do nawet 20 cm). Tarło rozpoczyna się zbudowaniem przez samca pienistego gniazda, pod którym odbywa się składanie ikry. Po złożeniu jaj samicę należy odłowić, gdyż samiec stojący na straży potomstwa może zrobić jej krzywdę, poza tym nie bierze ona już udziału w dalszej części rozrodu.

Otosek przyujściowy

Macrotocinclus affinis
Stanowisko systematyczne: zbrojnikowate (*Loricariidae*)

ZASIĘG WYSTĘPOWANIA okolice Rio de Janeiro w Brazylii (Ameryka Południowa).
ZAJMOWANE SIEDLISKO wody płynące, takie jak strumienie, niewielkie rzeczki, zwykle z dnem piaszczystym i w pobliżu roślinności.
POKARM glony zeskrobywane z roślin i innych podwodnych powierzchni.

AKWARIUM

- **temperatura: 22–28°C**
- **pH: 6–8**
- **twardość wody: 5–19°n**

Otoski są bardzo popularne w akwariach roślinnych, w których pełnią ważną funkcję czyścicieli roślin wyższych z porastających je glonów, niepożądanych w tego typu zbiornikach. Są to ryby towarzyskie i należy hodować przynajmniej 6 osobników. Otoski muszą mieć zapewnione kryjówki, gdyż są skryte i nieśmiałe. W warunkach naturalnych odżywiają się niemal nieustannie, więc i w akwarium poza glonami powinny być dodatkowo karmione pokarmami na bazie roślin (płatki spirulinowe lub inne pokarmy przeznaczone dla glonożerców). Ze względu na delikatną naturę nie nadają się do akwarium towarzyskiego z rybami znacznie od nich większymi lub nadmiernie energicznymi. Minimalna długość zbiornika powinna wynosić 50 cm.

ROZMNAŻANIE

Samice są większe (długość 4,5 cm) oraz szersze niż samce (długość 4 cm). Otoski w akwariach rozmnażają się rzadko, jednak jest to możliwe. Tarło przebiega podobnie jak u kiryskowatych: rozpoczyna się pogonią samców za samicą, następnie składa ona ziarno ikry, które trzyma w kieszeni utworzonej ze złożonych płetw brzusznych. Kolejnym etapem jest przyklejenie ikry w uprzednio przygotowanym i oczyszczonym przez samicę miejscu.

Zbrojnik lamparci

Pterygoplichthys gibbiceps
Stanowisko systematyczne: zbrojnikowate (*Loricariidae*)

ZASIĘG WYSTĘPOWANIA dorzecza rzek Orinoko i Amazonki na terenie Brazylii, Ekwadoru, Peru i Wenezueli (Ameryka Południowa). Ponadto zawleczony do Stanów Zjednoczonych (Floryda), gdzie jest szkodnikiem.

ZAJMOWANE SIEDLISKO wody płynące i stojące.

POKARM głównie glony porastające podwodne powierzchnie, detrytus.

AKWARIUM

- **temperatura: 23–27°C**
- **pH: 6,5–7,8**
- **twardość wody: 5–19°n**

Zbrojnik lamparci wymaga bardzo dużego zbiornika (powyżej 200 cm długości), ponieważ tylko w takich warunkach można podziwiać piękną swobodę i majestat jego ruchów. Jak większość zbrojników jest rybą terytorialną, przegania inne zbrojniki, a nawet może je zabijać. Akceptuje każdy rodzaj pokarmu, jednak zdecydowanie wskazany jest roślinny (spirulina, gotowe pokarmy dla zbrojników lub własnoręcznie przygotowane mieszanki roślinne). Wystrój akwarium nie ma większego znaczenia, jednak konieczne jest zapewnienie zbrojnikowi lamparciemu kilku kryjówek.

ROZMNAŻANIE

Rozmnażania w warunkach akwariowych jest niemożliwe, ponieważ w środowisku naturalnym ryby te kopią długie korytarze w brzegach zbiorników wodnych, na końcu których składana jest ikra. Zbrojniki lamparcie dorastają do 50 cm długości.

Zbrojnik pospolity

Ancistrus sp.
Stanowisko systematyczne: zbrojnikowate (*Loricariidae*)

ZASIĘG WYSTĘPOWANIA dorzecze Amazonki (Ameryka Południowa).
ZAJMOWANE SIEDLISKO wody stojące oraz płynące, jak strumienie, niewielkie rzeczki, jeziora, zalane w porze deszczowej tereny leśne.
POKARM głównie glony porastające podwodne powierzchnie, wraz z wiekiem także szczątki roślinne i zwierzęce, drewno.

AKWARIUM

- **temperatura: 23–27°C** • **pH: 6–8**
- **twardość wody: 5–19°n**

Występujący w handlu zbrojnik często jest mieszanką kilku gatunków, z których prawdopodobny jest *Ancistrus dolichopterus* oraz *Ancistrus cirrhosus*, a być może inne. Wyhodowano formę albinotyczną (białą z czerwonym okiem), leucystyczną (białą z czarnym okiem), ksantoryczną (złotą), a także długopłetwą we wszystkich wymienionych wcześniej odmianach kolorystycznych. Zbrojnik jest rybą terytorialną, zwłaszcza samce potrafią ze sobą skutecznie walczyć, zatem w akwarium o długości 60 cm można trzymać najwyżej parę osobników tego gatunku. W diecie powinien przeważać pokarm pochodzenia roślinnego: gotowany bób, kalafior, cukinia, dynia, ewentualnie pokarmy suche przeznaczone dla glonożerców. W każdym wypadku pokarm musi być tonący, gdyż zbrojniki odżywiają się na dnie. Wystrój akwarium nie ma większego znaczenia, o ile ryby mają dostęp do korzeni lub gałęzi, a także zapewnione kryjówki.

ROZMNAŻANIE

Trudno określić ostateczne rozmiary, nie znając pochodzenia posiadanych mieszańców, jednak zwykle ryby te mają po kilkanaście centymetrów. Samce rosną większe (do 15 cm) niż samice (13 cm), przy czym osobniki męskie mają bardzo okazałe wyrostki skórne na głowach, których samice są pozbawione lub występują one u nich jedynie w formie szczątkowej. Tarło przebiega w kryjówce: samiec po tarle wygania samicę i podejmuje opiekę nad potomstwem, która trwa do czasu wyczerpania przez młode zapasów woreczka żółtkowego (błona płodowa otaczająca zarodek w rozwoju płodowym). Osobniki dorosłe nie zjadają młodych, zatem rozród jest możliwy w zbiorniku ogólnym.

Zbrojnik zebra

Hypancistrus zebra
Stanowisko systematyczne: zbrojnikowate (*Loricariidae*)

ZASIĘG WYSTĘPOWANIA wyłącznie rzeka Xingu w Brazylii (Ameryka Południowa); gatunek zagrożony wyginięciem.
ZAJMOWANE SIEDLISKO wartko płynąca, czysta rzeka z dnem piaszczystym, usianym skałami i większymi kamieniami.
POKARM resztki zwierzęce i roślinne.

AKWARIUM

- temperatura: 24–30°C • pH: 6,2–7,8
- twardość wody: 1–20°n

Zbrojniki zebry wymagają przede wszystkim czystej oraz dobrze natlenionej wody, pozytywnie wpływa na nie także ruch wody. W akwarium o długości 60 cm można trzymać kilka sztuk tego gatunku. Zdobycie tych ryb nie jest sprawą łatwą, ponieważ są bardzo rzadkie. Powinny być karmione pokarmem mięsnym, a więc larwami owadów wodnych i solowcem, natomiast wylęg zooplanktonem oraz larwami solowca. Podobnie jak inne zbrojniki, także i zebra wymaga w akwarium korzenia, który stanowi niezbędny dodatek do diety wraz z okazjonalnie podawanym pokarmami roślinnymi. Zbrojniki zebry najlepiej trzymać w akwarium jednogatunkowym lub z bardzo spokojnymi rybami, które nie będą ich zanadto stresować.

ROZMNAŻANIE

Niewielu akwarystów może się poszczycić posiadaniem zebr, zatem i informacje o udanym rozmnożeniu nie są liczne. Problemem jest rozróżnienie płci, ponieważ u tego gatunku dymorfizm polega na nieco bardziej kanciastym kształcie głowy samców oraz intensywniejszym ich ubarwieniu. Samce dorastają też do nieco większych rozmiarów (12 cm), podczas gdy samice są mniejsze (10 cm). Tarło odbywa się w kryjówce skalnej lub pod korzeniem. Samiec pilnuje ikry i wylęgu, aż do czasu, kiedy młode zaczynają się samodzielnie odżywiać.

Zbrojnik czarnopasy

Panaque nigrolineatus
Stanowisko systematyczne: zbrojnikowate (*Loricariidae*)

ZASIĘG WYSTĘPOWANIA dorzecze Amazonki i Orinoko (Ameryka Południowa).
ZAJMOWANE SIEDLISKO wody płynące i stojące, takie jak strumienie, rzeczki, zalane tereny leśne.
POKARM glony, szczątki roślinne, w tym drewno.

AKWARIUM

- **temperatura: 22–26°C**
- **pH: 6,5–7,5**
- **twardość wody: 2–15°n**

Zbrojnik czarnopasy jest gatunkiem terytorialnym, dlatego w zbiorniku o długości 200 cm można trzymać parę (samiec i samica) tych ryb. Mimo silnej agresji wewnątrzgatunkowej, a także skierowanej przeciwko innym zbrojnikom, jest zupełnie nieszkodliwy wobec innych ryb, dlatego można go polecić do dużych akwariów towarzyskich. Osobniki pochodzące z różnych lokalizacji geograficznych mogą się od siebie nieco różnić intensywnością ubarwienia tęczówki oka. Zbrojnik czarnopasy powinien być karmiony pokarmem roślinnym (gotowane warzywa, bób oraz pokarmy suche przeznaczone dla glonożerców). Pokarm zawsze musi być tonący, bowiem zbrojnik pobiera pożywienie wyłącznie z dna. Koniecznym dodatkiem w diecie jest także drewno, które ten w szybkim tempie przerabia na wióry. Wystrój akwarium jest obojętny, lecz wskazane jest zapewnienie licznych kryjówek oraz wydajna filtracja.

ROZMNAŻANIE

U zbrojnika czarnopasego dymorfizm płciowy nie występuje, obie płcie wyglądają bardzo podobnie i dorastają do 45 cm długości. Odnotowano pojedyncze sukcesy w rozrodzie tego gatunku w warunkach akwariowych, jednak zwykle działo się to przypadkowo, bez wiedzy akwarysty, a potomstwo odkrywano dopiero po fakcie. Prawdopodobnie tarło odbywa się w kryjówkach wśród korzeni, samiec pilnuje ikry i wylęgu.

Zbrojnik ekwadorski

Loricaria simillima
Stanowisko systematyczne: zbrojnikowate (*Loricariidae*)

ZASIĘG WYSTĘPOWANIA dorzecze Amazonki, Orinoko i La Platy na terenie Argentyny, Ekwadoru, Brazylii, Paragwaju, Peru i Wenezueli (Ameryka Południowa).

ZAJMOWANE SIEDLISKO wody płynące i stojące, jak strumienie leśne i rozlewiska; żyje w wodach o bardzo zróżnicowanych parametrach (wody białe i czarne).

POKARM wszystkożerny, żywi się drobnymi bezkręgowcami wyszukiwanymi na dnie, szczątkami roślinnymi i zwierzęcymi.

AKWARIUM

- **temperatura: 24–27°C**
- **pH: 5,6–7,8**
- **twardość wody: 1–20°n**

Ryba umiarkowanie terytorialna, w warunkach naturalnych żyje w parach i tak też można hodować zbrojniki ekwadorskie w akwarium. Zbiornik dla jednej pary powinien mieć co najmniej 70 cm długości, w większych akwariach można trzymać odpowiednio więcej tych ryb. Nie są agresywne wobec innych gatunków, ani też zbyt ruchliwe. Do dobrego samopoczucia wymagają kryjówek, przy czym wystrój nie ma większego znaczenia, o ile dno jest piaszczyste i znajduje się na nim kilka korzeni, na których ryby te lubią przesiadywać. Nie niszczą roślin, więc mogą być trzymane także w akwariach roślinnych. Powinny być karmione pożywieniem naturalnym: larwami owadów wodnych (ochotka, wodzień, czarny komar), solowcem, z niewielkim dodatkiem pokarmów suchych przeznaczonych dla ryb o dennym trybie życia.

ROZMNAŻANIE

Samce odróżniają się od samic rozrośniętą górną wargą, która jest dłuższa i szersza. Różnica ta jest widoczna już u młodych ryb. Zbrojniki ekwadorskie dorastają nawet do 18 cm długości. Tarło odbywa się w ustronnym miejscu, duża ikra zostaje zlepiona w bryłę, którą samiec nosi przy sobie, przytrzymując ją pod brzuchem. Po wykluciu młodych opieka ojcowska ustaje.

Pekolcja pręgowana

Peckoltia vittata
Stanowisko systematyczne: zbrojnikowate (*Loricariidae*)

ZASIĘG WYSTĘPOWANIA dorzecza rzek Amazonka, Xingu, Madeira i Tapajos w Brazylii oraz Guaviare w Kolumbii (Ameryka Południowa).

ZAJMOWANE SIEDLISKO wartko płynące rzeczki, strumienie i rzeki, zwykle o podłożu skalistym, żwirowym lub piaszczystym.

POKARM wszystkożerna, zjada glony porastające powierzchnie pod wodą, szczątki roślinne (w tym drewno) i zwierzęce.

AKWARIUM

- **temperatura: 23–30°C** • **pH: 5–7,5**
- **twardość wody: 1–20°n**

Pekolcje są towarzyskie, należy hodować przynajmniej 5–6 osobników i dla takiej liczby ryb przewiduje się akwarium o długości minimalnej 80–100 cm. Te bardzo atrakcyjne wizualnie zbrojniki nie są efektywnymi tępicielami glonów, ale nie niszczą też roślin, dlatego nadają się jako urozmaicenie do zbiorników towarzyskich oraz roślinnych. Wystrój nie jest istotny, o ile znajdą kryjówki wśród skał i korzeni. Akceptują każdy rodzaj pokarmu, wskazane jest urozmaicenie z większym udziałem pokarmu pochodzenia zwierzęcego (larwy owadów, solowiec).

ROZMNAŻANIE

Obie płcie dorastają do 10 cm długości. Odróżnienie jest proste, ponieważ na ciele samca wyrastają ościste wyrostki, których nie ma samica. Tarło odbywa się w warunkach akwariowych niezbyt często, ale jest możliwe. Samica składa 15–20 dużych jaj, które samiec obejmuje opieką.

Giętkoząb cętkowany

Synodontis multipunctatus
Stanowisko systematyczne: pierzastowąse (*Mochokidae*)

ZASIĘG WYSTĘPOWANIA jezioro Tanganika (Afryka); gatunek endemiczny.

ZAJMOWANE SIEDLISKO preferuje siedliska z dnem mulistym i piaszczystym do głębokości 100 m.

POKARM drobne bezkręgowce żyjące na dnie, w tym ślimaki z rodzaju *Neothauma*, mniejsze ryby.

AKWARIUM

- **temperatura: 21–25°C** • **pH: 7,5–8,5**
- **twardość wody: 15–35°n**

Giętkoząb cętkowany jest rybą towarzyską, należy trzymać grupę osobników złożoną z co najmniej 6–8 sztuk. Minimalna długość akwarium powinna wynosić 100 cm. Ze względu na specyficzne wymagania odnośnie parametrów wody (zasadowa i twarda) nadaje się raczej do akwariów z innymi rybami z jeziora Tanganika. Jest wszystkożerny, jednak jego pokarm powinien przede wszystkim zawierać drobne bezkręgowce. Wystrój akwarium należy w miarę możliwości upodobnić do biotopu skalistego jeziora Tanganika. Giętkozęby znajdą wśród skał wiele kryjówek.

ROZMNAŻANIE

Samce mają nieco wyższą i bardziej kontrastową płetwę grzbietową, podczas gdy samice charakteryzują się zaokrąglonym brzuchem. Giętkoząb dorasta do 15 cm długości. Rozród tego gatunku wymaga obecności gębaczy z rodziny pielęgnicowatych. Strategia rozrodcza giętkozębów cętkowanych polega na tym, że podrzucają swoją ikrę w miejsce ikry pielęgnicy, która następnie inkubuje ją w jamie gębowej. Młode giętkozęby wykluwają się pierwsze i pożerają ikrę oraz wylęg pielęgnicy, w związku z tym pod koniec okresu inkubacji wypuszcza ona ze swojego pyska na świat już jedynie młode giętkozęby.

Sumik szklisty

Kryptopterus bicirrhis
Stanowisko systematyczne: sumowate (*Siluridae*)

ZASIĘG WYSTĘPOWANIA dorzecza rzek Mekong i Chao Phraya (Półwysep Malajski, Borneo, Sumatra; Azja).
ZAJMOWANE SIEDLISKO wody wartko płynące i stojące, jak duże rzeki, rzeczki, zalane tereny leśne.
POKARM zooplankton, owady lądowe, które wpadną do wody, mniejsze ryby.

AKWARIUM

- **temperatura: 21–26°C**
- **pH: 6–7,5**
- **twardość wody: 2–20°n**

Sumiki szkliste w warunkach naturalnych tworzą ławice liczące 100 i więcej osobników. W akwarium należy je zatem hodować również w grupach (minimum 10 osobników), w zbiorniku długim na co najmniej 120 cm. Zwykle jest to nieagresywny i łagodnie usposobiony gatunek, jednak jest drapieżnikiem, więc może połykać mniejsze ryby. Dobrze sprawdza się w akwariach towarzyskich, pod warunkiem, że za towarzystwo ma ryby podobnych rozmiarów. Wystrój zbiornika nie ma większego znaczenia, ale rybom tym należy zapewnić kryjówki. Bardzo często pod nazwą sumik szklisty są sprzedawane inne, podobne gatunki sumików (np. *Kryptopterus vitreolus*).

ROZMNAŻANIE

Obie płcie dorastają do 15 cm długości i nie różnią się prawie w ogóle, poza tym, że samiczki mają szersze partie brzuszne. Nie odnotowano rozmnożenia tego gatunku w warunkach akwariowych. Prawdopodobnie wszystkie ryby obecne w handlu pochodzą z odłowu.

Bocja wspaniała

Chromobotia macracanthus
Stanowisko systematyczne: piskorzowate (*Cobitidae*)

ZASIĘG WYSTĘPOWANIA Borneo i Sumatra (Azja).

ZAJMOWANE SIEDLISKO wody płynące i stojące, takie jak wartko płynące rzeki, rzeczki i strumienie, a także rozlewiska.

POKARM wszystkożerna, chętnie zjada drobne bezkręgowce (w tym ślimaki), szczątki roślinne.

AKWARIUM

- temperatura: 25–30°C
- pH: 5–8
- twardość wody: 5–12°n

Bocje to ryby niezwykle towarzyskie, dlatego nie mogą żyć pojedynczo lub parami. Wskazane jest utworzenie grupy z przynajmniej 6–8 osobników. Bardzo często ryby tego gatunku trzyma się w zbyt małych akwariach, gdy tymczasem bocje wspaniałe potrzebują zbiornika o długości minimalnej 180–240 cm. Wystrój zbiornika powinien zapewniać im możliwie dużo kryjówek pod korzeniami, w rurkach ceramicznych lub bambusowych i między skałami. Bocje znane są z tego, że uwielbiają wciskać się w niewielkie szczeliny, gdzie niekiedy tkwią ściśle przytulone do siebie. Warto zadbać o szczelne przykrycie zbiornika, gdyż ryby te mogą czasem wyskakiwać. Bocje należy karmić pokarmem urozmaiconym, zawierającym przede wszystkim drobne bezkręgowce (ryby te są znanymi tępicielami ślimaków), ale także pokarmy roślinne. Nie są agresywne wobec innych gatunków, mogą żyć w zbiorniku towarzyskim.

ROZMNAŻANIE

Osobniki dorosłe nie różnią się wyglądem ani rozmiarami, obie płcie dorastają do 30 cm długości (niektóre źródła podają nawet 40 cm). Są to ryby długowieczne i późno dojrzewające. W warunkach naturalnych w okresie tarła wędrują i jest to jeden z powodów, dla którego rozród bocji w warunkach akwariowych jest niemal niemożliwy.

Bocja szara

Yasuhikotakia modesta
Stanowisko systematyczne: piskorzowate (*Cobitidae*)

ZASIĘG WYSTĘPOWANIA dorzecza rzek Mekong, Chao Phraya oraz Mae Klong w Tajlandii i Kambodży (Azja).
ZAJMOWANE SIEDLISKO wody płynące oraz stojące, jak rzeki, rzeczki, strumienie, rozlewiska, a także zalane tereny leśne.
POKARM wszystkożerna, zjada drobne bezkręgowce wodne (w tym ślimaki) oraz materię roślinną.

AKWARIUM

- temperatura: 23–28°C
- pH: 6–8
- twardość wody: 5–12°n

Bocja szara jest gatunkiem towarzyskim, zatem w akwarium należy trzymać przynajmniej 8–10 osobników. Wystrój zbiornika jest dowolny, byle zapewniał rybom liczne kryjówki. Minimalna długość akwarium dla bocji szarych to 150 cm. Niekiedy obgryzają płetwy innych ryb, zwłaszcza te wydłużone, ale zwykle nie wykazują agresji i mogą mieszkać w akwarium towarzyskim. Pokarm powinien być możliwie zróżnicowany, obejmujący bezkręgowce wodne (wskazane są ślimaki), ale także pożywienie roślinne (cukinia, kalafior, bób).

ROZMNAŻANIE

Nie ma widocznych różnic między samcem i samicą, obie płcie dorastają do 25 cm długości i wyglądają bardzo podobnie. W okresie tarła migrują z rzek i cieków wodnych do wód stojących (często na tereny zalanego lasu), niekiedy o diametralnie innych parametrach fizykochemicznych. Kiedy kończy się pora deszczowa i wody się cofają, również bocje powracają do swoich dawnych siedlisk. Rozród tego gatunku w warunkach akwariowych jest jak dotąd niemożliwy.

Bocja syjamska

Yasuhikotakia morleti
Stanowisko systematyczne: piskorzowate (*Cobitidae*)

ZASIĘG WYSTĘPOWANIA dorzecza rzek Mekong oraz Chao Phraya na terenie Kambodży, Tajlandii, Laosu, Wietnamu (Azja).
ZAJMOWANE SIEDLISKO wody stojące i płynące, jak rozlewiska, zalane tereny leśne, rzeki i rzeczki.
POKARM wszystkożerna, żywi się bezkręgowcami wodnymi oraz materią roślinną.

AKWARIUM

- temperatura: 23–28°C
- pH: 6–7,5
- twardość wody: 5–12°n

W warunkach naturalnych bocja syjamska żyje w licznych grupach. W związku z tym należy trzymać je w liczebności przynajmniej 8–10 osobników. Dla takiej grupy przewiduje się akwarium o długości minimalnej 120 cm. Wystrój zbiornika nie ma większego znaczenia, ponieważ bocje zamieszkują bardzo zróżnicowane siedliska, jednak w akwarium powinny się znaleźć rozmaite kryjówki (pod skałami i korzeniami), w których bocje mogą przebywać. Bardzo przydatne są rurki ceramiczne lub bambusowe, do których jednocześnie może wpłynąć kilka osobników tego gatunku. Bocje należy karmić w sposób możliwie zróżnicowany, podstawą pożywienia powinny być bezkręgowce wodne (w tym ślimaki), a jako dodatek można podawać gotowane warzywa (cukinię, bób, kalafior, dynię itp.)

ROZMNAŻANIE

Bocje syjamskie nie wykazują dymorfizmu płciowego, obie płcie dorastają do 8,5 cm długości. Rozród w warunkach akwariowych nie został dotychczas opracowany.

Bocja Kuboty

Botia kubotai
Stanowisko systematyczne: piskorzowate (*Cobitidae*)

ZASIĘG WYSTĘPOWANIA dorzecze rzeki Saluin w Mjanmie i Tajlandii (Azja).
ZAJMOWANE SIEDLISKO raczej wody płynące, jak np. leśne rzeczki i strumienie.
POKARM wszystkożerna, zjada bezkręgowce wodne, materię roślinną.

AKWARIUM

- **temperatura: 22–28°C**
- **pH: 6–7,5**
- **twardość wody: 2–15°n**

Bocje Kuboty są gatunkiem towarzyskim, minimalna wymagana liczba osobników w jednym akwarium to 8–10 sztuk. Wystrój zbiornika nie ma dla nich wielkiego znaczenia, muszą mieć jedynie zapewnione zakamarki, w których mogą szukać schronienia. Nadają się do akwarium towarzyskiego, są bardzo dekoracyjne, zajmują nie tylko strefę przydenną, ale często pływają w toni wodnej. Należy zapewnić im możliwie zróżnicowany pokarm, bogaty w bezkręgowce, ale także z pewną ilością pożywienia roślinnego. Podobnie jak inne bocje, tak i przedstawiciele tego gatunku są bezwzględnymi tępicielami ślimaków. Minimalna długość akwarium to 120 cm.

ROZMNAŻANIE

Nie obserwuje się dymorfizmu płciowego, zarówno samiec, jak i samica wyglądają podobnie i dorastają do 15 cm długości. Są to ryby długowieczne, późno dojrzewające. Dotychczas nie udało się rozrodzić tego gatunku w warunkach akwariowych.

Bocja karłowata

Ambastaia sidthimunki
Stanowisko systematyczne: piskorzowate (*Cobitidae*)

ZASIĘG WYSTĘPOWANIA dorzecza rzek Mekong oraz Chao Phraya (Azja); gatunek zagrożony wyginięciem, jego szczegółowe występowanie jest utrzymywane w tajemnicy.

ZAJMOWANE SIEDLISKO wody płynące oraz stojące, takie jak leśne rzeki i rzeczki, strumienie, ale także rozlewiska i tereny zalane w porze deszczowej.

POKARM wszystkożerna, żywi się bezkręgowcami wodnymi oraz materią roślinną.

AKWARIUM

- **temperatura: 20–30°C**
- **pH: 5,5–7,5**
- **twardość wody: 2–19°n**

Gatunek towarzyski, w warunkach naturalnych widuje się ławice liczące kilkadziesiąt ryb, zatem i w akwarium należy trzymać ich przynajmniej 8–10. Minimalna długość zbiornika dla bocji karłowatej wynosi 120 cm. Wystrój nie ma większego znaczenia, jednak wskazana jest wydajna filtracja, a zwłaszcza dobre natlenienie wody. Bocje muszą mieć zapewnione liczne kryjówki w akwarium. Z reguły nie są agresywne, nadają się do zbiorników towarzyskich. Karmienie powinno być możliwie urozmaicone i obejmować przede wszystkim drobne bezkręgowce, z dodatkiem miękkich pokarmów roślinnych.

ROZMNAŻANIE

Samice są nieco większe (długość 7 cm) i szersze w części brzusznej niż samce (długość 6 cm). Z kolei u samców można czasem zaobserwować lekko dłuższą głowę wydatniejsze wargi niż u osobników żeńskich. Rozmnożenie tego gatunku w akwarium jest bardzo trudne, jednak możliwe (istnieje jeden udokumentowany przypadek). Niewiele wiadomo jednak o przebiegu tarła.

Bocja pręgowana

Botia striata
Stanowisko systematyczne: piskorzowate (*Cobitidae*)

ZASIĘG WYSTĘPOWANIA Ghaty Zachodnie oraz stan Maharasztra w Indiach (Azja); gatunek zagrożony wyginięciem.
ZAJMOWANE SIEDLISKO szybko płynące rzeki i strumienie górskie.
POKARM wszystkożerna, zjada głównie bezkręgowce (w tym ślimaki), ale także miękką materię roślinną.

AKWARIUM

- temperatura: 21–26°C • pH: 6–7,5
- twardość wody: 1–12°n

Bocje pręgowane powinny być trzymane w grupie przynajmniej 6–8 osobników, w akwarium o długości co najmniej 120 cm. Wystrój nie ma większego znaczenia, o ile ryby mają zapewnione liczne kryjówki. W przypadku tego gatunku jest możliwe zastosowanie żwiru jako podłoża, jednak jego cząsteczki nie mogą mieć ostrych krawędzi. Wskazana jest wydajna filtracja, gdyż bocje pręgowane w warunkach naturalnych żyją w wodach czystych i dobrze natlenionych. Mogą mieszkać w akwarium towarzyskim, jednak zdarza się, że podgryzają długie płetwy współmieszkańców. Powinny dostawać zróżnicowane pożywienie, bazujące na bezkręgowcach (głównie ślimakach i mrożonych larwach owadów wodnych) z dodatkiem pokarmu roślinnego. Akceptują także pokarmy suche.

ROZMNAŻANIE

Samice rosną nieco większe (długość 9 cm) i mają szerszą brzuszną część ciała w porównaniu z samcami (długość 8 cm). Nie ma danych na temat rozmnożenia tego gatunku w warunkach akwariowych.

Bocja siatkowana

Botia lohachata
Stanowisko systematyczne: piskorzowate (*Cobitidae*)

ZASIĘG WYSTĘPOWANIA Bangladesz, Indie, Nepal i Pakistan (Azja).
ZAJMOWANE SIEDLISKO wody płynące, jak wartkie rzeczki i strumienie z dnem żwirowym oraz kamienistym.
POKARM wszystkożerna, zjada bezkręgowce wodne oraz miękką materię roślinną.

AKWARIUM

- temperatura: 24–30°C • pH: 6–8
- twardość wody: 5–12°n

Bocja siatkowana jest rybą towarzyską, zatem należy hodować przynajmniej 6–8 osobników, a jeśli to możliwe nawet więcej. Pojedyncze osobniki stają się agresywne wobec współmieszkańców i w rezultacie marnieją. Wystrój akwarium nie ma większego znaczenia, przy czym zawsze należy zapewnić rybom wiele kryjówek. Wskazana jest wydajna filtracja i wysoki poziom natlenienia wody. Bocje siatkowane akceptują każdy rodzaj pokarmu, przy czym najlepiej karmić je możliwie różnorodnie, z dużym udziałem bezkręgowców oraz dodatkiem pokarmów roślinnych. Bocje siatkowane nadają się do akwarium towarzyskiego, są uważane za jedne z łagodniejszych ryb z tej grupy.

ROZMNAŻANIE

Osobniki dorosłe dorastają nawet do 20 cm długości, dymorfizm płciowy nie występuje. Nieznany jest sposób rozrodu tego gatunku w warunkach akwariowych. Wszystkie osobniki dostępne w handlu pochodzą z odłowów lub z rozrodu przy użyciu stymulacji hormonalnej.

Piskorek półpręgowany

Pangio kuhlii

Stanowisko systematyczne: piskorzowate (*Cobitidae*)

ZASIĘG WYSTĘPOWANIA Borneo, Sumatra, Singapur, Malezja, Jawa, Indie (Azja).

ZAJMOWANE SIEDLISKO wolno płynące, leśne strumienie i rzeczki z dnem mulistym, zacienione przez rosnącą w pobliżu roślinność, zarzucone liśćmi i gałęziami.

POKARM bezkręgowce wodne, znajdowane na dnie i w dnie, w tym także ślimaki.

AKWARIUM

- temperatura: 22–28°C
- pH: 5,5–7,5
- twardość wody: 4–10°n

Piskorki w warunkach naturalnych widuje się w grupach, zatem i w akwarium najlepiej trzymać 6–8 osobników lub więcej. Minimalna długość akwarium dla takiej grupy ryb to 60–80 cm. W handlu można spotkać osobniki albinotyczne oraz dziko ubarwione. Wystrój zbiornika powinien odzwierciedlać siedlisko leśnego strumienia: dno piaszczyste (w żwirowym ryby mogą się kaleczyć i mają trudności ze znajdowaniem pokarmu), na nim warstwa liści zapewniająca dodatkowe schronienia piskorkom, oświetlenie raczej rozproszone i niezbyt intensywne, kilka korzeni i gałęzi, możliwa warstwa roślinności pływającej. Można także obsadzić akwarium gęsto roślinami, gdyż w nich także piskorki te uwielbiają przebywać. Bardzo chętnie zjadają pokarmy żywe i mrożone, jak bezkręgowce wodne (wodzień, ochotka, larwa komara, dafnia). Piskorki nadają się do akwarium towarzyskiego, nie są agresywne wobec innych ryb.

ROZMNAŻANIE

Obie płcie dorastają do 10 cm długości, przy czym samiczki są okrąglejsze niż samce i niekiedy przez ich powłoki brzuszne można dojrzeć zieloną plamkę, która stanowi jajnik zawierający dojrzałą ikrę. Z kolei samce mają pogrubiony pierwszy promień płetw piersiowych. Piskorki sporadycznie rozmnażają się w akwarium. Samiec ugania się za samicą, owija się wokół niej, w efekcie samica składa 500–700 jaj zielonego koloru, które przyklejają się do roślin.

Mułojad

Acanthopsis choirorhynchus
Stanowisko systematyczne: piskorzowate (*Cobitidae*)

ZASIĘG WYSTĘPOWANIA dorzecza rzek Mekong i Chao Phraya na terenie Mjanmy, Indii, Wietnamu, Malezji, Indonezji, Borneo, Sumatry i Jawy (Azja).

ZAJMOWANE SIEDLISKO głównie wody płynące (wartkie strumienie i rzeczki z dnem piaszczystym, żwirowym oraz mulistym), ale też okresowo zalane w porze deszczowej tereny leśne.

POKARM bezkręgowce oraz detrytus pobierany wprost z przesiewanego przez rybę podłoża.

AKWARIUM

- temperatura: 16–24°C
- pH: 6–8
- twardość wody: 5–20°n

W warunkach naturalnych mułojady nie tworzą ścisłych grup, żyją raczej w luźnych skupieniach lub pojedynczo, dlatego i w akwarium można trzymać je samotnie albo w większej grupie. Prowadzą denny tryb życia, przy czym zwykle tkwią zagrzebane w podłożu, z którego wystają jedynie ich oczy. Nie są agresywne, nadają się do akwarium towarzyskiego. Mogą wykopywać słabiej ukorzenione rośliny. Wystrój zbiornika nie ma większego znaczenia, jeśli tylko ryby mają zapewnione kilka kryjówek oraz możliwość zakopania się w miękkim podłożu (nie żwirowym, nigdy ostro krawędzistym). Akceptują każdy rodzaj tonącego pokarmu, lecz najbardziej wskazane są mrożone bezkręgowce (larwy ochotkowatych, wodzieni lub komarów, wioślarki, dorosły solowiec itp.).

ROZMNAŻANIE

Obie płcie dorastają do 20 cm długości, samice są nieco grubsze i masywniejsze od samców, osobniki męskie mają z kolei pogrubiony pierwszy promień płetw piersiowych. Nie ma informacji na temat udanego rozrodu tego gatunku w warunkach akwariowych.

Akara pomarańczowopłetwa

Andinoacara rivulatus
Stanowisko systematyczne: pielęgnicowate (*Cichlidae*)

ZASIĘG WYSTĘPOWANIA tereny obejmujące rzeki Esmeraldas w Peru oraz Tumbes w Ekwadorze (Ameryka Południowa).

ZAJMOWANE SIEDLISKO wody raczej płynące, jak strumienie i rzeczki, także wody przybrzeżne.

POKARM wszystkożerna, chętnie zjada bezkręgowce wodne, owady które upadną na powierzchnię wody, mniejsze ryby, materię roślinną, detrytus.

AKWARIUM

- **temperatura: 20–24°C**
- **pH: 6,5–8**
- **twardość wody: 5–25°n**

Akara pomarańczowopłetwa ze względu na bardzo silny terytorializm zyskała nazwę zwyczajową *Green terror*. W akwarium można trzymać je w dobranych parach, minimalna długość zbiornika to 120 cm. W zbiornikach znacznie większych można pokusić się o dopuszczenie drugiej pary. Wystrój powinno stanowić miękkie, najlepiej piaszczyste dno, w którym ryby chętnie kopią. Aby zapewnić im kryjówki, warto umieścić w zbiorniku korzenie i gałęzie, niewielkie skałki itp. Większość roślin zostanie wykopana, dlatego najlepiej sprawdzą się epifity, umieszczone na korzeniach lub pływające (np. Anubias, Microsorium, Bolbitis itp.). Akary nie są wybredne, akceptują każdy rodzaj pokarmu, jednak wskazane jest dbanie o różnorodność w ich diecie. Nie nadają się do akwarium towarzyskiego z uwagi na silną agresję wewnątrz- i międzygatunkową (terytorializm).

ROZMNAŻANIE

Samce (na zdjęciu) są większe (długość 30 cm) od samic (długość 20 cm) i mają wydłużone płetwy nieparzyste oraz okazały guz tłuszczowy na głowie. Samice są mniejsze i nieco mniej kolorowe. Dobrana para czyści płaską powierzchnię (może to być kamień albo dno akwarium), na której składa drobną ikrę (600–800 sztuk). Oboje rodzice opiekują się wylęgiem.

Barwniak czerwonobrzuchy

Pelvicachromis pulcher
Stanowisko systematyczne: pielęgnicowate (*Cichlidae*)

ZASIĘG WYSTĘPOWANIA Nigeria, Kamerun i Benin (Afryka).

ZAJMOWANE SIEDLISKO głównie wody płynące, jak leśne strumienie i rzeczki z dnem piaszczystym oraz mulistym.

POKARM głównie glony i detrytus pobierane z przesiewanego przez ryby podłoża.

AKWARIUM

- **temperatura: 23–25°C**
- **pH: 5–8**
- **twardość wody: 5–19°n**

Barwniaki czerwonobrzuche są rybami terytorialnymi, których agresja znacznie wzrasta w okresie tarła i odchowu młodych. W akwarium należy trzymać je parami, a najmniejsza długość zbiornika dla jednej pary to 80 cm. Możliwe jest hodowanie barwniaków w akwariach towarzyskich, ale zawsze jest konieczna szczególna ostrożność przy dobieraniu współmieszkańców. Wystrój akwarium powinien składać się z piaszczystego dna oraz wielu kryjówek między korzeniami i gałęziami. Należy także umieścić kryjówki imitujące jaskinie (skorupy kokosa lub doniczki). Karmienie barwniaków powinno się opierać na pokarmach roślinnych (spirulina), ale wskazany jest również dodatek drobnych bezkręgowców. Należy wystrzegać się podawania larw ochotki, rurecznika lub serc wołowych, gdyż ten rodzaj pokarmu może doprowadzić do choroby zwanej *bloat* (z ang. 'nadąć', 'napęcznieć'), objawiającej się znaczną opuchlizną części brzusznej oraz śmiercią ryby.

ROZMNAŻANIE

Samce (u góry) są większe (długość 10 cm) od samic (długość 8 cm). Samice (poniżej) charakteryzują się czerwonym jak wiśnia, zaokrąglonym brzuchem, którego barwa intensyfikuje się zwłaszcza w okresie rozrodczym. Tarło odbywa się w kryjówce, w której następnie samica okopuje się, na zewnątrz wystawiając niekiedy tylko czubek pyszczka. Przez okres inkubacji i wylęgu samiec intensywnie broni terytorium.

Pielęgnica niebieskołuska

Rocio octofasciata
Stanowisko systematyczne: pielęgnicowate (*Cichlidae*)

ZASIĘG WYSTĘPOWANIA Meksyk, Honduras, Gwatemala, Belize (Ameryka Północna i Środkowa). Ponadto zawleczona do Stanów Zjednoczonych, Tajlandii, a być może także innych krajów.
ZAJMOWANE SIEDLISKO raczej wody stojące i wolno płynące, jak rzeki, kanały, jeziora i stawy.
POKARM wszystkożerna, zjada głównie bezkręgowce wodne i mniejsze ryby, materię roślinną, detrytus.

AKWARIUM

- temperatura: 20–30°C
- pH: 6,5–8
- twardość wody: 9–20°n

Ze względu na terytorializm należy trzymać te ryby parami (akwarium minimum 120 cm długości), ponieważ każdy inny osobnik może zostać zabity. Gatunek występuje w kilku odmianach barwnych: naturalnej (dzikiej) – tzw. Jack Dempsey, intensywnie niebieskiej (Electric Blue Jack Dempsey), leucystycznej (Gold Jack Dempsey) oraz najrzadszej platynowej (Platinum Jack Dempsey). Wystrój akwarium dowolny, jednak dla dobrego samopoczucia ryb ważne jest piaskowe podłoże, które umożliwia kopanie. Pielęgnice niebieskołuskie można łączyć w jednym akwarium z innymi gatunkami ryb, przy czym należy mieć na względzie drapieżną naturę tych pierwszych oraz wzrost ich agresji w okresie rozrodu. Akceptują każdy rodzaj pokarmu, wskazane jest urozmaicenie.

ROZMNAŻANIE

Samiec jest większy (długość 20 cm) od samicy (długość 17 cm). Ikra jest składana na płaskich powierzchniach, dlatego należy tarlakom zapewnić różne płaskie kamienie, by rozmnożyć ten gatunek. Oboje rodzice opiekują się potomstwem.

Pielęgnica pawiooka

Astronotus ocellatus
Stanowisko systematyczne: pielęgnicowate (*Cichlidae*)

ZASIĘG WYSTĘPOWANIA Ameryka Południowa: rzeka Ukajali i górny bieg Amazonki na terenie Peru i Brazylii (Ameryka Południowa). Dodatkowo introdukowana w Stanach Zjednoczonych na Florydzie oraz w Singapurze.
ZAJMOWANE SIEDLISKO wody wolno płynące i stojące.
POKARM drapieżna (owady, mięczaki, ryby), jednak w sytuacji braku potencjalnych ofiar zadowala się również materią roślinną i owocami, które wpadły do wody.

AKWARIUM

- **temperatura: 20–28°C** • **pH: 6–7,5**
- **twardość wody: 5–20°n**

Pielęgnice pawiookie najlepiej trzymać parami, jednak istnieje możliwość chowania ich także w grupie, o ile mieszkały ze sobą od początku. Minimalna długość akwarium dla jednej pary wynosi 150–200 cm. Podłoże w akwarium powinno być raczej piaszczyste, urozmaicone kilkoma korzeniami i gałęziami oraz kamieniami. Wszystkie elementy wystroju muszą być zabezpieczone przed przewróceniem. Próby hodowli roślin w akwariach z pielęgnicami pawiookimi są skazane na porażkę, ponieważ ryby te nieustannie przekształcają swoje otoczenie i większość roślin zostanie wyrwana lub pocięta. Pielęgnice pawiookie oprócz formy dzikiej, występują w wielu odmianach hodowlanych, zarówno barwnych, jak i weloniastych (Red Oskar, Red Tiger, Albino Tiger, Albino Red, Lemon, Golden, Bloody). Pokarm możliwie różnorodny, ale nie zbyt obfity. Konieczna bardzo wydajna filtracja.

ROZMNAŻANIE

Osobniki dorosłe dorastają do 35–40 cm długości. Dymorfizm płciowy nie występuje, samica od samca różni się nieco innym kształtem pokładełka, co jest widoczne tylko w okresie składania ikry. Tarło odbywa się na dużej, płaskiej powierzchni (kamieniu), składane jest około 2000 jaj. Oboje rodzice opiekują się potomstwem, niekiedy nawet produkują śluzową wydzielinę skórną, służącą młodym jako pierwszy pokarm.

Pielęgnica zebra

Amatitlania nigrofasciata
Stanowisko systematyczne: pielęgnicowate (*Cichlidae*)

ZASIĘG WYSTĘPOWANIA Honduras, Salwador, Gwatemala, Kostaryka, Nikaragua i Panama (Ameryka Środkowa). Ponadto zawleczona do Stanów Zjednoczonych oraz Australii.
ZAJMOWANE SIEDLISKO różnorodne siedliska, od wód wartko płynących, po zupełnie stojące.
POKARM wszystkożerna.

AKWARIUM

- **temperatura: 24–28°C** • **pH: 6–8**
- **twardość wody: 5–30°n**

Gatunek agresywny, terytorialny. Ryby należy trzymać parami w akwarium o długości minimalnej 100 cm. Lubią kopać w dnie, dlatego też najlepsze będzie dla nich podłoże z piasku, na którym umieści się korzenie, gałęzie oraz kamienie. Wśród nich ryby znajdą kryjówki i prawdopodobnie miejsce tarła. Nie jest łatwo połączyć pielęgnice zebry w jednym zbiorniku z innymi rybami. Akceptują każdy rodzaj pokarmu, jednak wskazane jest karmienie możliwie różnorodne. Pielęgnica zebra jest niezwykle odporna i toleruje szeroki zakres parametrów wody, przez co nadaje się dla akwarystów początkujących, jednak należy pamiętać o jej agresji wobec innych współmieszkańców akwarium.

ROZMNAŻANIE

Samce (po lewej na lewym zdjęciu) rosną większe (długość 15 cm), mają niekiedy wyraźny guz na głowie i wydłużone płetwy nieparzyste. Natomiast samiczki (długość 8 cm, prawe zdjęcie) charakteryzują się ładniejszą od samców kolorystyką, zwłaszcza w okresie godowym. Tarło odbywa się w kryjówce, klejąca ikra jest umieszczana na powierzchni kamienia lub łupiny kokosa. Samica pilnuje potomstwa, natomiast osobnik męski w tym czasie strzeże terytorium. W okresie rozrodczym wzrasta dodatkowo agresja tarlaków.

Pielęgnica wielobarwna

Paraneetroplus synspilus
Stanowisko systematyczne: pielęgnicowate (*Cichlidae*)

ZASIĘG WYSTĘPOWANIA rzeka Usumacinta na terenie Meksyku, Gwatemali, Belize (Ameryka Północna i Środkowa).
ZAJMOWANE SIEDLISKO wody leniwie płynące oraz stojące, niekiedy słonawe.
POKARM głównie roślinny, z niewielkimi dodatkami w postaci bezkręgowców wodnych.

AKWARIUM

- temperatura: 24–30°C • pH: 7–8
- twardość wody: 9–20°n

Ryby należy trzymać parami, ponieważ są terytorialne i zwłaszcza w okresie godowym mogą uszkodzić, a nawet zabić innych przedstawicieli swojego gatunku. Nawet w obrębie dobranej pary zdarza się agresja, zatem powinno się zapewnić rybom schronienia (zwłaszcza dla samicy), a minimalna długość zbiornika dla jednej pary powinna wynosić 120–150 cm. Dno powinno być piaszczyste, a wszelkie elementy wystroju zabezpieczone przed przewróceniem, ponieważ ryby te często aranżują ich położenie samodzielnie. Z tego samego powodu hodowla roślin w akwarium z pielęgnicami wielobarwnymi nie kończy się powodzeniem.

ROZMNAŻANIE

Samiec (na dole) jest większy (długość 40 cm) od samicy (długość 30 cm, na górnym zdjęciu po prawej), na jego czole wyraźnie zaznacza się guz, a płetwy nieparzyste są wydłużone. Para przed tarłem czyści płaską powierzchnię (najczęściej kamień, jeśli jest dostępny), gdzie następnie samica przykleja ikrę. Oboje rodzice strzegą wylęgu.

Żaglowiec skalar

Pterophyllum scalare
Stanowisko systematyczne: pielęgnicowate (*Cichlidae*)

ZASIĘG WYSTĘPOWANIA gatunki wyjściowe zamieszkują Amerykę Południową: dorzecze Amazonki (Peru, Kolumbia, Brazylia, Gujana, Gujana Francuska, Surinam).
ZAJMOWANE SIEDLISKO wody leniwie płynące lub stojące, takie jak rozlewiska, starorzecza, głównie w pobliżu gęstej roślinności lub zatopionych korzeni zapewniających kryjówki.
POKARM głównie bezkręgowce wodne.

AKWARIUM

- **temperatura: 24–30°C**
- **pH: 6–7,4**
- **twardość wody: 0–15°n**

To stosunkowo łagodnie usposobiony gatunek pielęgnicowatych, dzięki czemu można trzymać w jednym akwarium niewielką ich grupę. Zbiornik dla 5–6 osobników powinien mieć przynajmniej 150 cm długości, przy czym ważna jest także wysokość (przynajmniej 50 cm). Dno powinno być piaszczyste, urozmaicone wieloma korzeniami i gałęziami, wskazany jest także dodatek liści na dnie. Możliwa jest również aranżacja roślinna, gdyż skalary ich nie niszczą. Pielęgnica ta nadaje się do akwarium towarzyskiego, ale może zjadać mniejsze ryby. Istnieje bardzo wiele odmian tych ryb, o nieznanym pochodzeniu, będących krzyżówkami odmian lokalnych i podgatunków dziko żyjących, a także efektem celowej hodowli akwarystów (skalary koi, czarne, dymne, niebieskie, platynowe, zebra, duch, weloniaste itd.). Określenie ich przynależności gatunkowej jest niemożliwe.

ROZMNAŻANIE

Samce (po lewej) nie różnią się znacząco od samic (u góry), niekiedy mają lekko zaznaczony guz na czole oraz większe rozmiary. Pewność w rozpoznaniu płci jest możliwa podczas tarła, kiedy są widoczne różnice w kształcie brodawki płciowej samca (zaostrzona) i samicy (owalna). Dobrana para czyści wspólnie kawałek pionowej powierzchni, a następnie przykleja na nim ikrę, którą samiec zapładnia. Oboje rodzice opiekują się wylęgiem.

Dyskowiec, paletka

Symphysodon sp.
Stanowisko systematyczne: pielęgnicowate (*Cichlidae*)

ZASIĘG WYSTĘPOWANIA dorzecze Amazonki na terenie Brazylii i Peru; ponadto zawleczone do Surinamu i Gujany (Ameryka Południowa).

ZAJMOWANE SIEDLISKO wody wolno płynące lub stojące, jak rozlewiska rzeczne, zalane tereny leśne, jeziorka i stawy leśne, zwykle w gąszczu podwodnych korzeni i gałęzi zapewniających im schronienie.

POKARM wszystkożerna, chętnie zjada materię roślinną (kwiaty, owoce, nasiona, liście), bezkręgowce wodne i lądowe, detrytus, glony.

AKWARIUM

- temperatura: 26–30°C
- pH: 4,2–6,2
- twardość wody: 0–15°n

Paletek nie poleca się początkującym akwarystom, ponieważ są delikatne i mają specyficzne wymagania względem parametrów wody oraz pokarmu. Pielęgnice z rodzaju *Symphysodon* obecne w akwariach pochodzą od kilku gatunków wyjściowych, wyhodowano ponad 100 odmian, niekiedy dostępne są także formy dzikie pochodzące z odłowu. Są to ryby żyjące w grupach, jednak można trzymać je także parami, w akwarium o długości minimalnej 120–150 cm i wysokości przynajmniej 50 cm. W akwarium z paletkami zaleca się podłoże piaszczyste, z którego ryby mogą „wydmuchiwać" cząstki pokarmu, jak czynią to w naturze. Pokarm powinien być możliwie zróżnicowany, zawierający zarówno składniki pochodzenia roślinnego, jak i bezkręgowce. Wielu hodowców samodzielnie przyrządza dla swoich ryb mieszanki pokarmowe. Paletki mogą mieszkać w akwarium towarzyskim, gdyż nie wykazują agresji wobec innych gatunków, nie niszczą także roślin. Ryby te są wrażliwe na nagłe zmiany parametrów wody, wymagają dobrej i wydajnej filtracji.

ROZMNAŻANIE

Rozróżnienie płci jest bardzo trudne. Ryby czyszczą wspólnie pionową powierzchnię, a następnie samica składa tam ikrę, którą samiec na bieżąco zapładnia. Oboje rodzice opiekują się potomstwem, przy czym opieka posunięta jest tak dalece, że dorosłe ryby wytwarzają specjalną, śluzową wydzielinę, będącą pierwszym pokarmem wylęgu.

Pielęgniczka kakadu

Apistogramma cacatuoides
Stanowisko systematyczne: pielęgnicowate (*Cichlidae*)

ZASIĘG WYSTĘPOWANIA dorzecze Amazonki na terenie Peru, Brazylii i Surinamu (Ameryka Południowa).
ZAJMOWANE SIEDLISKO wody wolno płynące i stojące, jak leśne strumienie i rozlewiska.
POKARM drobne bezkręgowce wodne.

AKWARIUM

- temperatura: 22–29°C • pH: 5–7
- twardość wody: 5–19°n

Pielęgniczki kakadu w warunkach naturalnych żyją w parach lub w haremach składających się z jednego samca i kilku samic. W warunkach akwariowych najlepiej trzymać je w podobnych konfiguracjach. Dla 3–4 ryb proponowana minimalna długość akwarium to 80 cm, w zbyt małym lub nieodpowiednio urządzonym zbiorniku samice mogą ze sobą walczyć, albo samiec może je zbytnio nękać. Podłożem powinien być zawsze piasek, nigdy żwir, a na dnie wskazane jest umieszczenie liści. Ważnym elementem wystroju są także kryjówki między korzeniami i gałęziami. Pielęgniczki kakadu nadają się do akwarium towarzyskiego, w którym żyją inne niewielkie ryby o podobnych wymaganiach środowiskowych. W handlu jest dostępnych kilka odmian kolorystycznych tego gatunku (Orange Flash, Double Red, Triple Red i inne). Pożywienie pielęgniczek kakadu powinno się opierać przede wszystkim na larwach owadów wodnych, planktonie, solowcu, z ewentualnym urozmaiceniem w postaci pokarmów suchych.

ROZMNAŻANIE

Samiec (u góry) jest większy (długość 7 cm) i bardziej kolorowy od samicy (długość 5 cm). Ma także znacznie wydłużone płetwy nieparzyste. Tarło odbywa się w kryjówce, samica opiekuje się ikrą i wylęgiem. W tym czasie może stać się agresywna nawet wobec dużo większego samca.

Pielęgniczka Ramireza

Mikrogeophaus ramirezi
Stanowisko systematyczne: pielęgnicowate (*Cichlidae*)

ZASIĘG WYSTĘPOWANIA dorzecze rzeki Orinoko na terenie Wenezueli i Kolumbii (Ameryka Południowa).
ZAJMOWANE SIEDLISKO wody stojące lub leniwie płynące, dno piaszczyste lub muliste.
POKARM drobne bezkręgowce wodne oraz lądowe, zooplankton, detrytus.

AKWARIUM

- **temperatura: 22–30°C** • **pH: 4–7**
- **twardość wody: 1–12°n**

Pielęgniczki Ramireza w akwarium powinny być trzymane parami, przy czym minimalna długość zbiornika dla jednej pary to 60 cm. Konieczne jest dno piaszczyste, na którym zaleca się umieścić liście oraz korzenie, zapewniające rybom kryjówki. Pielęgniczki Ramireza występują w kilku odmianach hodowlanych, o znacznie zmodyfikowanym w stosunku do formy wyjściowej ubarwieniu, a także w formach weloniastych (Longfin German Blue, Gold, Albino). Mimo że w naturalnym środowisku tych ryb nie ma zbyt wiele roślinności, w warunkach akwariowych doskonale nadają się do zbiorników roślinnych, jak również i towarzyskich z innymi niewielkimi rybami o podobnej wielkości. Pokarmem pielęgniczki Ramireza powinny być przede wszystkim drobne bezkręgowce wodne, larwy owadów, plankton, z niewielkim dodatkiem gotowych pokarmów suchych.

ROZMNAŻANIE

Samiec ma dłuższe pierwsze promienie płetwy grzbietowej i jest większy (długość 6 cm) niż samica (długość 5 cm). Tarło odbywa się w kryjówce, samica opiekuje się wylęgiem, podczas gdy samiec strzeże terenu.

Pielęgniczka żółta

Apistogramma borellii
Stanowisko systematyczne: pielęgnicowate (*Cichlidae*)

ZASIĘG WYSTĘPOWANIA dorzecze rzeki Paragwaj oraz Parana na terenie Brazylii, Paragwaju, Argentyny (Ameryka Południowa).

ZAJMOWANE SIEDLISKO wody wolno płynące i stojące, takie jak leśne strumienie i rozlewiska.

POKARM drobne bezkręgowce wodne, owady lądowe.

AKWARIUM

- temperatura: 20–26°C
- pH: 5–8
- twardość wody: 5–19°n

Pielęgniczki żółte należy trzymać parami, w akwarium o długości przynajmniej 60 cm. Wystrój zbiornika może być typowo roślinny, jak również przypominać biotop leśnego strumienia w Amazonii, w każdym jednak przypadku ryby powinny mieć zapewnione wiele kryjówek. Priorytetem w hodowli pielęgniczki żółtej jest dno piaszczyste, w którym ryby mogą żerować i kopać. Ryby te nie są agresywne, nadają się do akwarium towarzyskiego, jednak ich terytorializm wzmaga się w okresie tarła i odchowu potomstwa. Najchętniej akceptują pokarmy pochodzenia naturalnego, głównie drobne bezkręgowce wodne. Nieco mniej chętnie zjadają gotowe pasze suche, jednak i do takiego pokarmu potrafią się przyzwyczaić. Warto zadbać o urozmaicenie ich diety, by otrzymać pięknie rozwinięte i ubarwione ryby.

ROZMNAŻANIE

Samiec jest większy (długość 6,5 cm) od samicy (długość 5 cm), która jest znacznie mniej kolorowa. Płetwy samca są wyjątkowo ozdobne i wydłużone. Tarło odbywa się w kryjówce, gdzie samica przykleja porcję ikry do płaskiej powierzchni. Samica zajmuje się potomstwem, natomiast samiec patroluje otoczenie.

Muszlowiec wielkooki

Lamprologus ocellatus
Stanowisko systematyczne: pielęgnicowate (*Cichlidae*)

ZASIĘG WYSTĘPOWANIA jezioro Tanganika (Afryka); gatunek endemiczny.
ZAJMOWANE SIEDLISKO przybrzeżne strefy piaszczyste oraz skalisto-piaszczyste jeziora, w miejscach, gdzie zalegają puste muszle mięczaków.
POKARM bezkręgowce wodne, plankton.

AKWARIUM

- temperatura: 23–27°C
- pH: 7,5–9
- twardość wody: 10–25°n

Muszlowce wielkookie należy trzymać parami. Minimalna długość zbiornika dla dwóch osobników powinna wynosić 50 cm. Dobrze, by wystrój akwarium powinien odzwierciedlał naturalne warunki życia tego gatunku: dno wyłącznie piaszczyste, usiane pustymi muszlami ślimaków, w których ryby znajdą schronienie. Muszlowce potrafią tak zakopać muszlę, że w piachu jest widoczne jedynie wejście do niej. Każdy osobnik bardzo energicznie broni swojej muszli i otaczającego jej terenu, potrafi kąsać nawet rękę akwarysty. Niewskazane jest umieszczanie korzeni w zbiorniku. Muszlowce najchętniej zjadają mrożone larwy owadów wodnych oraz zooplankton, ale ich dietę można urozmaicać także dobrymi pokarmami suchymi.

ROZMNAŻANIE

Samce (długość 6,5 cm) są znacznie większe od samic (długość 3,5 cm). Tarło odbywa się w muszli mięczaka lub, w razie jej braku, w możliwie małej kryjówce. Samica opiekuje się wylęgiem, który początkowo przebywa również w muszli. Samiec nie bierze udziału w opiece nad potomstwem.

Księżniczka z Burundi, lirniczka

Neolamprologus brichardi
Stanowisko systematyczne: pielęgnicowate (*Cichlidae*)

ZASIĘG WYSTĘPOWANIA jezioro Tanganika (Afryka); gatunek endemiczny.
ZAJMOWANE SIEDLISKO przybrzeżne strefy skaliste jeziora.
POKARM zooplankton, drobne bezkręgowce wodne.

AKWARIUM

- **temperatura: 23–27°C**
- **pH: 7,5–9**
- **twardość wody: 10–25°n**

Księżniczki należy trzymać parami lub w niewielkich grupach rodzinnych. Gatunek odznacza się nietypowym zachowaniem po wylęgu narybku, kiedy to starsze potomstwo pomaga rodzicom w opiece nad młodszymi wylęgami. Z czasem z kilku ryb można dochować się licznej rodziny, żyjącej we względnym spokoju. Minimalna długość zbiornika dla ryb z tego gatunku powinna wynosić 120 cm. Księżniczki z Burundi nie nadają się do akwarium towarzyskiego, ponieważ mają silnie rozwinięty instynkt terytorialny. Najbezpieczniej trzymać je w akwarium jednogatunkowym. Podłoże powinno być piaszczyste, gdyż ryby z tego gatunku lubią kopać w dnie. Na piasku warto umieścić kilka kamieni tworzących jaskinie, w których ryby znajdą schronienie. Akceptują każdy rodzaj pokarmu, jednak wskazane jest urozmaicenie.

ROZMNAŻANIE

Samce rosną zwykle większe (9 cm długości) niż samice (7 cm długości). Ponadto u dojrzałych samców można zauważyć guz tłuszczowy na głowie oraz bardziej niż u samic wydłużone końce płetw. Tarło odbywa się w kryjówce, ikra jest przyklejana do płaskiej powierzchni. Wylęgiem opiekują się oboje rodzice, a z czasem także rodzeństwo.

Naskalnik kędzierzawy

Julidochromis ornatus
Stanowisko systematyczne: pielęgnicowate (*Cichlidae*)

ZASIĘG WYSTĘPOWANIA jezioro Tanganika (Afryka); gatunek endemiczny.
ZAJMOWANE SIEDLISKO przybrzeżne strefy skaliste jeziora.
POKARM drobne bezkręgowce wodne, zooplankton.

AKWARIUM

- **temperatura: 23–27°C** • **pH: 7,5–9**
- **twardość wody: 10–25°n**

Naskalniki kędzierzawe należą do gatunków silnie terytorialnych, a w akwarium najlepiej trzymać je parami. Dla jednej pary należy przewidzieć zbiornik o długości minimalnej 60 cm. Wystrój powinien odzwierciedlać biotop skalisty jeziora Tanganika: na piaszczystym dnie należy umieścić wiele skał i kamieni, które stworzą labirynty i jaskinie. Akceptują każdy rodzaj pokarmu, jednak podstawę powinny stanowić drobne bezkręgowce wodne i zooplankton, a pokarmy suche jedynie urozmaicenie. Nadają się do akwarium towarzyskiego z innymi rybami z jeziora Tanganika.

ROZMNAŻANIE

Samice są nieco większe (długość 8 cm) od samców (długość 7 cm), ponadto osobniki różnią się także kształtem brodawki płciowej. Tarło odbywa się w kryjówce skalnej, ikra jest przyklejana do płaskiej powierzchni. Po złożeniu jaj samica opiekuje się nimi, natomiast samiec patroluje terytorium.

Szczelinowiec Leleupa

Neolamprologus leleupi
Stanowisko systematyczne: pielęgnicowate (*Cichlidae*)

ZASIĘG WYSTĘPOWANIA jezioro Tanganika (Afryka); gatunek endemiczny.
ZAJMOWANE SIEDLISKO przybrzeżne strefy skaliste jeziora.
POKARM drobne bezkręgowce wodne, zooplankton, mniejsze ryby.

AKWARIUM

- **temperatura: 23–27°C** • **pH: 7–9**
- **twardość wody: 10–25°n**

Gatunek terytorialny, możliwe jest trzymanie tych ryb wyłącznie parami (minimalna długość akwarium powinna wynosić 60 cm), chyba że dysponuje się naprawdę dużym zbiornikiem. Szczelinowce Leleupa można jednak łączyć w jednym zbiorniku z innymi pielęgnicami z jeziora Tanganika, zajmującymi odmienne strefy akwarium. Wystrój powinien odzwierciedlać biotop skalisty jeziora: piaszczyste dno, a na nim wiele skał i kamieni tworzących jaskinie i labirynt kryjówek niezbędnych do dobrego samopoczucia tych ryb. Akceptują każdy rodzaj pokarmu, przy czym najbardziej wskazane są drobne bezkręgowce oraz zooplankton.

ROZMNAŻANIE

Samce dorastają do nieco większych rozmiarów (długość 10 cm), ponadto mają lekko zaznaczony garb tłuszczowy na głowie. Samice są zwykle mniejsze (długość 9 cm), jednak różnice między płciami są raczej słabo wyrażone. Tarło odbywa się w kryjówce skalnej, po nim samica zajmuje się opieką nad potomstwem, a samiec głównie strzeże terytorium.

Pielęgnica brabancka Moora

Tropheus moorii
Stanowisko systematyczne: pielęgnicowate (*Cichlidae*)

ZASIĘG WYSTĘPOWANIA jezioro Tanganika (Afryka); gatunek endemiczny.

ZAJMOWANE SIEDLISKO przybrzeżne strefy skaliste jeziora.

POKARM głównie peryfiton, czyli glony porastające skały i kamienie, niekiedy drobne bezkręgowce, zooplankton.

AKWARIUM

- **temperatura: 23–27°C**
- **pH: 7,5–9**
- **twardość wody: 10–25°n**

Pielęgnice brabanckie Moora (inaczej: trofeusy Moora) żyją w stadach, a dokładniej w haremach, przy czym wykazują dużą agresję wewnątrzgatunkową. Z tych powodów należy trzymać je w grupach liczących co najmniej 10–15 osobników, w dużych akwariach (minimalna długość 150 cm). Wymagają wydajnej filtracji oraz stabilnych parametrów wody. Wystrój akwarium powinien odzwierciedlać skalisty biotop jeziora: piaszczyste dno, a na nim wiele skał i kamieni, tworzących labirynt jaskiń i kryjówek niezbędnych dla tych ryb. Pokarm powinien być głównie roślinny, oparty na spirulinie, z niewielkim dodatkiem zooplanktonu lub solowca. Niewskazana jest ochotka lub rurecznik, ponieważ w krótkim czasie doprowadzają do zapalenia przewodu pokarmowego (tzw. *bloat*) i śmierci ryb. Występuje wiele odmian geograficznych tych ryb, nie należy ich krzyżować.

ROZMNAŻANIE

Dymorfizm płciowy praktycznie nie występuje, jedyną wskazówką rozróżniającą jest nieco inny wygląd brodawki płciowej samca i samicy. Tarło odbywa się na powierzchni kamienia, duża ikra po złożeniu jest zbierana przez samicę do jamy gębowej, gdzie następuje zapłodnienie. Samica nosi jaja przez około cztery tygodnie w pysku, po czym jeszcze około tygodnia trwa opieka rodzicielska samicy nad wyklutym narybkiem. Samiec nie bierze udziału w odchowie potomstwa.

Pyszczak żółty

Labidochromis caeruleus
Stanowisko systematyczne: pielęgnicowate (*Cichlidae*)

ZASIĘG WYSTĘPOWANIA jezioro Malawi (Afryka); gatunek endemiczny.
ZAJMOWANE SIEDLISKO przybrzeżne strefy skaliste jeziora oraz gęsto zarośnięte strefy dna mulistego.
POKARM drobne bezkręgowce wodne, które wybiera z warstwy glonów porastających skały oraz z dna; glony, detrytus.

AKWARIUM

- temperatura: 24–28°C
- pH: 7,7–8,6
- twardość wody: 10–25°n

Najkorzystniej jest trzymać pyszczaki żółte w grupach (6–10 osobników), w akwarium o długości powyżej 120 cm. Nie są zbytnio agresywne, jednak samce mogą nękać samice, więc poleca się dobierać ryby w taki sposób, aby na jednego samca przypadało kilka samic. Wystrój akwarium powinien odzwierciedlać biotop skalisty jeziora Malawi: piaszczyste dno, a na nim wiele skał i kamieni. Pyszczaki żółte nadają się do zbiornika towarzyskiego z innymi pielęgnicami z jeziora Malawi. Akceptują każdy rodzaj pokarmu.

ROZMNAŻANIE

Samce (dolne zdjęcie) są nieco większe (długość 12 cm) i intensywniej ubarwione od samic (długość 11 cm). Ponadto u samców jest wyraźniejsza czarna obwódka na płetwach. Tarło (ukazane na górnym zdjęciu) odbywa się na powierzchni płaskiego kamienia, samica składa ikrę i natychmiast zbiera ją do jamy gębowej. Zapłodniona ikra jest noszona przez nią przez około trzy tygodnie, po czym następuje uwolnienie młodych. Samiec nie bierze udziału w opiece nad potomstwem.

Pyszczak zebra

Maylandia estherae
Stanowisko systematyczne: pielęgnicowate (*Cichlidae*)

ZASIĘG WYSTĘPOWANIA jezioro Malawi (Afryka); gatunek endemiczny, zagrożony.
ZAJMOWANE SIEDLISKO przybrzeżne strefy skaliste jeziora.
POKARM glony porastające skały (peryfiton) wraz z zamieszkującymi je drobnymi organizmami, zooplankton.

AKWARIUM

- **temperatura: 24–28°C**
- **pH: 7,7–8,6**
- **twardość wody: 10–25°n**

Pyszczak zebra jest jednym z bardziej agresywnych pyszczaków malawijskich i z tego powodu powinien być trzymany w grupie (6 osobników lub więcej), w akwarium o długości minimalnej 150 cm. Wskazane jest tzw. kontrolowane przerybienie, ponieważ pozwala to równomiernie rozłożyć agresję między poszczególnymi osobnikami. Zebry nadają się do akwariów towarzyskich z innymi pyszczakami malawijskimi. Jest to gatunek polimorficzny, tj. występujący w kilku odmianach kolorystycznych (Zebra Red-Red, Zebra Red-Blue). Wystrój zbiornika powinien odzwierciedlać skalisty biotop jeziora Malawi: piaszczyste dno z dużą liczbą skał i kamieni. Podstawowym pokarmem pyszczaków zebr powinny być gotowe pokarmy roślinne na bazie spiruliny, ale wskazany jest także niewielki dodatek drobnych bezkręgowców wodnych i zooplanktonu.

ROZMNAŻANIE

Samce (długość 10 cm) rosną nieco większe od samic (długość 9 cm), przy czym u niektórych starszych osobników uwidacznia się niewielki guz na głowie. Samce są bardziej kolorowe, a u odmiany Red-Blue w okresie dojrzałości zmieniają kolor na niebieski, podczas gdy samice pozostają jasne. Tarło przebiega w sposób typowy dla gębaczy. Samica nosi ikrę i wylęg w pysku przez około trzy tygodnie, natomiast samiec nie bierze udziału w opiece rodzicielskiej.

Pyszczak złocisty

Melanochromis auratus
Stanowisko systematyczne: pielęgnicowate (*Cichlidae*)

ZASIĘG WYSTĘPOWANIA jezioro Malawi (Afryka); gatunek endemiczny.
ZAJMOWANE SIEDLISKO skaliste strefy przybrzeżne jeziora.
POKARM peryfiton: glony porastające skały wraz z zamieszkującymi je drobnymi organizmami.

AKWARIUM

- **temperatura: 24–28°C** • **pH: 7,7–8,6**
- **twardość wody: 10–25°n**

Jeden z bardziej agresywnych pyszczaków malawijskich, dlatego też należy trzymać go w grupach z przewagą samic (przynajmniej 6–10 osobników), w stanie kontrolowanego przerybienia, jednak w akwarium nie krótszym niż 120–150 cm. Wystrój powinien odzwierciedlać skalisty biotop jeziora Malawi: piaszczyste dno oraz wiele skał i kamieni rozmieszczonych tak, żeby tworzyły jaskinie oraz kryjówki. Pyszczaki złociste należy karmić głównie pokarmami na bazie roślin (spirulina), jednak wskazany jest także niewielki dodatek drobnych bezkręgowców, solowca lub zooplanktonu. Jest to gatunek wrażliwy na przekarmianie. Może być częścią akwarium towarzyskiego wraz z innymi pyszczakami z jeziora Malawi.

ROZMNAŻANIE

Samce są nieco większe (długość 11 cm) i ubarwione niebiesko, podczas gdy samice (górne zdjęcie) są mniejsze (długość 10 cm) i ich kolorem dominującym jest raczej złoty. Tarło przebiega w sposób charakterystyczny dla pyszczaków, samica nosi ikrę i młode w jamie gębowej przez około trzy tygodnie. Samiec nie bierze udziału w opiece.

Pyszczak nóż

Dimidiochromis compressiceps
Stanowisko systematyczne: pielęgnicowate (*Cichlidae*)

ZASIĘG WYSTĘPOWANIA jeziora Malawi oraz Malombe i łącząca je rzeka Shire (Afryka).
ZAJMOWANE SIEDLISKO zwykle rejony gęsto zarośnięte roślinnością podwodną.
POKARM mniejsze ryby.

AKWARIUM

- **temperatura: 24–28°C** • **pH: 7,7–8,6**
- **twardość wody: 10–25°n**

Pyszczaki te należy trzymać w grupie z przewagą samic. Ryby dorastają do 25 cm, zatem do ich hodowli jest wymagane duże akwarium (długość minimalna 150–200 cm). Podłoże powinno być piaszczyste, boki i tył zbiornika obsadzone roślinnością, jednak należy także pozostawić miejsce do pływania oraz stworzyć rybom kilka kryjówek w zakamarkach między skałami i kamieniami. Pożywienie pyszczaków noży powinno zawierać mniejsze ryby oraz duże bezkręgowce wodne, jednak ryby te są łakome i chętnie akceptują także pokarmy suche.

ROZMNAŻANIE

Samce (górne zdjęcie) są wyraźnie większe (długość 25 cm) od samic (długość 15 cm, dolne zdjęcie), a także atrakcyjniej ubarwione (niebiesko-zielone, intensywnie lśniące), w odróżnieniu od szarobrunatnych samic i osobników niedojrzałych. Przed tarłem samce kopią duże, okrągłe wgłębienia w dnie, gdzie tarło odbywa się w sposób charakterystyczny dla gębaczy. Samica nosi w jamie gębowej ikrę i młode przez około trzy tygodnie. Samiec nie bierze udziału w opiece rodzicielskiej.

Smukleń pryskacz

Copella arnoldi
Stanowisko systematyczne: smukleniowate (*Lebiasinidae*)

ZASIĘG WYSTĘPOWANIA dorzecze Amazonki na terenie Brazylii, Gujany, Surinamu, Gujany Francuskiej (Ameryka Południowa).

ZAJMOWANE SIEDLISKO wody płynące oraz stojące, takie jak leśne strumienie i rozlewiska, zacienione przez gęstą roślinność lądową.

POKARM drobne bezkręgowce wodne i lądowe, zbierane chętnie z powierzchni, zooplankton.

AKWARIUM

- **temperatura: 20–28°C** • **pH: 4–7,5**
- **twardość wody: 1–12°n**

Smuklenie w warunkach naturalnych żyją w luźnych grupach, nigdy samotnie, dlatego w akwarium należy trzymać grupę 8–10 osobników (minimalna długość akwarium to 60 cm). Są spokojne, dobrze komponują się w zbiornikach towarzyskich z innymi niewielkimi rybami o podobnych wymaganiach odnośnie parametrów wody. Wystrój akwarium powinien odzwierciedlać środowisko życia smukleni, czyli leśne rozlewisko lub strumień: piaszczyste dno, liczne korzenie i gałęzie, brak roślin zanurzonych, za to obecne rośliny pływające lub nadwodne. Z tego powodu smuklenie doskonale pasują do paludariów (rodzajów akwaterrariów). Pokarm polecany dla smukleni to przede wszystkim zooplankton i drobne bezkręgowce wodne oraz larwy solowca, jednak ryby zaakceptują także drobniejsze frakcje pasz suchych.

ROZMNAŻANIE

Samce są większe (długość 5,5 cm) i bardziej kolorowe od samic (długość 4,5 cm). Ponadto u przedstawicieli płci męskiej obserwuje się także wydłużone płetwy. Tarło przebiega w sposób unikatowy: oboje rodzice wyskakują równocześnie z wody, odwracają się do góry brzuchami i przyklejają ikrę (którą samiec zapładnia) na spodniej stronie liścia rośliny nadwodnej, znajdującej się nawet 10 cm nad powierzchnią. Jedno tarło składa się z wielu takich skoków. Po ich zakończeniu samica oddala się, natomiast samiec przejmuje całkowitą opiekę nad potomstwem: często ochlapuje ikrę wodą, żeby nie wyschła. Wylęg odkleja się od liścia i spada do wody, gdzie rozwija się już bez ingerencji osobników dorosłych.

Drobnoustek Beckforda

Nannostomus beckfordi
Stanowisko systematyczne: smukleniowate (*Lebiasinidae*)

ZASIĘG WYSTĘPOWANIA dorzecze rzek Amazonka oraz Negro i Orinoko w Gujanie, Surinamie, Gujanie Francuskiej, Brazylii, Wenezueli (Ameryka Południowa).

ZAJMOWANE SIEDLISKO wody płynące i stojące, takie jak leniwe strumienie, rozlewiska, mokradła, gęsto zarośnięte roślinnością podwodną.

POKARM zooplankton i inne drobne bezkręgowce wodne.

AKWARIUM

- **temperatura: 21–27°C**
- **pH 5–8**
- **twardość wody: 5–19°n**

Drobnoustki są rybami ławicowymi, które trzymane pojedynczo lub parami stają się strachliwe. Dlatego w akwarium (o długości minimalnej 60 cm) poleca się chować co najmniej 8–10 osobników tego gatunku. Jako ryby spokojne dobrze komponują się z innymi gatunkami o podobnych wymaganiach. Wyśmienicie pasują do akwariów typowo roślinnych. Akceptują każdy rodzaj pokarmu, jednak najbardziej wskazane jest karmienie zooplanktonem, larwami solowca i innymi drobnymi bezkręgowcami, z niewielkim uzupełnieniem o gotowe karmy suche. Należy pamiętać, że drobnoustki mają niewielkie otwory gębowe, zatem każdy podawany im pokarm powinien być odpowiednio dopasowany rozmiarem.

ROZMNAŻANIE

Samce są nieco większe (długość 5,5 cm) i bardziej kolorowe od samic (długość 4 cm). Tarło przebiega wśród roślinności wodnej, do której przyklejana jest ikra. Osobniki dorosłe nie opiekują się potomstwem, a nawet usiłują zjadać ikrę, dlatego też najlepsze rezultaty uzyskuje się, przeprowadzając tarło w specjalnie przygotowanym, oddzielnym zbiorniku.

Pstrążenica marmurkowa

Carnegiella strigata
Stanowisko systematyczne: pstrążenicowate (*Gasteropelecidae*)

ZASIĘG WYSTĘPOWANIA dorzecze rzek Amazonka, Orinoko, Negro, Japurá (Ameryka Południowa: Brazylia, Boliwia, Peru, Wenezuela, Kolumbia, Gujana, Surinam, Gujana Francuska).

ZAJMOWANE SIEDLISKO typowy mieszkaniec tzw. czarnych wód. W sezonie suchym ryby bytują w strumieniach leśnych i rozlewiskach, natomiast w czasie pory deszczowej przebywają w zalanych lasach.

POKARM głównie owady lądowe zbierane z powierzchni wody, ale także drobne bezkręgowce wodne.

AKWARIUM

- **temperatura: 20–28°C** • **pH: 4–7**
- **twardość wody: 1–19°n**

Pstrążenice marmurkowe są gatunkiem wyjątkowo spokojnym, ławicowym. Należy trzymać je w większej grupie (8–10 osobników). Są to bardzo ruchliwe ryby, potrzebują dużej przestrzeni do pływania, dlatego też minimalna długość akwarium powinna wynosić 100–120 cm. Wystrój nie ma dla pstrążenic większego znaczenia, jednak ważna jest warstwa roślinności pływającej. Najlepiej prezentują się w akwarium stylizowanym na biotop czarnych wód, a ze względu na łagodne usposobienie i przebywanie głównie w górnych warstwach zbiornika, doskonale komponują się z innymi mieszkańcami tych części zbiorników wodnych. W każdym wypadku kluczowe jest szczelne przykrycie zbiornika, gdyż ryby te bardzo często i daleko skaczą. Pstrążenice najchętniej pobierają pokarm pływający na powierzchni wody lub z górnej warstwy toni wodnej. Poleca się larwy i osobniki dorosłe muszki owocówki (*Drosophila*), larwy solowca, zooplankton, wylęg świerszczy itp.

ROZMNAŻANIE

Samice są prawdopodobnie nieco większe (długość 3,5 cm) od samców (długość 3 cm) i pełniejsze w części brzusznej. Rozmnożenie pstrążenic jest wyjątkowo trudnym zadaniem. Ryby muszą być w doskonałej kondycji, a tarło należy przeprowadzać w oddzielnym zbiorniku. Ikra jest słabo kleista, opadająca. Osobniki dorosłe starają się ją zjadać, należy więc im to uniemożliwić. Prawdopodobnie wszystkie osobniki w handlu pochodzą z odłowu z Ameryki Południowej.

Kolcobrzuch zielony

Tetraodon fluviatilis
Stanowisko systematyczne: rozdymkowate (*Tetraodontidae*)

ZASIĘG WYSTĘPOWANIA Indie, Sri Lanka, Bangladesz, Mjanma, Borneo, a także delta Mekongu (Azja).

ZAJMOWANE SIEDLISKO słodkie i słonawe wody płynące i stojące, głównie wolno płynące rzeczki i strumienie, ujścia rzek, rozlewiska; preferuje miejsca zarośnięte roślinnością podwodną.

POKARM mięczaki (ślimaki), skorupiaki i inne wodne bezkręgowce, w mniejszym stopniu rośliny oraz detrytus.

AKWARIUM

- **temperatura: 24–28°C** • **pH: 7,8–9**
- **twardość wody: 10–30°n**

Kolcobrzuchy są wobec siebie agresywne i napastliwe, dlatego nie należy trzymać w jednym akwarium więcej niż jednego osobnika, zwłaszcza że dorastają do 17 cm długości. Minimalna długość akwarium dla jednej ryby tego gatunku wynosi 120 cm. Kolcobrzuch nie nadaje się także do akwarium towarzyskiego, gdyż lubi nękać inne ryby i obgryzać im płetwy. Do dobrego samopoczucia wymaga lekkiego zasolenia wody (1,005–1,010 g/cm^3), co z kolei wyklucza w zasadzie większość roślin słodkowodnych. Wystrój akwarium powinien uwzględniać piaszczyste dno oraz kilka skał, które stworzą kryjówki dla ryby. Kolcobrzuchy należy karmić przede wszystkim ślimakami, ewentualnie częściami raków i krabów (ważne są twarde części, które kolcobrzuch musi gryźć, gdyż w przeciwnym razie jego stale rosnące zęby nie będą mogły się ścierać i mogą sprawiać rybie kłopot). Należy pamiętać, że kolcobrzuch jest silnie toksyczny i jego spożycie grozi śmiercią.

ROZMNAŻANIE

Nie wiadomo, jak odróżniać płeć kolcobrzuchów. Jest bardzo niewiele doniesień na temat udanego rozrodu tego gatunku w warunkach akwariowych. Prawdopodobnie samica składa ikrę na płaskim kamieniu, a następnie przekazuje ją pod opiekę samcowi. W warunkach naturalnych widuje się dorosłe ryby roztaczające opiekę nad pływającym wylęgiem.

Motylowiec afrykański

Pantodon buchholzi
Stanowisko systematyczne: motylowcowate (*Pantodontidae*)

ZASIĘG WYSTĘPOWANIA Kongo, Kamerun, Benin, Czad, Nigeria, Sierra Leone, Niger, Gabon (Afryka).

ZAJMOWANE SIEDLISKO wody stojące, jak rozlewiska, jeziora, mokradła, bagna, jeziora, stawy, zawsze obfitujące w gęstą roślinność podwodną, a niekiedy nadwodną.

POKARM głównie owady lądowe zbierane z powierzchni wody, ale także bezkręgowce wodne oraz mniejsze ryby.

AKWARIUM

- temperatura: 23–30°C
- pH: 6–7,5
- twardość wody: 5–15°n

Motylowce są dość agresywne, ale w gęsto zarośniętym akwarium można spróbować trzymać kilka osobników, przy czym zbiornik nie może być krótszy niż 120 cm. Motylowce są także agresywne wobec innych ryb wiodących przypowierzchniowy tryb życia, natomiast nie przeszkadzają im ryby zasiedlające dno lub środek toni wodnej. Wystrój akwarium w zasadzie nie ma znaczenia, byle była gęsta roślinność pływająca. Podczas dobierania współtowarzyszy dla motylowców warto pamiętać, że ryby tego gatunku dorastają do 15 cm długości i dysponują wielkim otworem gębowym, w którym mniejsze ryby mogą zginąć. Motylowce pobierają pokarm wyłącznie z powierzchni, więc nie powinno się podawać im pokarmów tonących. Dobrze natomiast sprawdzają się muchy, pająki, inne owady lądowe oraz pływające larwy wodzienia. Dietę można urozmaicać o małe ryby, należy jednak zwracać uwagę na porę karmienia: motylowce odżywiają się o zmroku i w nocy. Konieczne jest zredukowanie prądu wody do minimum oraz szczelne przykrycie zbiornika.

ROZMNAŻANIE

Samiec jest mniejszy (długość 12 cm) i bardziej wysmukły od samicy (długość 15 cm), a jego płetwa odbytowa jest wcięta, jakby podzielona na połowę. Samiczka natomiast ma wydatny brzuch. Tarło odbywa się w nocy, ikra jest brunatna i unosi się na powierzchni. Dorosłe osobniki nie przejawiają żadnej chęci do opieki nad potomstwem.

Poskoczek mułowy

Periophthalmus barbarus
Stanowisko systematyczne: babkowate (*Gobiidae*)

ZASIĘG WYSTĘPOWANIA zachodnie wybrzeże Afryki.
ZAJMOWANE SIEDLISKO wody słonawe, zwłaszcza bagna mangrowcowe na wybrzeżu i wokół wysp.
POKARM kraby, mięczaki, owady i inne bezkręgowce wodne oraz lądowe.

AKWARIUM

- **temperatura: 25–30°C**
- **pH: 7–8,5**
- **twardość wody: 10–25°n**

Poskoczki mułowe są rybami silnie terytorialnymi, zwłaszcza samce mogą ze sobą walczyć i skutecznie się eliminować. Dlatego też akwarium dla tego gatunku należy przygotować bardzo starannie i przemyśleć dobór gatunków. Można trzymać jednego osobnika w zbiorniku o długości 120 cm, dla większej ich liczby powinien być odpowiednio większy. W akwarium powinna być część lądowa, najlepiej piaszczysta, ale można także użyć korzeni wystających nad powierzchnię. Ważne, aby powietrze nad wodą było możliwie wilgotne i o tej samej temperaturze, co woda w akwarium. Poskoczki mułowe najlepiej czują się w wodzie o zasoleniu 1,005 g/cm^3. Pokarm poskoczków powinien zawierać bezkręgowce wodne i lądowe.

ROZMNAŻANIE

Obie płcie dorastają do 15 cm długości i nie różnią się niczym, poza intensywniejszą kolorystyką samca w okresie godowym oraz nieco innym kształtem brodawki płciowej. Znacznie pewniejszym wyznacznikiem płci jest zachowanie: samce są bardziej terytorialne i agresywne niż samiczki. W warunkach akwariowych nie rozmnażają się. Być może trudności w sztucznym rozrodzie wynikają z faktu, że samiec kopie w dnie przed tarłem tunel o długości przekraczającej niekiedy 1 m, w którym odbywają się gody.

Babka złota, babka trzmiel

Brachygobius xanthozona
Stanowisko systematyczne: babkowate (*Gobiidae*)

ZASIĘG WYSTĘPOWANIA Sumatra, Jawa i Borneo (Azja).
ZAJMOWANE SIEDLISKO słodkie i słonawe wody płynące, takie jak ujścia rzek, rozlewiska, bagna mangrowcowe.
POKARM bezkręgowce wodne.

AKWARIUM

- temperatura: 25–30°C • pH: 7–8,5
- twardość wody: 10–25°n

Babki złote należy trzymać w grupach (8–10 osobników), ponieważ są bardzo zadziorne, terytorialne (akwarium o długości minimalnej 80 cm). W grupie agresja rozkłada się równomiernie i żadna z ryb nie powinna zostać nadmiernie poszkodowana. U babek trzymanych parami lub pojedynczo agresja wzrasta i często staje się przyczyną niepowodzenia w hodowli tych pięknych ryb. Babki lubią wodę lekko zasoloną (1,005–1,010 g/cm^3), w wodzie słodkiej z czasem zaczynają chorować i marnieć. Nadają się wyłącznie do takich zbiorników towarzyskich, w których będą mieszkać z rybami o podobnych wymaganiach środowiskowych. Najlepiej jednak podziwiać je w akwarium jednogatunkowym. Wystrój powinien zapewniać wiele kryjówek, akwarium może być gęsto zarośnięte, jednak niewiele roślin toleruje wodę słonawą. Mimo niewielkich rozmiarów ciała, babki są rybami drapieżnymi i z trudem akceptują pokarm inny niż naturalny. Najlepiej karmić je larwami owadów wodnych (ochotka, wodzień, czarny komar) lub grubszym zooplanktonem. Często pod nazwą „babka złota" są sprzedawane inne, niezwykle podobne gatunki z rodzaju *Brachygobius*.

ROZMNAŻANIE

Samce są mniejsze (długość 3 cm), mają węższe głowy i płaski brzuch, samice są natomiast większe (długość 3,8 cm), widocznie zaokrąglone i z szerszymi głowami. Tarło odbywa się w kryjówce skalnej, ikra jest stosunkowo duża. Opiekę nad nią obejmuje samiec, samiczkę po złożeniu jaj można przenieść do innego zbiornika, gdyż nie odgrywa żadnej roli w odchowie potomstwa. Również i samiec przestaje interesować się młodymi, gdy nastąpi ich wylęg.

Przezroczka indyjska

Parambassis ranga
Stanowisko systematyczne: przezroczkowate (*Ambassidae*)

ZASIĘG WYSTĘPOWANIA Indie, Pakistan, Nepal, Mjanma, Bangladesz, Tajlandia, Malezja, Kambodża, Japonia (Azja).

ZAJMOWANE SIEDLISKO słodkie i słonawe wody wolno płynące lub stojące, siedliska zróżnicowane.

POKARM zooplankton i inne bezkręgowce wodne, także lądowe, które wpadły do wody.

AKWARIUM

- **temperatura: 20–30°C** • **pH: 6–8,5**
- **twardość wody: 5–25°n**

Przezroczki indyjskie w warunkach naturalnych występują w dużych ławicach, dlatego też w akwarium należy je trzymać w możliwie dużej grupie (minimum 10 osobników, akwarium o długości co najmniej 80 cm). Ryby są płochliwe i delikatne, zatem dobrze jest hodować je albo w zbiorniku jednogatunkowym, albo wraz z innymi bardzo spokojnymi rybami. Wystrój nie ma większego znaczenia, jako że przezroczki zasiedlają różnorodne zbiorniki wodne w bardzo zróżnicowanym terenie, jednak zawsze warto zapewnić rybom kryjówki wśród roślinności. Umieszczenie w akwarium roślin pływających dodatkowo je ośmieli. Przezroczki należy karmić pokarmem naturalnym, akceptują także pokarmy suche, które jednak nie powinny dominować w ich diecie. W handlu bardzo często spotyka się przezroczki barwione na różne kolory. Jest to niewłaściwy sposób traktowania ryb, w efekcie którego zwykle umierają. W związku z tym zdecydowanie odradza się kupowanie takich egzemplarzy.

ROZMNAŻANIE

Osobniki obu płci wyglądają podobnie i dorastają do podobnych rozmiarów (8 cm), jednak uważny obserwator zauważy, że płetwy samca są nieco bardziej kolorowe niż samicy. Rozmnażanie przezroczki indyjskiej nie jest trudne, jednak wymaga oddzielnego zbiornika, ponieważ ikra jest chętnie zjadana przez rodziców.

Indeks nazw polskich

Indeks nazw łacińskich

Literatura

Apel K., 1989, Kiryśnik czarnoplamy. Akwarium 6(114): 162–163.

Baca Z., 1989, Wachlarek brazylijski. Akwarium 2 (110): 36–38.

Bailey M., 2002, Ryby karpieńcowate– małe też cieszy. Magazyn Akwarium 9 (10): 46–49.

Balon E.K., 1975a, Terminology of intervals in fish development. J.Fish.Res.Bd.Can. 32: 821–864.

Balon E.K., 1975b, Reproductive guilds of fishes: a proposal and definition. J.Fish.Res.Bd.Can. 32: 821–864.

Balon E.K., 1984, Reflections on some decisive events in the early life of fishes. Trans.Am.Fish.Soc. 113: 178–185.

Barlow G., 2000, The cichlid fishes. Nature's grand experiment in evolution. Perseus Publishing, Cambridge.

Barlow G., 2002, Jak obserwować I zapisywać strategie rozrodcze pielęgnic z grupy gębaczy. Akwa Forum 2: 57–61.

Bednarczuk R., 2003, Popularne pielęgniczki z rodzaju *Mikrogeophagus*, czyli opieka i rozród *Mikrogeophagus ramirezi* i *Mikrogeophagus altispinoza*. Magazyn Akwarium 3 (81): 24–27.

Bednarczuk R., 2008, Niezwykle urokliwy przedstawiciel małych karpiowatych, czyli o *Celestichthys margaritatus*, dawniej znanej jako *Microrasbora sp. Galaxy*. Nasze Akwarium 95: 14–18.

Bekasik M., 2000, Brzanka różowa (*Puntius conchonius*). Nasze Akwarium 11: 10–13.

Bekasik M., 2000, Danio pręgowany (*Brachydanio rerio*). Nasze Akwarium 9: 16–20.

Bussing, W.A., 1998, Peces de las aguas continentales de Costa Rica [Freshwater fishes of Costa Rica]. 2nd Ed. San José Costa Rica: Editorial de la Universidad de Costa Rica.

Celler M., 1980, Uwagi na temat hodowli ryb karpieńcowatych. Akwarium 1(55): 10–15.

Celler M., 1982, Smukleń pryskacz (*Copella arnoldi*). Akwarium 3 (69): 67–71.

Celler M., 1984, Bojownik wspaniały (*Betta splendens*). Akwarium 1–2 (79–80):9–15.

Celler M., 1985, Kłopoty z przezroczką indyjską (*Chanda ranga*). Akwarium 4–5 (88–89): 100–102.

Celler M., 1986, Wachlarek czarnopłetwy (*Cynolebias nigripinnis*). Akwarium 1–2 (91–92): 7–9.

Chiliński J.K., 2004, Pora na muszlowce. Nasze Akwarium 56: 51–55.

Cichowski J., 1988, *Ameca splendens*. Akwarium 5–6(107–108): 139–142.

Czerniejewski P., 2003, Chów i rozmnażanie „glonojadów" w akwarium. Nasze Akwarium 49: 23–24.

Czerniejewski P., 2004, Uwagi o hodowli i rozrodzie brzanki sumatrzańskiej. Nasze Akwarium 52: 27–29.

Czerniejewski P., Robakowski P., 2004, Hodowla i rozród prętnika karłowatego (*Colisa lalia*). Nasze Akwarium 58: 35 –39.

Czerniejewski P., Robakowski P., 2004, Popularne „danio" w akwarium. Nasze Akwarium 59: 47 –50.

Drost D., 1985, Kąsaczowate, które mylimy. Cz. VII. *Hemigrammus ulreyi* – zwinnik Ulreya i *Hyphessobrycon heteorhabdus*– bystrzyk trójpręgi. Akwarium 1–2 (85–86): 8–12.

Drost D., 1985, Kąsaczowate, które mylimy. Cz. VIII. *Aphyocharax anisitsi*–żwawik czerwieniak i *Aphyocharax rathbuni*–żwawik Rathbuniego. Akwarium 3 (87): 66 –69.

Drost D., 1986, Kąsaczowate, które mylimy. Cz.XIV. Świeciki afrykańskie. Akwarium 5–6 (95–96): 153–158.

Duka H., 2001, Neon czerwony (*Cheirodon axelrodi*). Akwarium 3 (136): 9 –10.

Eberl W., 1996, Proporczykowiec z Kap Lopez–klasyczny proporczykowiec akwariowy. Aqua Magazyn 10: 15–18.

Encyklopedia rybactwa. Praca zbiorowa pod redakcją J.A. Szczerbowskiego. 2011. Wydawnictwo Instytutu Rybactwa Śródlądowego, Olsztyn.

Ewers H.G., 1997, Miniaturowe tęczanki (*Melanotaenia praecox*)– ryby o neonowym połysku. Aqua Magazyn 15: 16–18.

Fang, F., 1997, *Danio maetaengensis*, a new species of cyprinid fish from northern Thailand. Ichthyol. Explor. Freshwat. 8(1):41–48.

Franke H.J., 1995, Uwagi na temat rozrodu kirysków Sterby. Aqua Magazyn 7: 4–7.

Gosławski K., 1982, Bystrzyk czerwony (*Hyphessobrycon flammaeus*). Akwarium 4 (70): 102–105.

Gosławski K., 1982, Hokejówka amazońska (*Thayeria boehlkei*). Akwarium 3 (69): 72–75.

Gosławski K., 1984, Pielęgniczka Ramireza (*Papiliochromis ramirezi*). Akwarium 1–2 (78–79): 26–29.

Gosławski K., 1989, Miedzik obrzeżony (*Hasemania nana*). Akwarium 5 (113): 130–131.

Grodziński Z., 1981, Anatomia i embriologia ryb. PWRiL Warszawa.

Gruszka A., 2000, Rozmnażanie dyskowców, cz. IV. Akwarium 3 (131): 9–10.

Gutkowski K., 1990, Gurami dwuplamisty (*Trichogaster trichopterus*). Akwarium 2 (116): 43–46.

Haja K., 2008, Ślimakom dziękujemy–rzecz o muszlowcach obligatoryjnych z jeziora Tanganika. Tanganika Magazyn 3: 59–66.

Hapke W., 2004, Złota rybka. Nasze Akwarium 62 i 63: 5–18.

Hapke W., 2005, *Ameca splendens*–dobrze znany przedatwiciel mało znanej rodziny. Nasze Akwarium 67: 24–27.

Huber, J.H., 1996, Killi–Data 1996. Updated checklist of taxonomic names, collecting localities and bibliographic references of oviparous Cyprinodont fishes (Atherinomorpha, Pisces). Société Française d'Ichtyologie, Muséum National d'Histoire Naturelle, Paris, France.

Hutorowicz A., 2004, Naturalne, dystroficzne zbiorniki wodne. W: *Poradniki ochrony siedlisk i gatunków Natura 2000– podręcznik metodyczny*. Jacek Herbich (red.). T. 2: Wody słodkie i torfowiska. Warszawa: Ministerstwo Środowiska, s. 72–78.

Józefczuk M., 1990, Uwagi o hodowli i rozmnażaniu skalara (*Pterophyllum scalarae*). Akwarium 1 (115): 2–5.

Jura Cz., 1997, Bezkręgowce. Podstawy morfologii funkcjonalnej, systematyki i filogenezy. Wydawnictwo naukowe PWN, Warszawa.

Kajak Z., 2001, *Hydrobiologia–Limnologia. Ekosystemy wód śródlądowych*, Wydawnictwo Naukowe PWN Warszawa.

Kaszuba J., 2002, Ryby jajożyworodne, Mieczyk Hellera, część I. Nasze Akwarium 36: 16–19.

Kaszuba J., 2004, Ryby jajożyworodne, Molinezje, część II. Nasze Akwarium 55: 37–39.

Kaźmierski W., 1999, Prętnik. Nasze Akwarium 0: 14–16.

Kielan M., 2002, *Labidochromis*–znane i nieznane. Nasze Akwarium 32: 26 – 32.

Kielan M., 2003, Jak rozmnożyć parasolki (*Apistogramma borelli*). Magazyn Akwarium 7 (20): 18–19.

Kielan M., 2003, Zaloty i kłopoty pyszczaka złocistego, czyli jak rozmnożyć małego rozbójnika. Magazyn Akwarium 3 (16): 12–13.

Kilka H., 1980, Prętnik trójbarwny (*Colisa chuna*)–ryba nie byle jaka. Akwarium 4 (58): 111–113.

Konings A., 1998, Tanganyikan cichlids in their natural habitat. Cichlid Press.

Konings A., 2002, Malawi cichlids in their natural habitat. Cichlid Press.

Konings A., Dieckhoff H., 1992, Tanganyika secrets. Cichlid Press.

Kornobis S., 2000, Były sobie rybki trzy (*Hemigrammus rhodostomus, Petitella georgiae, Hemigrammus bleheri*). Nasze Akwarium 8:5–10.

Kornobis S., 2000, Dyskretna piękność–promieniczka Wernera. Nasze Akwarium 6: 5– 9.

Kornobis S., 2003, Barwieniec czerwony (*Hyphessobrycon sweglesi*). Nasze Akwarium 51: 11–14.

Kornobis S., 2003, Bystrzyk pięknopłetwy (*Hyphessobrycon pulchripinnis*). Nasze Akwarium 50: 11–14.

Kornobis S., 2003, Czerwone kropeczki w akwarium czyli zwinnik jarzeniec. Nasze Akwarium 41: 5–8.

Kornobis S., 2003, Kawałeczek kongijskiego słońca czyli świecik kongijski. Nasze Akwarium 43: 5–8.
Kornobis S., 2003, Rybka ze światłami pozycyjnymi czyli zwinnik latarnik. Nasze Akwarium 42: 5–8.
Kornobis S., 2003, Zwinnik nadobny. Nasze Akwarium 49: 9–12.
Kornobis S., 2004, Barwieniec czarny (*Hyphessobrycon megalopterus*).Nasze Akwarium 53: 5–8.
Kornobis S., 2004, Bystrzyk barwny (*Hyphessobrycon eques*). Nasze Akwarium 56: 9–12.
Kornobis S., 2004, Bystrzyk ozdobny (*Hyphessobrycon rosacaeus*). Nasze Akwarium 54: 5–8.
Kowalczyk J., 2007, Skalary znane i mniej znane. Magazyn Akwarium 8 (64): 8–13.
Kucharczyk D., 1999, Pielęgnica pawiooka. Nasze Akwarium 3: 20–22.
Kucharczyk D., 1999, Żałobniczka. Nasze Akwarium 2: 45–46.
Kucharczyk D., 2001, Ksenotka (*Xenotoca eisenii*). Nasze Akwarium 18: 21–23.
Kujawa R., 2000, Kiryśnik czarnoplamy (*Hoplosternum thoracatum*). Nasze Akwarium 10: 26–27.
Kujawa R., 2000, Zwinnik ogonopręgi (*Hemigrammus caudovittatus*). Nasze Akwarium 10: 34–35.
Kujawa S., 1988, Związki humusowe. Akwarium 5–6 (107–108): 162–165.
Kupren K., Prusińska M., Żarski D., Krejszeff S., Kucharczyk D, 2013, Early development and allometric growth in the *Nannacara anomala* Regan, 1905 (Cichlidae, Pisces) under laboratory conditions. Neotropical Ichthyology 12 (3): 659–665..
Kwaczyński P., 1982, Wielka satysfakcja z hodowli wielkopłetwów. Akwarium 2 (68): 40–43.
Kwaśniak A., 2007, Urzekające maleństwo–„razbora galaxy". Nasze Akwarium 93: 18–21.
Lima, F.C.T., L.R. Malabarba, P.A. Buckup, J.F. Pezzi da Silva, R.P. Vari, A. Harold, R. Benine, O.T. Oyakawa, C.S. Pavanelli, N.A. Menezes, C.A.S. Lucena, M.C.S.L. Malabarba, Z.M.S. Lucena, R.E. Reis, F. Langeani, C. Moreira et al. ..., 2003, Genera Incertae Sedis in Characidae. p. 106–168. In R.E. Reis, S.O. Kullander and C.J. Ferraris, Jr. (eds.) Checklist of the Freshwater Fishes of South and Central America. Porto Alegre: EDIPUCRS, Brasil.
Linke H., 2001, Król wśród ryb akwariowych–skalar. Występowanie i hodowla. Akwa Forum 1: 40–44.
LInke H., 2005, Skalary z czerwonymi grzbietami–wciąż prawie nieznane żaglowce. Aqua Forum 13: 10–15.
Lis S., 1999, Tęczanki–perły z Australii. Aqua Magazyn24: 6–10.
Ładyński M., 2001, Neony–wyższa szkoła jazdy? Nasze Akwarium 21: 45–49.
Łątka L., 2001, *Cyprichromis leptosoma*. Nasze Akwarium 17: 23–25.
Madej L., 1999, Ryby żyworodne piękniczkowate. Nasze Akwarium 3: 33–35.
Makuch I., Makuch R., 1988, Zachowania rodzinne księżniczki z Burundi (*Neolamprologus brichardi*). Akwarium 4 (108): 98–100.
Michalik L.J., 2000, Obserwacje dotyczące chowu i rozmnażania *Otocinclus affinis*. Nasze Akwarium 15: 48–51.
Michalik L.J., 2001, Hodowla kiryska Sterby (*Corydoras sterbai*).– jednego z brazylijskich przedstawicieli rodzaju Corydoras. Nasze Akwarium 24: 33–36.
Michalik L.J., 2001. Kirysek Panda. Uwagi dotyczące warunków hodowli i rozmnażania. Nasze Akwarium 16: 11–14.
Mierzwiak M., 1992, Akara pomarańczowopłetwa w akwarium (*Aequidens sp.*). Akwarium 2 (122): 34–38.
Miłaczewski D., 2006, *Synodontis multipunctatus*. Nasze Akwarium 79: 25–26.
Moszczyński W., 1990, Jak naprawdę przebiega tarło kiryśników czarnoplamych? Akwarium 6 (120): 167–168.
Mój A., 1988, Brzanka różowa (*Barbus conchonius*). Akwarium 1 (103): 3–5.
Multimedialna Encyklopedia Powszechna WIEM edycja 2006. Young Digital Poland S.A., 2006.
Nowogrodzki T., 1990, Pielęgnica zebra (*Cichlasoma nigrofasciatum*). Akwarium 2 (116): 41–43.
Ogrodnik A., 2000, Apetyczny pupilek (*Osphronemus goramy*). Nasze Akwarium 15: 10–14.
Olszowy Z., 2000, Skrzeczyk pręgowany (*Trichopsis vittatus*). Nasze Akwarium 7: 41 – 44.
Opuszyński K., 1983, Podstawy biologii ryb. PWRiL. Warszawa.
Pecio A., 2001, *Ewolucja żyworodności wśród ryb (Pisces)*. „Przegląd Zoologiczny". 1–2: 29–47.
Perkowski W., 2006, Jak rozmnożyć> Barwniaki–rybki z czerwonym brzuszkiem. Magazyn Akwarium 4 (51): 54–57.
Perkowski W., 2008, Dwarf cichlids–w małym ciele wielki duch. Magazyn Akwarium 10 (76): 28–33.
Pinter H., 1996, Drobnoustek obrzeżony (*Nannostomus marginatus*) – jedna z metod hodowli najmniejszego i najłagodniejszego z z drobnoustków. Aqua Magazyn 11: 12–14.
Podbielkowski Z., 1982, *Roślinność kuli ziemskiej*. Warszawa: Wydawnictwa Szkolne i Pedagogiczne.
Prusińska M, 2013, Środowisko Tanganiki. Komunikaty Rybackie 5(2013): 22–28.
Prusińska M, Mamcarz A., Kupren K., 2009, Early ontogeny of *Tropheus moorii* in laboratory conditions. Pol.J.Natur.Sc, 23(4): 888–903
Prusińska M., 2000, *Paracyprichromis nigripinnis*, Nasze Akwarium15: 21–25.
Prusińska M., 2001, *Artemia* czyli solowiec, Nasze Akwarium 17: 19–22.
Prusińska M., 2001, Biała larwa komara czyli wodzień, Nasze Akwarium 19: 14–16.
Prusińska M., 2001, Czerwona larwa komara czyli ochotka, Nasze Akwarium 18: 17–19
Prusińska M., 2001, Dymorfizm płciowy pielęgnic z Wielkich Jezior Afrykańskich, Akwa Forum 1: 64–69.
Prusińska M., 2001, Muszlowiec wielkooki–rybi architekt, Nasze Akwarium 23: 48–52.
Prusińska M., 2001, Oczlik–przedstawiciel widłonogów, Nasze Akwarium 21: 13–16.
Prusińska M., 2001, Ryby z rodzaju *Cyprichromis*, Nasze Akwarium 16: 5–9.
Prusińska M., 2001, Tanganika–bioróżnorodność, Nasze Akwarium 25: 18–22.
Prusińska M., 2001, Tanganika–ryby pelagiczne. Cz. I, Nasze Akwarium 26: 12–16.
Prusińska M., 2001, Tanganika–ryby pelagiczne. Cz. II.. Nasze Akwarium 27: 10–14.
Prusińska M., 2001, Tanganika–środowisko życia naszych ryb, Nasze Akwarium 24: 28–31
Prusińska M., 2001, Tubifeks–najbardziej kontrowersyjny pokarm żywy, Nasze Akwarium 20: 13–15.
Prusińska M., 2001, Wioślarki–bogactwo naszych wód, Nasze Akwarium 22: 26–29.
Prusińska M., 2002, *Dimidiochromis compressiceps*, Nasze Akwarium 30: 18–21
Prusińska M., 2002, Dlaczego ryby są agresywne?, Akwa Forum 3: 55–59
Prusińska M., 2002, Jak skutecznie się rozmnażać?, Akwa Forum 5: 50–56
Prusińska M., 2002, Księżniczki nie tylko z Burundi., Nasze Akwarium 32: 15–17.
Prusińska M., 2002, Litoral skalisty–ryby drapieżne, Nasze Akwarium 29: 10–13
Prusińska M., 2002, Litoral skalisty, Nasze Akwarium 28: 10–13.
Prusińska M., 2002, Naskalniki–ryby z rodzaju *Julidochromis* i *Chalinochromis*, Nasze Akwarium 38: 5–9
Prusińska M., 2002, Przejawy agresji w akwarium, Akwa Forum 4: 55–59
Prusińska M., 2002, *Sciaenochromis fryeri*–„Irokez" w akwarium, Nasze Akwarium 35: 15–17
Prusińska M., 2002, Skąd się biorą kolorowe ryby?, Akwa Forum 2: 52–55.
Prusińska M., 2002, Szczelinowce, Nasze Akwarium 33: 37– 39
Prusińska M., 2002, Tanganika w akwarium, Nasze Akwarium 37 31–35
Prusińska M., 2010, Bojownik–obiekt badań naukowych. Magazyn Akwarium 101: 18–20.

Prusińska M., 2010, Bojownik–więzień plastikowego kubeczka. Magazyn Akwarium 100: 23–25.
Prusińska M., 2011, Bojownik–ryba agresywna. Magazyn Akwarium 102: 11–12.
Prusińska M., 2011, Krzywe ryby czyli o przyczynach powstawania deformacji u ryb akwariowych. Magazyn Akwarium 106: 24–27.
Prusińska M., 2011, Krzywe ryby. Rodzaje deformacji ciała u ryb akwariowych. Magazyn Akwarium 104: 10–13.
Prusińska M., 2013, Biznes akwarystyczny. Komunikaty Rybackie 4(2013): 28–31.
Prusińska M., 2013, Ciemna strona akwarystyki. Magazyn Akwarium , 132: 10–18.
Prusińska M., 2013, Tanganika w akwarium. Komunikaty Rybackie 6(2013): 38–41.
Pszczoła B., 2003, Paletki. Nasze Akwarium 44: 26–30.
Rainboth, W.J., 1996, Fishes of the Cambodian Mekong. FAO species identification field guide for fishery purposes. FAO, Rome.
Richter H.J., 1997, Zachowania rozrodcze ryb labiryntowych, cz. I. Gatunki budujące pieniste gniazda. Aqua Magazyn 15: 22–28.
Richter H.J., 1997, Zachowania rozrodcze ryb labiryntowych, cz. II. Gatunki składające ikrę w toń wodną oraz gębacze. Aqua Magazyn 16: 22–27.
Robakowski P., 2009, Barwniak czerwonobrzuchy–łądna pielęgnica z Afryki Zachodniej. Magazyn Akwarium 7 (85): 28–32.
Roberts, T.R., 2007, The "celestial pearl *Danio*", a new genus and species of colourful minute cyprinid fish from Myanmar (Pisces: Cypriniformes). Raffles Bull. Zool. 55(1):131–140.
Robins, C.R., R.M. Bailey, C.E. Bond, J.R. Brooker, E.A. Lachner, R.N. Lea and W.B. Scott, 1991, World fishes important to North Americans. Exclusive of species from the continental waters of the United States and Canada. Am. Fish. Soc. Spec. Publ. 21:243.
Ruczkowski A., 2003, W labiryncie czyli jak rozmnożyć gurami mozaikowego. Magazyn Akwarium 5 (18): 16–18.
Rutecki T., 1994, Zagrzebka afrykańska. Aqua Magazyn 4: 14–17.
Rutecki T., 1995, Gurami całujący. Aqua Magazyn 7: 19–22.
Rutecki T., 1996, Hokejówka amazońska. Aqua Magazyn 9: 16–18.
Rymkiewicz A., 1988, Szyszki olchy i mech torfowiec. Akwarium 3 (105): 84–86.
Rymkiewicz A., 1988, Uwagi o hodowli i rozmnażaniu „glonojadów". Akwarium 2 (104): 42–46.
Sarnowska J., 2007, *Heterandria formosa*–zapomniane maleństwo. Magazyn Akwarium 2 (69): 12–15.
Sarnowska J., 2007, Jak hodować żywy pokarm? Magazyn Akwarium 11–12 (67): 34–37.
Sarnowska J., 2007, Oskar czyli pielęgnica pawiooka. Magazyn Akwarium 4 (71): 22–25.
Sarnowska J., 2007, *Pseudomugil gertrudae*–niebieskooka figlarka. Magazyn Akwarium 7–8 (74): 16–18.
Sarnowska J., 2007, Zagrzebki – Żyć szybko, umrzeć młodo. Magazyn Akwarium 3(59): 26–31.
Sarnowska J., 2007, Zwinnik jarzeniec–„neon" z Gujany. Magazyn Akwarium 5 (72): 31–33.
Schmidt J., 1998, Bojownik wielkooki (*Betta macrophtalma*)–jeden z nielicznych gębaczy wśród bojowników. Aqua Magazyn 20: 12–15.
Sęk G., 2006, Strategie rozrodcze ryb karpieńcokształtnych. Nasze Akwarium 74: 12–16.
Sierakowski W., 2007, *Labidochromis caeruleus*–piękny pyszczak dla początkujących. Nasze Akwarium 90: 18–22.
Siudakiewicz A., 2003, Bystrzyk czerwony tetrą zwany. Magazyn Akwarium 12 (25): 42–44.
Siudakiewicz A., 2003, Drobnoustek Beckforda (*Nannostomus Beckfordi*). Magazyn Akwarium 10 (23): 16–17.
Siudakiewicz A., 2003, Hokejówka amazońska (*Thayeria boehlkei*). Magazyn Akwarium 10 (23): 30–32.
Siudakiewicz A., 2003, Razbora klinowa. Magazyn Akwarium 11 (24): 38–40.
Siudakiewicz S., 2002, Kiryśnik czarnoplamy–sum, który buduje gniazda. Magazyn Akwarium 12 (13): 16–17.
Siudakiewicz S., 2002, Miedzik obrzeżony (*Hasemania nana*). Nasze Akwarium 32: 18–20.
Siudakiewicz S., 2002, Skalar–akwarystyczny żaglowiec. Magazyn Akwarium 3 (16): 10–11.
Siudakiewicz S., 2003, Azjatycki wojownik czyli jak rozmnożyć wielkopłetwa wspaniałego. Magazyn Akwarium 6 (19): 19–20.
Siudakiewicz S., 2003, Bajka o złotej rybce czyli jak rozmnożyć welony. Magazyn Akwarium 7 (20): 20 –23.
Siudakiewicz S., 2003, Zwinnik latarnik (*Hemigrammus ocellifer*). Magazyn Akwarium 3 (28): 43–45.
Siudakiewicz S., 2004, Rozmnażanie molinezji. Cz III. Nasze Akwarium 61: 42–43.
Siudakiewicz S., 2006, Gurami mozaikowy. Nasze Akwarium 77: 23–25.
Siudakiewicz S., 2008, Trzy niegdyś popularne pielęgnice: Meeka (*Thorichthys meeki*), zebra (*Archocentrus nigrifasciatus* i, sajica (*Archocentrus sajica*). Nasze Akwarium 106: 17–21.
Siudakiewicz S., Akwarium dla muszlowców. Cz. II. Nasze Akwarium 74: 52–55.
Siudakiewicz S.,2004, Akwarium dla kąsaczowatych. Nasze Akwarium 58: 11–17.
Siwecki K., 1992, Barwniak czerwonobrzuchy (*Pelvicachromis pulcher*). Akwarium 1 (21): 2–5.
Sowiński A, 2000, Kilka uwag o hodowli brzanek różowych. Nasze Akwarium 11: 34–35.
Stańczak W., 2000, Proporczykowiec z Kap Lopez–początek zauroczenia. Nasze Akwarium 17: 52–54.
Stańczak W., 2003, Kilka słów o zagrzebkach. Nasze Akwarium 52: 15–19.
Stańczak W., 2004, Karpieńcowate–ryby, które spadły z nieba. Nasze Akwarium 56: 5– 8.
Strynkowski K., 1990, Pielęgnica niebieskołuska (*Cichlasoma octofasciatum*). Akwarium6 (120): 162–165.
Suttner R., 1996, Smukleń pryskacz (*Copella arnoldi*)–weteran akwariów słodkowodnych. Aqua Magazyn 10:9–11.
Szmel M., 2004, Zapomniane piękno–*Apistogramma borelli*. Nasze Akwarium 62 i 63: 26–30.
Tapping A.R., 2011, Rainbowfishes. Their care & keeping in captivity. Art Publications.
Tojza M., 2000, Gurami całujący (*Helostoma temmincki*). Nasze Akwarium 15: 39–41.
Tojza M., 2003, Buszowiec lamparci–„labirybtowiec" z Afryki. Nasze Akwarium 50: 23–26.
Turner G.F., 1996, Offshore cichlids of Lake Malawi. Cichlid Press.
Van den Nieuwenhuizen A., 1998, Razbora klinowa. Aqua Magazyn 17: 9 –11.
Weitzman, S.H. and L. Palmer, 1997, A new species of *Hyphessobrycon* (Teleostei: Characidae) from Neblina region of Venezuela and Brazil, with comments on the putative 'rosy tetra clade'. Ichthyol. Explor. Freshwat. 7(3):209–242.
Węglarski K., Węglarska J., 2008, *Użyteczne rośliny tropików. Szkice etnobotaniczne*. Poznań: Bogucki Wydawnictwo naukowe.
Wilanowski T., 1989, Kardynałek chiński (*Tanichthys albonubes*). Akwarium 2 (110): 40–41.
Wilanowski T., 1989, Kirysek pstry (*Corydoras paleatus*). Akwarium 4 (112): 102–104.
Zarzyńska J., Zarzyński P., 2004, Przezroczka–ofiara akwarystyki. Magazyn Akwarium 4 (29): 20–22.
Zarzyńska J., Zarzyński P., 2008, *Hypancistrus zebra*–legendarny zbrojnik. Magazyn Akwarium 4 (71): 42–44.
Zientek H., 2001, Brzanka sumatrzańska–czy można złagodzić jej agresję? Nasze Akwarium 16: 19–22.
Zientek H., 2001, Tetra cesarska–ryba zapomniana? Nasze Akwarium 23: 24–26.
Zientek H., 2002, Zwinnik czerwonousty–czy nadal jest to ryba problemowa? Nasze Akwarium 31: 9–12.
Zientek H., 2005, Rozród akar pomarańczowopłetwych. Magazyn Akwarium 45 (9): 13–15.
Zientek H., 2006, Żałobniczka–kąsaczowaty łatwy w rozrodzie. Nasze Akwarium 82: 15–18.
Zientek H., 2008, Jak rozmnożyć kiryski z rodzaju Corydoras? Magazyn Akwarium 9 (75): 18–21.
Zientek H., 2009, Rozmnażanie ryb w akwarium. Poradnik hodowcy. Wydawnictwo Galaktyka, Łódź.
v. Tittenbrun-Jazienicka B., Akwarystyka, Warszawa 2012

Autorzy zdjęć i ilustracji

Fotolia.com: © paul Prescott (4); © kokorin26 (8); © PRILL Mediendesign (12); © Igor Kovalchuk (22); © krzysztof siekielski (23).

Shutterstock.com: © vbmark (6–7);© Matt Jones (11); © Sergio Bertino (16); © Marcelo Saavedra (19); © Mr. Green (20); © S-F (21); © S-F (24); © Skumer (29); © S-F (34–35); © voylodyon (36g); © topimages (37g); © topimages (38); © topimages (41p); © Vladimir Wrangel (44g); © Kuttelvaserova Stuchelova (50); © Mirko Rosenau (53); © Bos11 (54); © Alfonso Caceres Rabazo (56g); © boban_nz (57); © Grigorev Mikhail (60g); © Mirko Rosenau (61g); © Grigorev Mikhail (62); © Kazakov Maksim (63d); © Grigorev Mikhail (63g); © boban_nz (64d); © Marcelo Saavedra (64g); © Kuttelvaserova Stuchelova (65d); © Grigorev Mikhail (65g); © Mirko Rosenau (66); © Mirko Rosenau (67); © Kuttelvaserova Stuchelova (69); © Mirko Rosenau (72g); © Kazakov Maksim (76g); © iliuta goean (77); © NERYX.COM (78); © boban_nz (81, 82); © Grigorev Mikhail (83p); © Grigorev Mikhail (83l); © Grigorev Mikhail (84g); © Corneliu LEU (85g); © Kuttelvaserova Stuchelova (86d); © Kuttelvaserova Stuchelova (86g); © NERYX.COM (88d); © Mirko Rosenau (91g); © DavidTing (92g); © Tatiana Volgutova (94g); © Mirko Rosenau (94d); © iliuta goean (95d); © charnsitr (95g); © Marcelo Saavedra (96); © Steve Bower (98d); © Yuriy Chertok (98g); © Grigorev Mikhail (99); © boban_nz (100); © YamabikaY (101); © Mirko Rosenau (102g); © Dobermaraner (105g); © Grigorev Mikhail (107g); © Bos11 (109); © Maslov Dmitry (110d); © Chawalit S (110g); © Vincent Lim Show Chen (111d); © Eevaya (111g); © boban_nz (112g); © Grigorii Pisotsckii (113); © boban_nz (115g); © winnieapple (116); © Grigorii Pisotsckii (117g); © Toxotes Hun (119d); © Toxotes Hun (119g); © suchetpong (120d); © FormosanFish (121g); © PhotonCatcher (127g); © Steve Bower (130d); © Mirko Rosenau (130g); © Montenegro (134d); © Montenegro (134g); © boban_nz (137g); © NERYX.COM (138g); © inkwelldodo (138d); © ET1972 (141d); © Leptospira (141g); © boban_nz (143); © iliuta goean (144g); © Mirko Rosenau (147); © Kristina Stasiuliene (148g); © Grigorev Mikhail (148d); © Grigorii Pisotsckii (149); © Kazakov Maksim (150g); © Mirko Rosenau (153); © boban_nz (154g); © Mirko Rosenau (155); © Chamille White (158); © Sombra (160d); © Kazakov Maksim (161g); © Lapis2380 (162p); © Artex67 (163g); © S-F (164d); © Kuttelvaserova Stuchelova (164g); © Andrey Armyagov (165); © Arie v.d. Wolde (167); © Nikolay Hristozov (169d); © NERYX.COM (172); © Imageman (174d); © iliuta goean (176g); © Nikolay Hristozov (177d); © Nikolay Hristozov (177g); © Vladimir Wrangel (181g); © Lapis2380 (182); © enciktat (183p); © Kazakov Maksim (185).

Wikimedia.org: © GFDL (CC BY-SA 3.0) | wikimedia.org/.../ File:Cabomba aquatica 2 (Piotr Kuczynski).jpg (13d); © Tommy Kronkvist (CC BY 3.0) | wikimedia.org/.../ File:Cryptocoryne wendtii Green.jpg (13g); © Cillas (CC BY-SA 4.0) | wikimedia.org/.../ File:Aponogeton distachyos HRM.jpg (14g); © Buchling (CC BY-SA 3.0) | wikimedia.org/.../ File:Javamoos.jpg (15ś); © Zaire (CC BY-SA 3.0) | wikimedia.org/.../ File:Kongo Wasserfarn.jpg (15g); © GrahamBould (CC BY-SA 1.0) | wikimedia.org/.../ File:Lampanyctodes hectoris (Hector's lanternfish)2.png (26); © Alter welt (CC BY-SA 3.0) | wikimedia.org/.../ File:Swim bladder (Abramis brama) (leszcz).jpg (27); © H. Krisp (CC BY 3.0) | wikimedia.org/.../ File:Guppy Poecilia reticulata.jpg (36d); © Marrabbio2 (CC BY-SA 4.0) | wikimedia.org/.../ File:Poecilia wingei female.jpg (37d); © GFDL (CC BY-SA 3.0) | wikimedia.org/.../ File:Black Molly.jpg (39d); ©BACbKA (CC BY-SA 4.0) | wikimedia.org/.../ File:2015-09-13 female spotted molly.jpg (39g); © Massysmith (CC BY-SA 3.0) | wikimedia.org/.../ File:Poecilia velifera.jpg (40); © Marrabbio2 (CC BY-SA 3.0) | wikimedia.org/.../ File:Rainbow wag platy.jpg (41l); © Dunkelfalke (CC BY 2.0 DE) | wikimedia.org/.../ File:Papagaienplaty.jpg (42d); © Guérin Nicolas (CC BY-SA 3.0) | wikimedia.org/.../ File:Belonesox belizanus (Wroclaw zoo).JPG (43); © Brian Gratwicke (CC BY 2.0) | wikimedia.org/.../ File:Least killifish female Heterandria formosa.jpg (44d); © Cedricguppy - Loury Cédric (CC BY-SA 4.0) | wikimedia.org/.../ File:Lamprichthys tanganicanus - Femelle - AquaPorteDoree 01.JPG (45d); © Cedricguppy - Loury Cédric (CC BY-SA 4.0) | wikimedia.org/.../ File:Lamprichthys tanganicanus - Femelle - AquaPorteDoree 02.JPG (45g); © domdomegg (CC BY 4.0) | wikimedia.org/.../ File:Butterfly Splitfin (Ameca splendens) (2).jpg (48d); © Marie France Janelle (CC BY-SA 2.5) | wikimedia.org/.../ File:Ameca splendens male.JPG (48g); © Blaise (CC BY-SA 3.0) | wikimedia.org/.../ File:Group of devario malabaricus by Blaise.png (51g); © Przemysław Malkowski (CC BY 3.0) | wikimedia.org/.../ File:Danio sp.jpg (51d); © Lerdsuwa (CC BY-SA 3.0) | wikimedia.org/.../ File:Rasbora borapetensis.jpg (55); © Stefan Maurer (CC BY-SA 2.0) | wikimedia.org/.../ File:Trigonostigma heteromorpha1.jpg (56d); © Ingvar-fed (CC BY-SA 3.0) | wikimedia.org/.../ File:Puntius tetrazona (Tiger Barb) (02) 05May2010.JPG (60d); © Kkonstan (CC BY 3.0) | wikimedia.org/.../ File:Rosy Barbs.jpg (61d); © Chiroptera man (CC BY-SA 3.0) | wikimedia.org/.../ File:Crossocheilus Oblongus.JPG (68); © Andreas Wretström (CC BY-SA 2.5) | wikimedia.org/.../ File:Nothobranchius rachovii male.jpg (71); © Alexander Prokoshev (CC BY-SA 3.0) | wikimedia.org/.../ File:Aphyosemion australe gold.jpg (72d); © OpenCage (CC BY-SA 2.5) | wikimedia.org/.../ File:Astyanax jordani.jpg (76d); © Jofre (CC BY-SA 3.0) | wikimedia.org/.../ File:H.Pulcher IMG 3272.jpg (80); © Paul (CC BY 2.0) | wikimedia.org/.../ File:London Zoo - Flickr - p a h (13).jpg (85d); © Sychriscar (CC BY-SA 3.0) | wikimedia.org/.../ File:Poiss (13).JPG (87gl); © CrazyD (CC BY-SA 3.0) | wikimedia.org/.../ File:Roter von Rio - Hyphessobrycon flammeus.jpg (87gp); © Sychriscar (CC BY-SA 3.0) | wikimedia.org/.../ File:Tetra.JPG (87d); © Faucon~commonswiki (CC BY-SA 2.5) | wikimedia.org/.../ File:Serpae tetra.JPG (88g); © H. Krisp (CC BY 3.0) | wikimedia.org/.../ File:Schmucksalmler Hyphessobrycon bentosi.jpg (89); © Pascal Wolterman (CC BY-SA 3.0) | wikimedia.org/.../ File:Hyphessobrycon amandae (Amber tetra).jpg (90d); © Cedricguppy - Loury Cédric (CC BY-SA 4.0) | wikimedia.org/.../ File:Hyphessobrycon amandae - AquaPorteDoree 02.JPG (90g); © Citron (CC BY-SA 3.0) | wikimedia.org/.../ File:HyphessobryconerythrostigmaJPG (91d); © Juan R. Lascorz (CC BY-SA 3.0) | wikimedia.org/.../ File:07. Hyphessobrycon herbertaxelrodi.JPG (92d); © Thomnight (CC BY-SA 2.0 DE) | wikimedia.org/.../ File:Melanotaenia lacustris thomnight 001.jpg (102d); © Phalinn Ooi (CC BY 2.0) | wikimedia.org/.../ File:Melanotaenia parkinsoni.jpg (103); © Atamari (CC BY-SA 3.0) | wikimedia.org/.../ File:Melanotaenia boesemani.jpg (105d); © Gianmaria Visconti (CC BY-SA 2.5) | wikimedia.org/.../ File:Iriatherina Werneri-Yellow Finned Male.jpg (107d); © Dirk Godlinski (CC BY-SA 3.0) | wikimedia.org/.../ File:Pseudomugil furcatus m Aquarium DG.jpg (108); © Gourami Watcher (CC BY-SA 3.0) | wikimedia.org/.../ File:Blue Gourami Female.jpg (112d); © Haplochromis (CC BY-SA 3.0) | wikimedia.org/.../ File:Trichogaster microlepis.jpg (114g); © Greg Hume (CC BY-SA 3.0) | wikimedia.org/.../ File:Moonlight Gourami.jpg (114d); © Jörn (CC BY-SA 2.0) | wikimedia.org/.../ File:Küssender Gourami II.jpg (115d); © Bernard Ladenthin (CC BY-SA 3.0) | wikimedia.org/.../ File:Siamese fighting fish (Betta splendens) female orange.JPG (117d); © DefenderRegina (CC BY-SA 3.0) | wikimedia.org/.../ File:Betta imbellis (male) 20100512 2.jpg (118); © -Acapella (CC BY-SA 3.0) | wikimedia.org/.../ File:Betta smaragdina pair1.jpg (120g); © Zaire (CC BY-SA 3.0) | wikimedia.org/.../ File:Leopard-Buschfisch.jpg (122); © Zikamoi (CC BY-SA 3.0) | wikimedia.org/.../ File:Trichopsis pumila.jpg (124); © BEDO (Thailand) (CC BY-SA 4.0) | wikimedia.org/.../ File:Trichopsis schalleri.jpg (125); © BEDO (Thailand) (CC BY-SA 4.0) | wikimedia.org/.../ File:Trichopsis vittata.jpg (126g); © Birger A (CC BY-SA 3.0) | wikimedia.org/.../ File:Schleromystax barbatus5015.jpg (129); © Kennyannydenny (CC BY-SA 3.0) | wikimedia.org/.../ File:Elegant corydoras (Corydoras elegans).JPG (131g); © Toniher (CC BY-SA 3.0) | wikimedia.org/.../ File:Corydoras elegans.jpg (131d); © Kai Schreiber (CC BY-SA 2.0) | wikimedia.org/.../ File:Corydoras julii.jpg (133g); © Merlin Senger (CC BY-SA 3.0) | wikimedia.org/.../ File:Juliipanzerwels (Corydoras Julii) im Aquarium.jpg (133d); © MGorges (CC BY-SA 3.0 DE) | wikimedia.org/.../ File:Corydoras panda paar.JPG (135g); © Chrischang (CC BY-SA 2.0) | wikimedia.org/.../ File:Corydoras panda 1.jpg (135d); © Sesarma (CC BY-SA 3.0) | wikimedia.org/.../ File:Corydoras pygmaeus.jpg (136); © Paul (CC BY 2.0) | wikimedia.org/.../ File:London Zoo - Flickr - p a h (15).jpg (137d); © GFDL (CC BY-SA 3.0) | wikimedia.org/.../ File:Megalechis thoracata by Ark.jpg (139d); © Chrumps (CC BY-SA 3.0) | wikimedia.org/.../ File:Megalechis thoracata.jpg (139g); © Cisamarc (CC BY-SA 3.0) | wikimedia.org/.../ File:Macrotocinclus affinis looking for algae.jpg (140g); © Ude (CC BY-SA 3.0) | wikimedia.org/.../ File:Ancistrus spec. mouth (male).jpg (142d); © Kamée (CC BY 3.0) | wikimedia.org/.../ File:Ancistrus gemeiner Antennenwels.jpg (142g); © lcamtuf (CC BY-SA 3.0) | wikimedia.org/.../ File:Akwa02 panaque nigrolineatus.jpg (144d); © Christian Dresel http://www.aquaristikfreaks.de (CC BY-SA 4.0) | wikimedia.org/.../ File:Peckoltia compta L134.jpg (146); © Lerdsuwa (CC BY-SA 3.0) | wikimedia.org/.../ File:Yasuhikotakia modesta.jpg (150d); © Lerdsuwa (CC BY-SA 3.0) | wikimedia.org/.../ File:Yasuhikotakia morleti.jpg (151); © Lerdsuwa (CC BY-SA 3.0) | wikimedia.org/.../ File:Botia kubotai2.jpg (152d); © GFDL (CC BY-SA 3.0) | wikimedia.org/.../ File:Botia striata.jpg (154d); © Robert Mollik (CC BY-SA 3.0) | wikimedia.org/.../ File:JugendlichesDornauge.jpg (156); © Alter welt (CC BY-SA 4.0) | wikimedia.org/.../ File:Acantopsis choirorhynchos.JPG (157); © GFDL (CC BY-SA 3.0) | wikimedia.org/.../ File:Pelvicachromis pulcher (female).jpg (159d); © Soldering (CC BY-SA 3.0) | wikimedia.org/.../ File:Hallo to ja.JPG (159g); © Patrick Ch. Apfeld (CC BY-SA 3.0) | wikimedia.org/.../ File:Rocio octofasciata Zoo Schwerin.jpg (160g); © Greg Hume (CC BY-SA 3.0) | wikimedia.org/.../ File:Astronotus ocellatus05.jpg (161d); © Deanpemberton (CC BY-SA 3.0) | wikimedia.org/.../ File:Convicts Cichlids.jpg (162l); © Jimmy Engelbrecht (CC BY-SA 3.0) | wikimedia.org/.../ File:Kakadu.jpg (166d); © Uploader (CC BY-SA 3.0) | wikimedia.org/.../ File:Apistogramma cacatuoides double red male.jpg (166g); © Gordon Axmann (CC BY-SA 3.0) | wikimedia.org/.../ File:Apistogramma borellii.jpg (168); © Elma (CC BY 2.0) | wikimedia.org/.../ File:Lamprologus ocellatus - male (4030630776).jpg (169g); © Aqua-Treff (CC BY-SA 4.0) | wikimedia.org/.../ File:Neolamprologus brichardi Magara.jpg (170g); © Przemysław Malkowski (CC BY-SA 3.0) | wikimedia.org/.../ File:Neolamprologus brichardi young.jpg (170d); © Guérin Nicolas (CC BY-SA 3.0) | wikimedia.org/.../ File:Julidochromis regani (Wroclaw zoo)-1.JPG (171d); © Dan Kollmann (CC BY-SA 4.0) | wikimedia.org/.../ File:Gelber Schlankcichlide (Gestreifter Tanganjikabarsch).jpg (171g); © Giniro (CC BY-SA 3.0) | wikimedia.org/.../ File:Labidochromis caeruleus breeding.jpg (174g); © Jan Rehschuh (CC BY-SA 3.0) | wikimedia.org/.../ File:Maylandia estherae couple PICT8598.jpg (175d); © Przemysław Malkowski (CC BY-SA 3.0) | wikimedia.org/.../ File:Melanochromis auratus.jpg (176d); © Zikamoi (CC BY-SA 3.0) | wikimedia.org/.../ File:Copella arnoldi.jpg (178); © Guérin Nicolas (CC BY-SA 3.0) | wikimedia.org/.../ File:Tetraodon fluviatilis (Wroclaw zoo).JPG (181d); © Bjørn Christian Tørrissen (CC BY-SA 4.0) | wikimedia.org/.../ File:GambianMudskippers.jpg (183l).

Flickr.com: © Chantal Wagner Kornin (CC BY-NC-ND 2.0) | flickr.com/photos/nanjenchan/4076201877 (58).

© **Agencja BE&W**: 97, 123, 179.

© **Kamil Hazy**: 52.

© **Andrzej Zabawski**: 46, 47, 49, 59, 70, 74, 93, 104, 128, 145.

Rysunek na s. 75 wykonał **Kamil Mieszczakowski**.

Zdjęcia na okładce:
Shutterstock.com: © Andreas Gradin (główne i grzbiet). Góra od lewej: © Alexander Kockin; © Mirek Kijewski; © Marcelo Saavedra; © Tatyana Vyc; © Sergey Lavrentev. © Bos11 (tył).

Tekst: dr Maja Prusińska, Zakład Ichtiologii Instytutu Rybactwa Śródlądowego w Olsztynie

Redakcja: Karolina Matoga

Korekta: Dominika Konior

Projekt i opracowanie graficzne: Paweł Kanik

Opracowanie okładki: Jacek Bronowski

Wydanie I

Warszawa 2016

Wydawnictwo SBM Sp. z o.o.
Ul. Sułkowskiego 2/2
01-602 Warszawa

www.WYDAWNICTWO-SBM.pl

ISBN 978-83-8059-056-4